浙江大学中国语文研究中心

中国语言学前沿丛书

04

作格与汉语语法

罗天华 主编

创于1897 商务印书馆 The Commercial Press

图书在版编目（CIP）数据

作格与汉语语法 / 罗天华主编．— 北京：商务印书馆，2022
（中国语言学前沿丛书）
ISBN 978-7-100-21735-4

Ⅰ．①作… Ⅱ．①罗… Ⅲ．①汉语—语法—研究
Ⅳ．①H14

中国版本图书馆 CIP 数据核字（2022）第 174541 号

中国语言学前沿丛书
作格与汉语语法
罗天华　主编

商　务　印　书　馆　出　版
（北京王府井大街 36 号　邮政编码 100710）
商　务　印　书　馆　发　行
江苏凤凰数码印务有限公司印刷
ISBN 978-7-100-21735-4

2022 年 12 月第 1 版　　开本 880×1240 1/32
2022 年 12 月第 1 次印刷　　印张 12⅞

定价：88.00 元

总　序

王云路

“中国语言学前沿丛书”是浙江大学中国语文研究中心近期的重要工作。中心的前身是浙江大学周有光语言文字学研究中心，于2015年5月成立，经过六年的建设，基本完成了以“周有光语言文字学”整理与研究为主题的使命。为了适应新形势和中长期可持续发展的需要，实现向语言文字学相关领域拓展和纵深发展的目标，2020年12月，中心正式更名为“浙江大学中国语文研究中心”。

语言文字是一个国家、一个民族的灵魂。考察中华文明发展与演变的历史，我们会清楚地看到语言文字研究所起到的巨大的、基础性的作用。语言文字不仅仅是情感交流的工具，更是文化传承的载体，是国家繁荣发展的根基，是民族身份的象征和标志。现在是研究语言文字的大好时机，近年召开的全国语言文字工作会议体现了国家对语言文字工作的高度重视。我们汉语研究者应该更多地立足和回应社会需求，更加积极有为地投身语言文字研究和文化建设。

有鉴于此，我们中心新的发展目标是：响应国家以语言文字凝聚文化自信、增进民族认同的号召，充分发挥浙江大学语言学研究重镇的影响力，汇聚全国语言学研究力量，强化语言学全方位的学术研究、交流与合作，着力构建具有中国特色和国际视野的语言学理论体系，打造具有前沿性、权威性、引领性的语言学研究品牌。为此，中心决定启动以学术传承为基调的“浙大学派语言学丛书”和以学术发展为基调的“中国语言学前沿丛书”两个项目。现在出版的“中国语言学前沿丛书”第一辑，正是这一规划的首批成果。

中国语言学是一门古老的学科。传统的中国语言学根据汉语汉字是形音义结合体的特点，形成了训诂学、文字学和音韵学三个学科，统称为“小学”。正如马提索夫所说：“世界上没有别的语言像汉语研究得这么深，研究的时间有那么长。”(《藏缅语研究对汉语史研究的贡献》)可以说，系统总结、反思汉语言文字一直是中国传统语言学研究的优良传统。19世纪末20世纪初，西方语言学思想传入中国，与传统语言学发生碰撞，有识之士便在比较的视野下，开始对中国传统语言学进行反思与总结。比如章太炎先生在《论语言文字之学》中认为，“小学”这一古称应当改为“语言文字之学”：“此语言文字之学，古称小学。……合此三种，乃成语言文字之学。此固非儿童占毕所能尽者，然犹名为小学，则以袭用古称，便于指示，其实当名语言文字之学，方为塙切。”这种观念体现出当时学者对传统语言学现代化的思考与尝试，也标志着中国语言学开始走上现代化的道路。

近二三十年来，语言学研究观念不断拓展、理论不断创新、内涵与外延不断丰富，这些都是我们编纂这套丛书的基础。秉承着梳理、总结与审视学术历史发展的传统，我们也需要回顾这一阶段，总结我国语言学研究又有哪些新的起点、新的成果。推出“中国语言学前沿丛书”正是基于这样的考虑：展现当代中国语言学诸领域专家学者的经典论文，让我们重温经典；集中呈现某个领域的进展，让我们深化对学科本质的认识；引入新思想、新观念，甚至新的学科，让我们视野更开阔。我们的做法是：邀请在自己的研究领域精耕细作、有独到见解的专家，挑选并汇总一批在本领域、本选题研究中具有代表性的学术论文。这既是对既往研究的回顾总结,也是为新开端扬帆蓄力,正所谓承前启后、继往开来。同时,通过集中呈现前沿成果,读者能够了解、掌握该研究方向的最新动态和代表性成果,"辨章学术,考镜源流",得参考借鉴之利。

本丛书编选有三个标准:创新性、前沿性、专题性。这三点同时也是我们编纂这套丛书的目的,更是我们编纂此丛书的难点。编选之难,首先在于鉴别是否具有创新性。陈寅恪先生在陈垣《敦煌劫余录·序》中说:"一时代之学术,必有其新材料与新问题。"研究成果必须具备相当的深度和水准,可以代表这一领域的最新进展。学术研究贵在有所创造,周有光先生曾说:"学问有两种,一种是把现在的学问传授给别人,像许多大学教授做的就是贩卖学问;第二种是创造新的学问。现在国际上看重的是创造学问的人,不是贩卖学问的人。贩卖学问是好的,但是不够,国际上评论一个学者,要看他有没有创造。"创造绝非无源之水、向壁虚构。创造之可贵,正在于它使得人类已有认知的边界再向前拓展了一步。

编选之难,其次在于如何鉴别前沿性。前沿代表了先进性,是最新的经典研究。时至今日,各学科的知识总量呈指数级增长,更兼网络技术飞速发展,人们获取信息的途径日益便利,使人应接不暇。清人袁枚已经感叹:"我所见之书,人亦能见;我所考之典,人亦能考。"如今掌握学术动态的难点主要不在于占有具体的资料,而在于如何穿越海量信息的迷雾,辨别、洞察出真正前沿之所在。我们请专业研究者挑选自己本色当行的研究领域的经典成果,自然可以判断是否具有前沿性。

编选之难,最后在于如何把握专题性。当前国内的语言学研究正处在信息爆炸的阶段。仅以古代汉语的研究为例,近几十年来,无论在研究材料上还是研究方法上均取得了长足的发展。从材料来说:其一,各种地下材料如简帛、玺印、碑刻等相继出土和公布,这一批“同时资料”由于未经校刻窜乱,即便只有一些断简残篇,也足以掀开历史文献千年层累的帷幕,使人略窥古代文献的本来面目;其二,许多旧日的“边缘”材料被重新审视,尤其是可以反映古代日常生活的农业、医药、法律、宗教、经济、档案、博物等文献受到了普遍关注,因而研究结论会更接近语言事实;其三,还有学者将目光投向域外,从日本、韩国、越南、印度,乃至近代欧美的文献记载观察本土,使得汉语史研究不再是一座孤岛,而是与世界各民族的语言密切联系在了一起。从方法和工具上看:其一,由于方法和手段的先进,从田野调查中获得的材料变得丰富和精准,也成为研究汉语的鲜活证据:其二,随着认识的加深,学者对于材料可靠性的甄别日趋严谨,对于语料的辨伪、校勘、考订时代等工作逐渐成为语言研究中的“规范流程”;其三,由于计算机技术的发达,研究者掌握大数据的能力更加强大,接受国际语言学界的新理论更及时、更便捷,交叉融合不同学科的能力也越来越强,借助认知语言学、计算语言学等新兴领域的方法也流行开来。由此,鉴别专题性的工作就变得纷繁复杂了。

曾国藩说得有道理:“用功譬若掘井,与其多掘数井而皆不及泉,何若老守一井,力求及泉,而用之不竭乎?”只有强调专题性,才能够鲜明突出,集中呈现某一专题的最新见解。

学术是相通的,凡是希望有所创见的研究者,不但要熟悉过去已有的学问,对于学界的最新动态也要足够敏锐,要不断地拓展思想的疆界和研究的视野。同时,在日新月异的信息浪潮之中,学术的“前沿”似乎也在一刻不停地向前推进,作为研究者个人,或许更便捷的门径是精读、吃透一些专门的经典成果,以此作为自身研究的路标和导航。这也是我们丛书编纂的目的之一。

这是一套开放性、连续性丛书,欢迎中国语言学各领域的学者参与编纂。第一辑我们首先邀请浙江大学中国语文研究中心的专家,让他们从各自的研究领域出发,以独特视角和精心阐释来编辑丛书,每个专题独立成卷。以后会逐步邀请更多学者根据自己的研究专长确定专题,分批出版。各卷内容主要分三部分:一为学术性导言,梳理本研究领域的发展历程,聚焦其研究内容与特点,并简要说明选文规则;二为主体部分,选编代表性文章;三为相关主题的论文索引。最后一部分不是必选项,看实际需求取舍。我们选编文章时将尽可能保持历史原貌,也许与今日的要求不尽相同,但保留原貌更有助于读者了解当时的观点。而且,更加真实地再现作者的研究历程和语言研究的发展轨迹,对于历史文献的存留也有特殊的意义。

这就是浙江大学中国语文研究中心编纂这套"中国语言学前沿丛书"的缘起与思考,也是我们的努力方向。希望本丛书能够兼具"博学"与"精研",使读者尽可能把握特定领域、范畴的最新进展,并对学界的热点前沿形成初步印象。

2022 年 7 月 22 日于杭州紫金西苑

谈谈调查太平洋岛施格语的体会(代序)*

朱晓农

知识可以记诵,能力可以训练,素质只能靠熏陶。这里介绍我跟随语言学大师鲍勃·迪克森(R. M. W. Dixon)学习的过程,谈谈如何在田野调查的能力训练过程中经受素质熏陶,在训练描写的过程中认识什么叫归纳,在描写具有独特形态的语言中怎么看待共性。

1. 训练过程

那是十多年前,我在澳洲国立大学文学院的语言学系读书,有幸师从当代最著名的描写语言学家鲍勃·迪克森。鲍勃在澳洲是掌控全局的学术带头人。那时澳大语言学正蓬蓬勃勃,一时风头无双,竟然同时拥有两个语言学系。一个在文学院(The Arts Faculty),系主任是鲍勃;另一个在太平洋研究院(Research School of Pacific Studies),由另一位大人物温棣帆(Stephen Wurm)主持。国内方言学界很多人知道温棣帆,因为他是《中国语言地图集》的澳方主编。本来他们俩像有默契,温棣帆研究太平洋岛屿的语言,鲍勃研究澳洲大陆土著语。后来澳洲土著语描写研究出版了好几大卷,鲍勃对类型学越来越感兴趣,他的调查范围就出了澳洲,到太平洋岛上,到高加索,到南美洲——真是踏遍

* 原载戴昭铭编:《汉语方言语法研究和探索》,37—42 页,略有改动。

荒漠离岛高山丛林。

第一学期开始我试听鲍勃的“语言学流派”(Linguistic Schools)一课。一个星期后做了个结构主义的替换分布作业,得了个高分,但还是决定退出。鲍勃问我为什么。我说听不清他那又快又结巴的牛津腔。他说我作业做得很好嘛,怎么听不懂?他不知道这我以前学过。

第二学期一开学,他就把我叫到办公室,说这学期他开“田野方法”(Field Methods)一课,要我马上报名选读。他向我保证,这门课他说得少,主要是我们跟发音人交流,整理好以后在班上汇报讨论,他做评论、指导。现在想来,幸亏选了这门课,因为这是鲍勃做系主任二十年的最后一年,也是最后一次开课。

这门课上请了位从 Bougainville 岛上来的女发音人 Dora,她说的是一种叫 Motuna 的 ergative 语。后来我在学位论文的鸣谢中开玩笑说,这门课上同学们在用英语调查 Motuna 语,我却借着调查 Motuna 语在学英语。Ergative 以前翻成“作格”,其实应该是“施格”,这我下面再讲。

头两个星期,全班十个学生(其中有两三个是来进修的教师)一起记了一两百个基本词,鲍勃把整理音系的任务交给了我。我花了一个晚上,把音位系统整理好,后来记录语法材料时大家都用这套音位。从第三个星期起,两个人一组,分头选取一个语法题目进行调查。我和一位日本学生 Masa 一组,全班也就我们两个亚洲学生,选的题目是并列句。课后我们预先准备好一些问题,也可以说是些工作假设,然后和 Dora 一起工作两小时,核实、推翻、补充或修改预作的假设。到上课时就一组一组汇报调查所得,大家发问挑刺。鲍勃时不时插几句,回想起来都是要点。结束后便带着问题、带着新假设,再继续调查。

关于这种训练的有效性,让我讲个故事。快到学期末时,其他组都差不多了,只有“动词”组完不了,Motuna 的动词变形实在太复杂。鲍勃让我和 Masa 去帮他们。我设计了张动词调查表去问 Dora。一句、两句、三句、四句,到后来 Dora 不耐烦了,她说你们不就是想知道那些东西吗?下个星期我告诉你们。下个星期她带来一张粘贴起来的大大的纸,大概 8 开的样子,密密麻麻,是完整的动词形态表加详细例句,把我们都看呆了——我们还在受训,她倒成了专家了。只有鲍勃不吃惊,微微笑,像是见怪不怪。

2. 施格的特征

Motuna 是一种 ergative 语言。Ergativity 早在 19 世纪就已经在高加索语言(Caucasian)中被发现了,但真正作为类型学上的一个重要概念,则是从鲍勃 1979 年在《语言》(*Language*)学报上发表“Ergativity”一文开始的。

那么,ergative 语是一种什么样的语言呢?中文把它译为“作格”。这个译名恐怕不妥,ergative 应该是“施格”。让我们来看一个比较简单、容易说明问题的施格语例子,材料取自 Bougainville 岛邻近的萨摩亚岛(Samoan)上的萨摩亚语,由 Olga Uryupina 记录。我在澳大的另一位老师 Mosel Ulrike,她教社会语言学,是萨摩亚语专家,现在回德国去做系主任了。下面例句中有些问题是我写这篇文章时临时想到去请教她的。

1. 'Ua lafi le pua'a. The pig hid.
2. 'Ua tutuli e tagata maile. The people chased away the dogs.
3. 'Ua pupu'e e le pusi 'isumu. The cat caught the mice.

4. 'Ua pu'e e le tama le pusi.   The boy caught the cat.

5. 'Ua fefefe teine.   The girls got scared.

6. 'Ua fasi e tama le 'isumu.   The boys killed the mouse.

把它们按及物不及物重新安排如下表。A 栏中的'ua 是个体标记，C 栏中的 e 是施格（ergative）标记，D 和 F 栏中的 le 是单数（sg）标记。B 栏中是动词。E 和 G 栏中是名词，我们不叫它们主语和宾语，而是用施事 A(gent)、受事 P(atient)、作事 D(oer)（或 actor）来指称，因为主语、宾语这些在印欧语系、阿尔泰语群等众多受格语（accusative）中稀松平常的术语到 ergative 语中全然没用。萨摩亚语的语序按格林伯格（Joseph Harold Greenberg）以来习惯的叫法是 VSO，但最好说是 VAP，是"动施受"，不是"动主宾"。这不是玩弄词语，而是有实质性区别的。

	A	B	C	D	E	F	G	英译				
2	'Ua	tutuli	e		tagata		maile.	The	people	chased away	the	dogs.
3	'Ua	pupu'e	e	le	pusi		'isumu.	The	cat	caught	the	mice.
4	'Ua	pu'e	e	le	tama	le	pusi.	The	boy	caught	the	cat.
6	'Ua	fasi	e		tama	le	'isumu.	The	boys	killed	the	mouse.
1	'Ua	lafi				le	pua'a.	The	pig	hid.		
5	'Ua	fefefe					teine.	The	girls	got scared.		
	aspect	V	erg	sg	A	sg	P/D		A/D	V		P
	施格语							受格语				

表中的前四句（2，3，4，6）容易理解，它们都有及物动词（B）、施事（E）和受事（G），按那顺序排列。要说明的是最后两句（1，5）不及物动词句的那个孤零零的名词作事者（不是"主语"），它应该放在哪一栏里呢——E 还是 G？作事放在 E 栏里表示和施事同格，放在 G 栏表示和

受事同格。

在解决这个问题前,先来看萨摩亚语中施事和受事的区别在哪里:

(1) 施事有前置施格标记 e。

(2) 施事单复数变化和动词没关系,受事单复数变化和动词有呼应关系(agreement)。

(3) 施事位置在受事之前。

第1、5句中的作事者 pua'a 和 teine 之所以跟受事者一起放在G列里,而不是和施事者一起放在E列里,是因为(1)作事者前面没有 e 标记,(2)作事者的单复数变化与受事者一样,如第5句中的作事者 teine 和第3句中的受事者'isumu 都是复数,这反映在动词呼应上,重叠其第一个音节。

世界上绝大部分语言施作同格、受事自成一格,因而叫"受格语"(accusative)。现在在特殊的 ergative 语言中,却是受作同格、施事自成一格,显然它该叫"施格语",而不是"作格语"。

作事从来也没自成一格过,不管在 accusative 语中,还是在 ergative 语中。从逻辑上看,作格不可能自成一格,除非施受作三格分立。因为施事和受事不可能同属一个格,"狗咬人"和"人咬狗"在哪个语言中都是要区别开的,不用语序,就用格标记,再不就是别的什么线索。迄今我只看到一种构拟的古 Rošani 语像是施受作三分(Payne,1980)。Rošani 语属于印欧语系伊朗语支的帕米尔(Pamir)片。帕米尔语言现在是受格语,但原始帕米尔语言被构拟成施格语。现代 Rošani 语是受格语,但古 Rošani 语的构拟很奇特,作事者是单独一个格"通格"(absolutive),而施事和受事同用一个格标记"旁格"(oblique)。Payne

(1980:152,155)称之为"双旁格"(double-oblique)。当然施、受还是有区别的,那就是语序,施事在前,受事在后,如(Payne,1980:155):

duf	xawrič-ēn	um	kitōb	xēyt
these. OBL	boy-PL	that. OBL	book	read. PAST
'these boys read that book'				
dāδ	xawrič-ēn-an	tar	Xaraɣ	sat
these. ABS	boy-PL-3	to	Xorog	go. PAST
'these boys went to Xorog'				

这种现象应该是从施格语变为受格语时的一种过渡态。

调查 Motuna 语时还发现一些从汉语出发难以想象的奇怪现象,它除了被动句,还有"反被动句"(anti-passivization)。它的数范畴包括四种情况:单数,复数里分出双数(dual),少数(paucal),多数(plural)。详细就不一一举例了。

3. 描写的本质

在调查 Motuna 语的过程中,我领教了什么叫"描写":在做专题性调查之前先从已知的语言知识、类似的语言结构出发,就被调查语的句型与普遍理论的关联做一些工作假设。在调查中就围绕着与理论有关的事实不断深入,核实、推翻、补充或修改预作的假设。然后把调查所得从形式上加以概括,能多抽象就多抽象。从头到尾,哪怕在描写特殊语法中最特殊的细节时也想着语言共性的理论:是支持还是反对。这种工作程序,对我这样一个多年来在古代汉语专业里格致熏陶深入骨髓的语文学者来说,未免有点先验有点虚浮,不太扎实可靠。但实际上这是有效率的科学调查、科学研究所必需的。只有带着问题学，带着假说去调查，才能迅速鉴别出新材料并判断它的重要性、发现新问题所在。只有时刻关心理论问题，才能把自己的描写变得有科学意义，而不是只有历史意义，不是搜罗奇闻轶事以俟日后考证。

鲍勃本人也许就是个最好的例子。他既是顶尖描写语言学家，同时又有理论癖和理论建树，例如他对英语语法就有一种从语义学出发来描写的新方法（Dixon，1991），又如他对语言演变提出一个"裂变—聚变"交替进行的新模式（Dixon，1997）①。他描写了很多特定语言的特定语法，但他又为共性研究、理论探索做出了无与伦比的贡献。事实上，形式主义和实质主义②都会引用他的成果。

跟他学习怎么描写一个陌生语言是一种享受。我们调查是两人一组，但期末报告各写各的。我先把鲍勃的多部描写语法著作（1972，1977a，1980，1988）看熟了，然后看样学样。最后的报告竟得了他教书几十年给的最高分，还加批了一个"A masterly study！"的评语③。那当然是他自卖自夸，照他的评分标准，是因为我照他的 Yidin 语法（Dixon，1977）依样画葫芦，给 Motuna 并列句写了这样一条删除规则：

If [. . .], [. . .] then it should be the case that

$[(X)a(Y)V-x]^{i}$, $[(W)b(Z)V]^{j}$

where CR (a, b), $i \neq j$, and either if SA:O (a, b), then x = *ro*, or if ~SA:O (a, b), then x = *ku*, and then 'b' can be

① 中译本《语言兴衰论》，朱晓农等译，北京大学出版社 2010 年。

② "实质主义"是我杜撰的一个词，用来覆盖所有非形式派，包括描写派、类型派、功能派、认知派、演化派等等。

③ 该文译文载《南方语言学》第 17 辑，世界图书出版公司 2021 年。

deleted.

这条总规则是从 200 多个例句中概括(不是归纳!)出来的,它概括了两条大规则,四条次规则,次规则概括了六类三十一种并列句型。举这个例子并不是说我自以为高明得敢来法门念咒,那不过是小和尚念经。我举这例子是因为这是自己的学习经历,谈起体会来贴切点:第一,形式化的方法不是哪个主义的专利,它是通用工具。第二,描写的真谛并不像我从前学到的那样,把材料堆那儿就像开杂货铺,顺手归堆"归纳"成"厨房用品""床上用品"等等。描写的目标实际上是能多抽象就多抽象,"只要登上概括之梯,就没有理由在哪一级上停下来"(朱晓农,1987—1988)。

调查施格语这种我们看来非常特殊的语言也让我理解了什么叫"特殊"。很久以来我们都喜欢说"汉语特殊",自从十几年前出了个"文化语言学",说得就更多了。其实跟 ergative 语一比,英语、日语、南亚语、阿拉伯语、达拉毗荼语、斯瓦希里语、印第安语,统统属于一个常见的类型"受格语"。Klimov 提出另两种类型,一种是 stative-active,包括西伯利亚和北美一些语言,Gamkrelidze 和 Ivannov(1995)构拟的原始印欧语亦属此类。另一种 Nichols(1990)把它叫作 gender type,包括班图语和一些大洋洲土著语。Dixon(1979)的分类中没有 gender,但有 hierarchical,包括北美 Kiowa-Tanoan 语系和部分 Meso-American 语,如 Tepenhuan。不过主要的还是 accusative(受格语)和 ergative(施格语)两种。巴布亚-新几内亚这么个岛上有近七百种语言,被认为分属六七十个语系,复杂奇怪特殊,相形之下,汉语实在很普通、很一般。还有人说汉语有很强的人文性,意思是说在很多场合理解句子含义需要同时或预先理解句子背后的文化含义。这恰恰不是特殊性,而是共性,哪个语言都有它本身的人文性。反倒是没有人文性的语言才是特殊的,不过迄今为止还没发现没有人文性的自然语言。

关于汉语在施受格维度上的属性问题,几十年前曾有过初步探讨。吕叔湘先生(1987)分析了受格语和作格语两种格局,不同意海外某些学者的汉语作格论。他根据汉语及物动词绝大多数能进入受格句式,而进入作格句式很受限制的事实,认为"很难把汉语推向作格语言的一边"。以此来看,吕先生似应持汉语受格论。不过吕先生又明确指出,区分两者**必须**要有形态依据,"汉语没有这种形态,要说它是这种类型或那种类型的语言都只能是一种**比况**的说法"。这个比况大概是指从语序或语义方面的相似表现来类比形态格局。像"鸡吃了/王冕死了父亲/来了客人/台上坐着主席团"那些句子,一直是主谓宾分析法的难堪例外。赵元任先生换了个"话题—说明"的观察视角。近年来金立鑫等多位学者重新加以论证,认为这是汉语分裂施格性的表现。这是个值得深入的研究路向。不过还是得记住吕先生的那句"比况"告诫,这是一种按扩大或类推的操作标准的施格。我信奉"操作决定性质"(布里奇曼)的研究原则,按照不同方法划分出来的不是同一层次上相同的类,当然可以在更深的层次上抽象出更概括的性质。

"特殊性/特点"可以从相对和绝对两方面来理解。相对的特殊,也就是我们一贯认为的特殊,是把汉语跟英语、日语等比一下,说这不同那不同,这特殊那特殊。反过来,英语日语在你特殊的地方它也特殊。寻找这种相对特殊对于"学语言"来说是有用的,但强调这种相对特殊对于"语言学"来说则是有害的。一旦放到人类语言的共性背景中,绝大多数的"相对特殊"就失去了它的特殊性。任何科学都是以寻求"共性/规律"为基本目标的。人类语言中不是不存在变异,不是不允许特殊,但语言学要确定的是"绝对特殊"。也就是说,在人类语言中只有汉语有的特点,或只有少数语言有的特点,那才是"语言学"所要研究的,而不是"学语言"时所要牢记的特点。从这个意义上来说,没特点才是汉语最大的特点。如果哪天发现了汉语中哪个现象真是绝对特殊,那是我们中国语言学家的节日,因为我们为探索语言共性及其极限,为"语言学"做出了自己的贡献。

对"语言共性"的认识有内部和外部两种定义:实质主义把它看成人类语言中共有的东西(内部定义),形式主义把它定义为人类语言中有而动物通讯系统中无的独一无二的东西(外部定义)。本来内涵定义就这两个标准:对内有周延性,对外有排除性。实质主义强调前者,形式主义强调后者。光从面上看,半斤八两,都是"只顾一点,不及其余"。这后八两的"形式"理想比前半斤的"实质"理想还更宏大。但从操作层面看,实质主义的定义更有利于本学科的研究。实际上,形式主义的研究从不涉及人类语言和动物通讯的异同研究,而按照其外部定义,它主要应该研究这种异同比较。我不把所有用形式化方法来处理语料的都叫形式主义。我把形式主义单留给那些本体观为"语言是形式系统"、基本假设是"语言自足"、基本目标是用形式符号给出概括的研究模式。具有其他假设和目标的学者因为同样需要处理作为系统的语言,不可避免地也要使用形式化的方法,比如功能派语言学家陆丙甫常常使用形式化的符号,但他们不是"形式主义者",用陆丙甫的话说是"形式描写,功能解释",或者"形式为用,功能为体"。

4. 大师的熏陶

时间过去很多年了。从小到大也不知道听了多少门课,有两门课是我难以忘怀的。一门是初二时在徐汇中学听一位翁姓高级教师讲几何。我记得第一堂课他病病歪歪地走进教室,两眼半望着天花板,慢条斯理地讲"geometry"一词的希腊语源。他讲的古希腊理性主义文化、欧几里得公理、令人心悦诚服的演绎推理逻辑证明,在我心灵深处引发永不衰减的回荡。他告诉我们徐汇中学得名于所在地名徐家汇,徐家汇又得名于徐光启,而徐光启则是把几何引进中国的理性主义先驱。

另一门就是鲍勃的田野方法。我很庆幸有机会师从鲍勃,一招一式地学会怎么描写。鲍勃思维敏捷,常常我开口没说半句,他就明白我想说什么。他读深奥的专业书比人家看小说还快,而且快很多。我真觉得他写一流专业书都比人家写连载小说还快。四十年来他发表论文一二百篇,编书十二种,著书十四种,其中十二种是他独自一人完成的,而且仍在源源不断地生产,又有两种自撰,两种主编的书即将问世。算起来平均每三年出两本书,再加十多篇文章,更难以置信的是本本重要,篇篇精彩。跟他学习,学会具体操作程序还在其次,更重要的是零距离地领略了大家风范,受了一种气度熏陶,学了一种在理论与实践之间、读万卷书继承与行万里路发现之间保持平衡的专业精神。"虽不能及,心向往之。"直到好多年后我才意识到,让我最终坚信"概括没有底,逻辑要彻底"这些想法的源头其实是鲍勃。

目　录

上古汉语的作格动词*

蒋绍愚

作格动词的问题，和词类、句法都有很大关系，在国外有很多讨论。上古汉语有没有作格动词？什么是上古汉语中的作格动词？这个问题，Cikoski(1978)、大西克也(2004)都有过讨论，宋亚云(2014)做了详细的讨论。Levin 和 Rappaport(1995)以及孙志阳(2006)也和这个问题有关。本文在此基础上谈我自己的一些看法。

1. 什么是作格动词

1.1 什么是作格动词(ergative verb)？“作格”本是一种格标记，在有的语言中，及物动词的宾语和不及物动词的主语的格相同，这种语言被称为“作格语言”，但后来也用来称呼具有某种句法特点的一类动词。简单地说，如果同一个动词可以有两种句法表现：“X + V”和“Y + V + X”，在语义关系上，在“X + V”中，V 是 X 的状态，在“Y + V + X”中，V 表示使 X 产生 V 的状态，这样的动词就是作格动词。

要说明一点：国外的研究者有的把作格动词包括在非宾格动词(unaccusative verb)中，有的把作格动词和非宾格动词分开。如在英语中，非宾格动词有 be, appear, arise, occur, happen, disappear, vanish,

* 原载《历史语言学研究》第 11 辑，第 1—28 页。

emerge, elapse, exist, remain, erupt, ensue, arrive, thrive, flourish 等，作格动词有 break, crack, crash, crush, shatter, split, tear, abate, alter, burn, dry, sink, change, close, decrease, diminish 等。确实，这两者在句法表现上是有区别的，非宾格动词不能用作使动。本文采取后一种说法。

"X + V"和"Y + V + X"这种交替关系，称为"使役交替"（causative alternation）。通常认为，如果一个动词可以出现在使役交替中，那么，这个动词就是作格动词。

如英语中的例子：

N + V	Y + V + X
The window broke.	The tree broke the window.

在上古汉语中有这样的句子：

N + V	Y + V + X
《晏子春秋·杂下》："门开，公召而入。"	《吕氏春秋·举难》："桓公……夜开门。"
《左传·成公十六年》："国蹙王伤。"	《左传·成公十六年》："伤国君有刑。"

"开"和"伤"都有"X + V"和"Y + V + X"两种句法表现，X 都是名词性成分，在"X + V"中，V 是 X 的状态，在"Y + V + X"中，V 是使 X 具有 V 这种状态。这些 V 就是作格动词。

1.2 那么，在上古汉语中的作格动词是否可以用"X + V"和"Y + V + X"作为鉴定式来确定呢？从语料看，同一个词具有"X + V"和"Y + V + X"两种句法位置的，有以下几种，但情况是不一样的。（以下 a 例为"X + V"，b 例为"Y + V + X"）

(1a)《庄子·胠箧》："昔者龙逢斩，比干剖，苌弘胣，子胥靡。"

(1b)《左传·文公二年》："狼瞫取戈以斩囚。"

(2a)《左传·襄公二十八年》:“士皆释甲束马而饮酒。”

(2b)《左传·宣公二年》:“晋侯饮赵盾酒。”

(3a)《国语·晋语九》:“君出在外。”

(3b)《左传·昭公三十二年》:“季氏出其君。”

(4a)《荀子·劝学》:“卵破子死。”

(4b)《庄子·胠箧》:“焚符破玺。”

(5a)《左传·僖公四年》:“姬泣,曰:贼由大子。”

(5b)《左传·襄公二十二年》:“君三泣臣矣。敢问谁之罪也?”

(6a)《吕氏春秋·劝学》:“所求尽得,所欲尽成。”

(6b)《左传·昭公三年》:“朝夕得所求,小人之利也。”

(7a)《管子·形势解》:“衣冠正,则臣下肃。”

(7b)《论语·尧曰》:“君子正其衣冠。”

(8a)《逸周书·文传》:“土多民少,非其土也;土少人多,非其人也。”

(8b)《国语·晋语一》:“(晋国)少族而多敌,不可谓天。”

哪一种是作格动词?

(1)不是。“(狼瞫)斩囚”的“斩”表过程而不表状态,“龙逢斩”是意念的被动。

(2)不是。“(士)饮酒”的“饮”表过程而不表状态,“晋侯饮赵盾酒”是使动,使赵盾施行“饮”这个动作。

(3)是。“君出在外”的“出”表状态,“谁能出君”是使动,使“君”处于“出”的状态。

(4)是。“卵破子死”的“破”表状态,“焚符破玺”的“破玺”有使役关系(详后)。

(5)不是。“姬泣”的“泣”表过程而不表状态,“君三泣臣”是“泣”

带与事(dative)宾语。这不是“使役交替”。

(6)不是。“得所求”是一般动宾结构,“所求尽得”是受事话题句。

(7)不是。“衣冠正”的“正”是形容词,“正其衣冠”是形容词用作使动。

(8)“多”是形容词,也可以有两种句法位置:“X 多”和“Y 多 X”。“土多民少”是对“X(‘土’和‘民’)”的说明,“(晋国)少族而多敌”是对“Y(晋国)”的说明。在《山海经》中,全都是说某处“多 N”,不说某处“N 多”。这也和作格动词的情况不同。

可见,不能笼统地说有“X + V”和“Y + V + X”交替的词就是作格动词。作格动词必须具备这样的句法条件:

1. 这种在“X + V”和“Y + V + X”位置的 V 必须都是动词,而且是同一动词的同一义项或两个紧密相关的义项。

2. 这种“X + V”和“Y + V + X”的关系必须是“使役交替”,即 V 在“X + V”中必须表示状态,“X + V”表示“X 具有 V 这种状态”;V 在“Y + V + X”中必须表使役意义,“Y + V + X”表示“使 X 具有 V 这种状态”。

为什么 V 在“X + V”中必须表示状态?因为在“X + V”中 V 不表示状态,就是表示意念被动,而表示意念被动不是作格动词的功能。这在下面 2.3.2 会进一步说明。

为什么 V 在“Y + V + X”必须表使役意义?因为作格动词所处的“X + V”和“Y + V + X”中,“X + V”和“V + X”的意义必须一样。如在“上海队败广州队”(Y + V + X)中,“败广州队”(V + X)和“广州队败”(X + V)的意思一样。而在“上海队胜广州队”(Y + V + X)中,“胜广州队”(V + X)和“广州队胜”(X + V)的意思不一样。怎样才能使“败广州队”和“广州队败”的意思一样呢?这就必须是“败广州队”中的

“败”表使役意义,“败广州队”表示“使广州队败”之意,这样,“败广州队”和“广州队败”的意思就一样了。而“上海队胜广州队”中的“胜”没有使役意义,这句话不表示“使广州队胜”,这样,“上海队胜广州队”和“广州队胜”的意思就不一样了。示例如下:

败广州队=使广州队败≈广州队败

胜广州队≠使广州队胜≠广州队胜(参见吕叔湘,1987)

这样的条件,把上述例(7)和例(8)排除了,因为它们是形容词。其他的例(1)(2)(5)(6)中的是动词,但也不是作格动词。因为例(1a)(2a)(5a)(6a)中的V不是表状态,而(1b)(5b)(6b)中的V不是使动。

不过,这是很粗略的说法,进一步的论述要看下文。

2. 作格动词的语义特征

上面是从句法表现来确定作格动词。一个更深层的问题是:为什么作格动词能有这样的句法表现?也就是说,作格动词具有什么语义特征?

以往的研究,通常是各自根据自己的标准,确定上古汉语中哪些是作格动词。但作格动词的语义特征是什么?这个问题讨论得不充分。

2.1 动词的语义分类是一个复杂的问题。杨伯峻、何乐士(1992)把上古汉语的动词分为四大类:(1)多少带些动作行为或有形活动的动词。(2)表示意念的动词。(3)表示存在的动词。(4)在主语和宾语之间起联系、判断作用的动词。李佐丰(2004)是把语法和语义结合起来分类的,分出的类比较繁复。何乐士(2012)是在及物、不及物的大框架下再作语义分类,分类也比较繁复。梅广(2015)没有提出动词的明确分类，但书中经常提到的有“行为动词”“感知动词”（包括“知觉类”“认识类”“感觉类”）和“状态动词”。

本文的目的不是给动词分类，而是讨论哪些类别的动词可以是作格动词。杨伯峻、何乐士（1992）所说的第3、4两类，和作格动词无关，我们不加讨论。和作格动词有关的动词，我们分为三大类：

（一）状态动词。表状态变化（兴、亡、饥、饱、劳、逸、枯、盈等），包括梅广（2015）所说的“感知动词”中的“感觉类（喜、怒、惊、惧等）”。梅广（2015：275）把“出”“走”等表移动的动词称为“动态的状态动词”，我同意他的分类。这类动词及物性较弱，通常不带宾语，也就是通常所说的“不及物动词”。

（二）动作动词。表动作过程（击、射、战、乘），包括梅广（2015）所说“感知动词”中的“知觉类（视、听、见、闻）”和“认识类（学、知）”。这类动词及物性较强，通常有动作的对象跟着出现，即有宾语跟着，也就是通常所说的“及物动词”。

（三）动作—状态动词。这类动词的语义构成是“动作+（致使）+结果/状态”，有动作过程又有状态变化，状态变化是动作产生的结果。这类动词通常带宾语，也就是通常所说的“及物动词”。

这类动词分为两小类：

（1）突出动作过程。如“斩”“杀”“弑”“戮”等。

（2）突出状态变化。如“灭”“开”“毁”“破”等。

（本文在讨论词的语义分析时，多用“状态动词/动作动词/动作—状态动词”；而在谈到语法关系时，会用“不及物/及物动词”。）

2.2 上面说了，作格动词必须有“X+V”和“Y+V+X”的使役交替，在“X+V”中V表示X的状态变化，在“Y+V+X”中V和X是使役意义。那么，哪一类语义构成的动词可以进入这两种句式？

下面列一个表,看哪些动词可以进入表中的"X + V"和"Y + V + X",哪些是作格动词,哪些不是。为了便于和这个表的分析说明相对照,在有些栏目中标了数码。

表1

动词语义特征类别		动词举例	X + V	Y + V + X	是否使役交替	是否作格动词
(一)状态动词		来,出,亡,劳	①表状态变化(君出)	②使动(出君)	是	是
(二)动作动词		击,言,学,听,战,斗,朝,乘	③表动作过程(公将战)	④多数不用作使动。有些可作使动(战民)	否	否
(三)动作—状态动词	(1)突出动作过程	战,杀,弑,戮	⑤意念被动(龙逢斩)	⑥非使动(斩龙逢)	否	否
	(2)突出状态变化	灭,开,毁,破	⑦演变为状态变化(齐破)	⑧有使役关系(破齐)	是	是

下面作一个简单的说明。

(一)状态动词(如"来,出,亡,劳")在"X + V"中表状态变化(表1①),在"Y + V + X"中多数是使动用法(表1②)。可以构成"X + V"和"Y + V + X"的使役交替。所以是作格动词。

(二)动作动词在"X + V"中表动作过程(表1③),在"Y + V + X"中,有的(如"击,言,学,听")不能有使动用法,有的(如"战,斗,朝,乘")有使动用法,但表示的是使对象施行某种动作过程,而不是使对象发生状态变化(表1④)。所以不是作格动词。

(三)动作—状态动词之(1):突出动作过程(如"斩,杀,弑,戮"),在"X + V"格式中时,不是表状态,而是表意念被动(表1⑤),出现在"Y + V + X"格式时,通常带的是受事宾语,而不是役事宾语(表1⑥)。

(也有带役事宾语的,但很少见,而且性质有所不同。这到下面再细说。)所以不是作格动词。

动作—状态动词之(2):突出状态变化(如"灭,开,毁,破"),在"Y + V + X"格式时,具有词义使役的关系(表1⑧)。在"X + V"中时,可能演化为表状态变化(表1⑦)。所以是作格动词。关于"词义的使役"和"演化为表状态变化",在下面2.4中结合"灭"的分析来讨论。

2.3 使役关系和作格动词。

作格动词在"Y + V + X"格式中必须是使役关系,所以,作格动词和动词的使动用法关系很密切。但作格动词和动词使动不能划等号:可用作使动的不一定都是作格动词,作格动词不一定都是动词使动。这可以从下面的讨论中看到。

上古汉语中,不仅有动词的使动,还有形容词和名词(临时用作动词)的使动。后两类与作格动词无关,我们只讨论动词的使动。

2.3.1 从一般的印象说,似乎上古时期任何动词都可以有使动用法。但事实并非如此。杨伯峻、何乐士(1992)的3、4两类动词,显然不能有使动用法。本文所说的"状态动词""动作动词"和"动作—状态动词"也有很多不能有使动用法。这个问题,李佐丰(2004)和梅广(2015)都谈到。李佐丰(2004)只是列举,说哪一类动词可以带使动宾语,哪一类词不能带使动宾语。不能带使动宾语的有:真他动词,只带直接宾语(103页);及物运动动词,只带处所宾语(116页);支配动词,只带受事宾语(126页);真自动状态动词,通常不带使动宾语(131页)。梅广(2015)说得比较概括,他说:"行为动词不能产生致动用法"(362页);"及物感知动词没有致动词"(365页);"有一类不及物状态动词没有致事用法(如:卒、熟等)"(276页);"大致来说,施动与受动相应,致动与内动相应"(285页)。

我认为,从上古汉语的语料来看,我们所说的“状态动词”“动作动词”和“动作—状态动词”三大类中,是否能用作使动有如下几种情况:

(一)状态动词(包括感觉动词和移动动词)大多能用作使动,表示使对象产生某种状态。但有一小类不能用作使动。这就是梅广(2015:276—277)所说的表生理变化的“卒、没(殁)、病(病重)、恸”和表事物自然变化或事物特性的“(五谷)熟、(川渊)枯、(日月)逝、(鸡)鸣、(狗)吠”等状态动词。这些也就是李佐丰(2004)所说的一些“真自动状态动词”。所谓“真自动”,就是不带任何宾语,包括受事宾语和役事宾语。

(二)动作动词分几种情况:

动作动词大多不能用作使动。一些及物性很强的动作动词是不能用作使动的,不论是身体动作(如“击,执,射”),还是言语动作(如“言,告,问”),还是感知动作(如“听,学,知”),它们的宾语只能是受事宾语,“V + O”只能表示动作施加于对象,不能是使对象施行一个动作。

这类动词中有三个动词是特殊的,可以用作使动:“食(sì)”“饮(yìn)”“衣(yì)”:

《左传·宣公二年》:“晋侯饮赵盾酒。”

《左传·昭公十三年》:“寒者衣之,饥者食之。”

这是因为,这几个动词后面如果是物,就是受事宾语;如果是人,就是役事宾语,两者不会混淆。梅广(2015)根据宋玉珂之说,把它们称为“供动”(给某人食、饮、穿衣),而不看作使动。

但动作动词有些可以用作使动,如:“战,斗,朝,乘”。和上一类相比,这些动作动词及物性稍弱,后面的宾语可以不是受事而是役事。但用作使动不是使役事具有某种状态变化,而是使役事施行某个动作。

①战

《韩非子·外储说右上》:“晋文公问于狐偃曰:‘寡人甘肥周于堂,卮酒豆肉集于宫,壶酒不清,生肉不布,杀一牛徧于国中,一岁之功尽以衣士卒,其足以战民乎?’狐子曰:‘不足。’文公曰:‘吾弛关市之征而缓刑罚,其足以战民乎?’狐子曰:‘不足。’文公曰:‘吾民之有丧资者,寡人亲使郎中视事;有罪者赦之;贫穷不足者与之;其足以战民乎?’狐子对曰:‘不足。此皆所以慎产也。而战之者,杀之也。民之从公也,为慎产也,公因而迎杀之,失所以为从公矣。’曰:‘然则何如足以战民乎?’狐子对曰:‘令无得不战。’”

《韩非子·解老》:“是以智士俭用其财则家富,圣人爱宝其神则精盛,人君重战其卒则民众。”

《吕氏春秋·简选》:“驱市人而战之。”

《商君书·外内》:“故欲战其民者,必以重法。”

②斗

《战国策·楚策四》:“若越赵、魏而斗兵于燕,则岂楚之任也哉?”

《吕氏春秋·察微》:“鲁季氏与郈氏斗鸡。”

③朝

《国语·齐语》:“(桓公)大朝诸侯于阳穀。”

《孟子·公孙丑上》:“武丁朝诸侯,有天下,犹运之掌也。”

《韩非子·饰邪》:“禹朝诸侯之君会稽之上。”

④乘

《左传·哀公二年》:“大子惧,自投于车下。子良授大子绥而乘之。”

《公羊传·宣公六年》:“有起于甲中者,抱赵盾而乘之。”

《吕氏春秋·贵生》:“王子搜不肯出,越人熏之以艾,乘之以王舆。”

（三）动作—状态动词分两类：

（1）突出动作过程的（如“斩，杀，弑，戮”等），通常不用作使动，因为这些动词后面带宾语，通常就是动作的受事。但在比较特殊的情况下可用作使动，如：

《左传·成公二年》：“是（指夏姬）不祥人也。是夭子蛮，杀御叔，弑灵侯，戮夏南，出孔、仪，丧陈国。”（转引自梅广[2015]）

这句话的意思中的六个动词“夭，杀，弑，戮，出，丧”都是使动。“杀御叔，弑灵侯，戮夏南”不是说夏姬杀了御叔，弑了灵侯，戮了夏南，而是说夏姬使御叔被杀，灵侯被弑，夏南被戮。这和一般的使动用法是不一样的，一般的使动，或是使对象（役事）产生某种状态（如“夭，出，丧”），或是使对象（役事）施行某种动作（如“战，朝，乘”），而这种使动，是使对象（役事）遭受某种动作（被杀，被弑，被戮）。

《吕氏春秋·察传》：“有闻而传之者曰：‘丁氏穿井得一人。’国人道之，闻之于宋君。”

“闻之于宋君”即“使之闻于宋君”，使这件事被宋君听到（意思就是报告给宋君）。“闻”和上例的“杀，弑，戮”一样，在用作使动时表示使对象（役事）遭受某种动作（被闻）。

（2）突出状态变化的（如“灭，开，毁，破”等）。这类动词能不能用作使动？应该说不能。根据现代汉语的语感，“破釜沉舟”的“破”可以看作使动，因为现代汉语中“破”表示状态，“破釜”可以是“使釜破碎”。但在上古汉语中，“破”是一个突出状态变化的动作—状态动词，“破釜”应该是“动词＋受事宾语”，“破”不是用作使动。“开门”更不是使动。就是在现代汉语中，“开门”也是动宾而不是使动，“开门”不能说成“使门开”。既然这类动词不能用作使动，为什么在表1中说，当这类动词在“Y＋V＋X”的句式中时“有使役关系”呢？这个问题到下面

2.4 讨论“灭”的时候再回答。

2.3.2 但是,我们不能反过来说,凡是能作使动的动词都是作格动词。是不是作格动词,还要看这个动词在“X+V”中的情况。作格动词在“X+V”中,必须表示状态,而不是动作,也不是意念被动。

上面几类动词在“X+V”中的情况如下(不能用作使动的不再讨论,只讨论能用作使动的几类):

(一)状态动词在“X+V”中都表示状态。

综合“Y+V+X”和“X+V”的情况看,这一类动词除一小类外都是作格动词。

(二)动作动词尽管有一些(如“战,斗,朝,乘”)可以用作使动,但在“X+V”中出现时,都表示动作而不表示状态。如《左传》中有下列例句:

《左传·庄公九年》:“师及齐师战于乾时。”

《左传·襄公十一年》:“秦、晋战于栎。”

《左传·庄公十年》:“战于长勺。”

《左传·庄公十年》:“公将战。”

《左传·昭公十九年》:“郑大水,龙斗于时门之外洧渊。”

《韩非子·外储说左上》:“问者大怒……遂与之门。”

《吕氏春秋·长攻》:“舞者操兵以斗。”

《左传·僖公二十五年》:“晋侯朝王。”

《左传·成公三年》:“诸侯朝晋,卫成公不朝。”(“不朝”的宾语承上省略)

《左传·隐公七年》:“戎朝于周。”

《左传·庄公十年》:“公与之乘。”(实际上“乘”已包含“车”)

《左传·襄公二十四年》:“使御广车而行,己皆乘乘车。”

《左传·僖公三年》:“齐侯与蔡姬乘舟于囿。”

“战”和“斗”是动作而不是状态。“朝”和“乘”更是如此,当它们出现在“X+V”中时,其宾语通常要出现。

综合“Y+V+X”和“X+V”的情况看,这一类动词不是作格动词。

(三)动作—状态动词分两类:

(1)突出动作过程的有少数可用作使动(如上面说的“杀御叔,弑灵侯,戮夏南”),但表示的是“使X被V”。而当它们出现在“X+V”中时,表示的不是状态,而是意念被动。如:

《庄子·胠箧》:“昔者龙逢斩,比干剖,苌弘胣。”

《韩非子·说疑》:“故周威公身杀,国分为二;郑子阳身杀,国分为三。”

《韩非子·二柄》:“田常徒用德而简公弑,子罕徒用刑而宋君劫。”

《吕氏春秋·必己》:“故龙逄诛,比干戮。”

综合“Y+V+X”和“X+V”的情况看,这一类动词也不是作格动词。

(2)突出状态变化的在“X+V”中可以演变为表状态变化,这到下面2.4讨论“灭”的时候细说。

综合“Y+V+X”和“X+V”的情况看,这一类动词是作格动词。

2.3.3 状态变化和意念被动。

上面说了,“动作—状态动词”分为两类,当它出现在“X+V”格式中时,(1)类(如“斩,杀,弑,戮”)表意念被动,(2)类(如“灭,开,毁,破”)表状态变化。这两者除了从语义上加以区别外,还有没有其他的区别办法?这可以从下面几个方面来看。

(一)“X+V”中的V,能受行为方式状语修饰的,是表意念被动而不是表状态变化。

这里,我们介绍顾阳(1996)的看法。文章认为:"按照 L&R 的分析,从使役动词到非宾格动词这中间经历了一个非使役化(de-causativization)的过程。所谓非使役化就是使本来的二元谓词(two place predicate)变成一元谓词(one place predicate),也就是在原来使役动词的基础上除去了一个表示外因的域外论元。"这是"在词库内进行的一个过程"。这里所说的"使役动词"就是我们说的使动用法,"非宾格动词"就是本文所说处于"X + V"中的表状态的作格动词。也就是说,作格动词在进入句法层面以前,其域外论元就被抑制住,无法在句法层面出现。而动词的被动形式是在词汇句法表达式这个界面上形成的,是以及物动词的身份进入词汇句法表达式,"其域外论元受抑制后仍可在句子的其他成分中有所反映","如允许带有施事意愿或行为方式的修饰语、目的短语等出现在句中"。这是概括了 Levin 和 Rappaport(1995)第 3 章 3.2.4 的意思,但顾阳说得更清楚。下面是 Levin 和 Rappaport(1995:109)的例子:

(1) The window was broken by Pat.

The window was broken to rescue the child.

(2) *The window broke by Pat.

*The window broke to rescue the child.

这一论述的前提是:作格动词是由使役动词衍生而来的。我们不一定要接受这个前提。但是,我们仍然可以以此来区别"X + V"的 V 是表状态还是表意念被动。因为,行为方式状语或目的短语只能用于被动表达(不论是有标记的被动还是意念被动)而不能用于状态的表达,这是没有疑问的。所以,在"X + V"中,如果 V 有行为方式状语,就是意念被动,而不是表状态。如:

《史记·吴王濞列传》:"错衣朝衣斩东市。"

《九歌·国殇》:“左骖殪兮右刃伤。”

这说明句中的“斩”和“伤”都是意念被动,而不是表状态。所以,“斩”不是作格动词,“伤”在这句中也并不是作格动词。但“伤”的情况比较复杂,并非所有的“伤”都不是作格动词。详下文3.4.4.3.1。

(二)“X+V”如果能换成“X+见V”,就说明V是意念被动而不是状态变化。

请看下面一段话:

《韩非子·二柄》:“此简公失德而田常用之也,故简公见弑。……宋君失刑而子罕用之,故宋君见劫。田常徒用德而简公弑,子罕徒用刑而宋君劫。”

这说明“X+弑”就是“X见弑”,“X+劫”就是“X见劫”,但“X+弑”和“X+劫”没有被动标记,所以是意念被动。

梅广(2015:285)把这种“见+V”的结构称为“受动”,并说:“大致说来,施动与受动相应,致动与内动相应。”说“施动与受动相应”是对的。这类动词,用在施动句中就是“斩龙逢”“杀周威公”“弑简公”“戮比干”,这些动词的动作性是很强的。

值得注意的是:在先秦和西汉的文献中,“X+见灭”“X+见开”“X+见破”都没有出现,“X+见毁”只有表示受到毁谤之意。这或许可以说明上古汉语中“灭,开,毁,破”一类词在“X+V”中不表意念被动,而表状态变化。当然,这只是一个参考。我们不能把文献中有无“X+见V”作为一个绝对的检验标准,因为上古汉语文献中也没有“X+见斩”,不能因此认为“X+见斩”就是表状态变化。但是,这一类的“灭,开,毁,破”全都没有“见+V”的说法,多少还是说明一点问题的。

(三)状态变化和意念被动在施动者方面有一些差异。表意念被动的“X+斩/杀/弑/戮”等,其动作都有施动者,而且是有意施行动作的人(volitional agent),虽然隐含而未出现,但都可以指出。而表状态变化的“X+灭/开/毁/破”,有的施动者无法说出,因为这种状态变化不是人有意造成的,而是在某种情况下,事物自己发生的。如:

《论语·季氏》:“龟玉毁于椟中。”

《荀子·劝学》:“风至苕折,卵破子死。”

“卵破子死”的“破”和“国破家亡”的“破”还有些不同。“国破”的“破”还有动作的因素,其施动者是可以说出的。而“卵破”的“破”就只剩下状态变化了。这种演变过程,将在下面说到。

2.4 下面集中讨论突出状态变化的“动作—状态动词”(如“灭,开,毁,破”)等是不是作格动词。这个问题比较复杂,我们用“灭”为例,加以讨论。

2.4.1 先把“亡”和“灭”两个词作一些比较。粗略地看,好像“国灭”=“国亡”,“灭国”=“亡国”。所以,两者的分析应该一样。在“X+V”中就都是状态动词,在“Y+V+X”中就应该都是使动,“灭”和“亡”没有区别。真是这样吗?

先看下面的例句:

《左传·哀公六年》:“今失其行,乱其纪纲,乃灭而亡。”

《左传·襄公二十七年》:“无威则骄,骄则乱生,乱生必灭,所以亡也。”

这里的“灭”和“亡”都处于“X+V”的句式中,如果“灭”和“亡”的词义和功能都一样,那么,两句中先用“灭”接着用“亡”就无法解释。

《公羊传·僖公元年》:“齐师、宋师、曹师次于聂北,救邢。救不言次。此其言次何?不及事也。不及事者何?邢已亡矣。孰亡之?盖狄灭之。曷为不言狄灭之?为桓公讳也。”

这一句中的“亡之”和“灭之”都处于“Y+V+X”的句式中,但

“亡”和“灭”也是有区别的。区别在哪里?

《左传·襄公十三年》:“凡书‘取’,言易也。用大师焉曰‘灭’。”

这虽然是解释《春秋》书法,但也可以看作对“灭”词义的说明:“灭”是一个用军队施加于对象的动作。“灭”不是一个状态动词,而是一个突出状态的动作—状态动词,及物性是较强的。

从语法上说,“亡”是不及物动词,“灭”是及物动词。这可以用下面的方法来检验,在上古文献中有“为N所灭”:

《史记·乐毅列传》:“赵且为秦所灭。”

《史记·屈原贾生列传》:“数十年竟为秦所灭。”

但没有“为N所亡”。下面“所亡”的“亡”是“丢失”义,不是“灭亡”义。

《战国策·魏策三》:“所亡乎秦者,山北、河外、河内,大县数百,名都数十。”

《史记·刺客列传》:“曹沫三战所亡地尽复予鲁。”

那么,怎样看待“Y+V+X”中的“灭”和“X+V”中的“灭”呢?

2.4.2 先说“Y+V+X”中的“灭”。这个“灭”是及物动词带受事宾语,不是一般所说的“使动”。既然“灭+X”是及物动词带受事宾语,那么“Y+灭+X”是不是包含使役关系(表一⑧)?这里要插进去一段话,讨论什么是“使役”。

使役结构(causative construction)从形式上一般分为三种:(1)形态型,(2)词汇型,(3)句法型。一般认为,汉语的“食(去声)”是形态型,“退之(使动)”是词汇型,“使之退”是句法型。

但是,使役还可以在词义结构中表达出来。Levin和Rappaport(1995:83)把那些参与使役交替的使役动词(causative verb)的词汇语义表达式(lexical semantic representation)写作:(以“break”为例)

break:[[x DO-SOMETHING] CAUSE [y BECOME BROKEN]]

同样,kill 的词汇语义表达式可以写作:

kill:[[x DO-SOMETHING] CAUSE [y BECOME DIED]]

所以,有人把 kill 这样的动词叫作“词汇致使动词”(见程明霞,2008)。汉语的“杀”和英语的 kill 大致相当。如果把“使役”的范畴放宽一点,那么,最好把汉语的“杀之”称作“词义的使役”,而把“退之(使动)”称作“构式的使役”。

“词义的使役”和“构式的使役”是有区别的。

“构式的使役”就是通常所说的“使动”。“(君)欲战其民”和“武丁朝诸侯”都是“构式的使役”,“战”和“朝”的语义构成不包含使因和结果(状态变化),使役义是由构式产生的,属于句法层面(见蒋绍愚,2015)。

“词义的使役”的使役意义不产生在句法层面上,而是包含在 V 的词义中。“狄灭邢”的“灭”是词义的使役,“灭”的词义中包含使因、致使和结果(状态变化),其语义构成是:

灭:[[x 施行动作(武力攻击)]致使[y 出现结果/状态(亡)]]

这在汉语语法中不叫“使动”。这和“杀”一样,在汉语语法中,从来没有人说“杀人”的“杀”是“使动”。

构式的使役(使动)往往可以在句法层面加一个使令动词“使”来表达,即“Y + V + X”是使动,那么其意义应是“Y 使 X + V”。如上面说过的“(君)欲战其民”即“君欲使其民战”,“武丁朝诸侯”即“武丁使诸侯朝”。但词义的使役不能这样变换,如果把“狄灭邢”变化成“狄使邢灭”(=狄使邢施行武力攻击,结果亡),这是说不通的。

所以,说 V 在“Y + V + X”中具有使役意义,应包括两种情况:(1)V 是构式的使役(即使动),如“秦亡郑”的“亡”;(2)V 是词义的使役,如

"狄灭邢"的"灭"。"灭"不是使动用法,而是施加于"邢"的动作,但"灭"的词义构成中包含使役,所以整个"Y + V + X(狄灭邢)"还是具有使役关系。

"灭"也有使动用法。"灭"的使动词是"威"。"灭"和"威"有语音交替,这是形态的使役:

威,《广韵》:"许悦切。"

梅祖麟(2000:385)把"灭"构拟为 * mjiat > mjat,把"威"构拟为 * smjiat > xjwat,认为"威是灭的使动词"。

"威"很少见,只在《诗经》中有一例:

《诗经·小雅·正月》:"赫赫宗周,褒姒威之。"

"褒姒威之"不是褒姒用武力灭了宗周,而是褒姒使得宗周被(犬戎)灭。这和"狄灭邢"是不一样的。"褒姒威之"的"威"是构式的使役(使动),"狄灭邢"的"灭"不是构式的使役(使动),是词义的使役。

2.4.3 再看"X + V"中的"灭"。

根据上面所说,"狄灭邢"也包含使役义。至于它和"邢灭"是否构成使役交替,那还要看"邢灭"是什么情况。

先秦文献中"X + V"的"灭"有两种情况。

(一)在《左传》中有一个例句:

《左传·文公四年》:"楚人<u>灭</u>江。秦伯为之降服,出次,不举。过数。大夫谏。公曰:'同盟<u>灭</u>,虽不能救,敢不矜乎?'"

这两个"灭",应该是一样的,只是前面用在"Y + V + X"中,后面用在"X + V"中,两个"灭"都是动作—状态动词而突出状态变化的。"同盟灭"的"灭"不是状态动词,它不同于"亡"。正因为如此,《左传》中还有"乃灭而亡"和"乱生必灭,所以亡也"(俱见上引),其中的"灭"和"亡"不一样。

但这种“X＋灭”和“X＋斩”“X＋杀”“X＋戮”等也不一样，即它不是一个状态动词，但也不能完全看作意念被动，而是表示X遭受攻击动作而状态发生变化，变化的结果就是“亡”。从突出状态来看，它和状态动词比较接近。

而“楚人灭江”的“灭”（“Y＋V＋X”中的V），上面说过，是一种词义的使役，词义中包含使因和结果（状态变化）。“楚人灭江”和“同盟灭”构成使役交替，这种突出状态的动作—状态动词“灭”是作格动词。

（二）“X＋灭”还有另一种情况。在先秦文献中，有的“X＋灭”中的“灭”是状态动词，词义和功能都跟“亡”相同。

全面考察先秦文献中的“灭”可以看到，在《左传》以后的先秦文献中，多次出现“灭亡”连用，《墨子》2例，《庄子》1例，《荀子》13例，《吕氏春秋》1例，《礼记》1例，共18例，都是“X灭亡”，“灭”和“亡”已无区别。略举几例如下：

《墨子·天志下》：“使之父子离散，国家灭亡。”

《荀子·王制》：“好用其籍敛矣，而忘其本务，如是者灭亡。”

《吕氏春秋·贵信》：“不听臣之言，国必灭亡。”

在《左传》《国语》和《论语》中都没有“灭亡”，说明“灭亡”是后起的。“灭亡”中的“灭”肯定不是意念被动，而是状态动词。

但在《左传》中，有些“灭”的用法也值得注意：

《左传·文公九年》：“楚子越椒来聘，执币傲。叔仲惠伯曰：‘是必灭若敖氏之宗。’”

《左传·宣公四年》：“初，楚司马子良生子越椒。子文曰：‘必杀之。是子也，熊虎之状而豺狼之声；弗杀，必灭若敖氏矣。’”

《左传·定公四年》：“灭宗废祀，非孝也。”

这些“灭＋X”是指某个子孙使家族亡，所以，不是动作—状态动词

“灭”带宾语(像“狄灭邢”一样),而是状态动词“灭”(≈“亡”)作使动,即“Y 使 X 灭亡”。这说明在历史发展过程中,“X 灭”的“灭”由突出状态的动作—状态动词演变为状态动词。

到《吕氏春秋》中,有这样的例句:

《吕氏春秋·处方》:“故百里奚处乎虞而虞亡,处乎秦而秦霸;向挚处乎商而商灭,处乎周而周王。”

《吕氏春秋·简选》:“中山亡邢,狄人灭卫。”

在“X + V”和“Y + V + X”中都是“灭”和“亡”并用,看不出“灭”和“亡”的差别。这时,应该说“灭”已演变为状态动词,在“X + V”中表示 X 的状态,在“Y + V + X”中是状态动词的使动了。

我们可以这样来说明其演变:动作—状态动词“灭”的语义构成是“动作[武力攻击] + (致使) + 结果/状态[亡]”,而且是突出状态的。其中的“动作”的因素,在“X + 灭”中已经弱化,再进一步弱化而至于消失,就剩下了“结果/状态”,所以成为一个状态动词,其意义和“亡”相同。

2.4.4 所以,全面考察春秋战国时期的“X + 灭”,其中的“灭”有突出状态的动作—状态动词和状态动词两种情况。这两种情况都可以和相应的“Y + 灭 + X”构成使役交替。所以,“灭”是作格动词。

“X + 灭”的这两种情况是一个逐步演变的过程,至于在文献中哪些“X + 灭”属于第一种,哪些“X + 灭”属于第二种,有时不容易清楚地区分。比如,下面的例句中,“X + 灭”的“灭”究竟是包含状态变化的意念被动还是状态变化,就不容易确定:

《吕氏春秋·自知》:“荆成、齐庄不自知而杀,吴王、智伯不自知而亡,宋、中山不自知而灭,晋惠公、赵括不自知而虏,钻荼、庞涓、太子申不自知而死,败莫大于不自知。”

“杀”“虏”是意念被动，“亡”“死”是状态变化。“灭”和它们并列，究竟是表示包含状态变化的意念被动还是状态变化？仅仅根据这段文字，难以作出肯定的回答。我们只能从整个发展过程来看，既然从《墨子》开始就有“灭亡”连用，那么，《吕氏春秋》的这段话中的“灭”应该和“亡”一样，是表状态变化的了。

下面在说到“败”“破”“毁”时，把它们和“灭”放在一起看，有些问题可以看得更清楚。

2.5 从上面的论述来看，包含动作—状态动词的(1)(2)两类，对于确定作格动词非常重要。这里就有一个问题：同样是动作—状态动词，哪些属于(1)类，哪些属于(2)类？

从词义构成来看，这两类都是“动作+(致使)+结果/状态”，都包含“动作”和“结果/状态”两个语义成分，只是(1)类突出“动作过程”，(2)类突出“状态变化”。一个动作—状态动词究竟是突出动作过程还是突出状态变化，如果从语义成分来确定，会有较大的主观性。有没有比较客观的办法？

我们试着从句法方面着手。可以考虑以下几点：

(1)用在“X+V”时，如果V是表意念被动，这个动词就属于(1)类。表意念被动的鉴定方法，前面2.3.3已经说过。

(2)用在“Y+V+X”中时，如果V表示“使某某被V”，这个动词就是属于(1)类。如上面说的“杀御叔，弑灵侯，戮夏南”之类。又如：

《孟子·尽心下》：“盆成括见杀。门人问曰：‘夫子何以知其将见杀？’曰：‘其为人也小有才，未闻君子之大道也，则足以杀其躯而已矣。’”

“杀其躯”表示“使其躯被杀”，这和上文的“盆成括见杀”相应。上面2.3.3《韩非子》的“简公弑”也和“简公见弑”相应。把两者联系起来,我们也可以说,“动作—状态动词”如果能构成“见+V”的,就是突出动作过程的。

(3)突出状态变化的动作—状态动词,容易演变为状态动词。所以,当一个动作—状态动词和一个状态动词并列而构成一个词组时,这个动作—状态动词就是突出状态的。如“灭亡”的“灭”,“毁坏”的“毁”,都是突出状态变化的。

(4)在后来出现的述补结构 VC 中,(1)类的“斩,杀,弑,戮”都没有用作后一字 C 的。而(2)类的“灭,开,毁,破”之类,用作后一字 C 很常见。这虽然是后来的发展,但也和它们在上古的性质有关,多少也能说明上古汉语中“斩,杀,弑,戮”突出动作过程,而“灭,开,毁,破”之类突出状态变化。

最后,还应当指出,有的词在历史上是有变化的。如“伤”,下面将会看到,最初是一个状态动词;可以用作使动,由此演变为突出动作的动作—状态动词,在上述《国殇》例“刃伤”中无疑是意念被动。但后来很多“X 伤”仍表状态变化。表意念被动的“伤”不是作格动词,表状态的“伤”是作格动词。像这样的动词,就不能简单地对待。

这只是一些初步的想法,是仅就本文讨论的一些动词提出的看法。这个问题还需要深入研究,要对一批较常见的上古汉语动词进行全面的调查和分析,才能得出更全面的结论。

3. 作格动词两种句法表现的关系

3.1 作格动词都有“X+V”和“Y+V+X”两种句法表现,哪一种是基本式(basic form)? 哪一种是派生式(derived form)? 这个问题比较复杂,需要深入研究。

历来汉语的研究者都把“使动”看作“活用”，意思是说，非使动用法“X + V”是“本用”，是基本的；使动用法“Y + V + X”是“活用”，所以是派生的。但作格动词中只有状态动词和“使动”有关，而动作—状态动词之(2)类(如上面讨论的“灭”以及下面要讨论的“开，毁，破”)，就和“使动”无关。所以，这样的说法不能概括所有的作格动词。

Levin和Rappaport(1995:85—86)提出一种相反的看法：“动词的使役形是基本的，非宾格形式是派生的。”书中列举了下列例句：

(1) a. Antonia broke the vase/the window/the bowl/the radio/the toaster.

b. The vase/The window/The bowl/The radio/The toaster broke.

(2) a. He broke his promise/the contract/the world record.

b. *His promise/The contract/The world record broke.

(3) a. Jean opened the door/the window.

b. The door/The window opened.

(4) a. This book will open your mind.

b. *Your mind will open from this book.

(5) a. The wind cleaned the sky.

b. The sky cleaned.

(6) a. The waiter cleaned the table.

b. *The table cleaned.

在例(1)(3)(5)中，同一个动词都有及物用法(即使役形)和不及物用法(即非宾格形式)，但在例(2)(4)(6)中，只有及物用法(即使役形)而没有不及物用法(即非宾格形式)。这说明对于使动形和非宾格形式有不同的选择性限制(selectional restrictions)，受限较少的应该是基本式。

我认为,这个问题牵涉到动词的不同义项(semantic senses),上面例句中同一个词(break,open,clean)属于两个不同的义项。有些动词的不同义项,情况是不同的。如上古汉语中的“损毁”义的“毁”,有“X+V”和“Y+V+X”这样的使役交替,肯定是一个作格动词。但“毁谤”的“毁”,只有“叔孙武叔毁仲尼”和“仲尼不可毁也”(均见《论语·子张》),而没有“仲尼毁”。这说明“毁谤”的“毁”不是作格动词,不能因为没有“仲尼毁”就得出作格动词中“Y+V+X”是基本式的结论。

顾阳(1996)还说:“有相当一部分看来是使役动词的词没有相应的非宾格动词”,以此来论证使役动词是基本式。她举的是 made,wrote,build 三个词(见顾阳 1996:7)。Levin 和 Rappaport(1995)是在第三章的 3.2.3“when can externally caused verbs ‘detransitivize’”一节中谈到这个问题的,说 cut,kill,write,build 等动词没有“detransitivize”。这些动词,在我看来是本文所说的“突出动作过程的动作—状态动词”或“动作动词”,不是作格动词,所以,这和作格动词的基本式与派生式的问题无关。

3.2 那么,这个问题究竟应该怎样看?本文打算从汉语的历史发展来考察一些动词的两种形式孰先孰后,先的是基本的,后的是派生的。

这能不能根据文献的资料调查来确定?孙志阳(2006)和宋亚云(2014)都对一些作格动词两种形式在先秦的共时分布做了详细统计。我也做了一些。下面把 10 个作格动词在先秦 10 种文献中或《左传》中的分布列成表:

(这里首先要说明,做统计时首先是要把一个多义词分成不同义项,只统计有使役交替的那个义项,其他无关的义项应当排除。如:

“出”要统计的是“君出”和“出君”的“出”，而“陈厉公，蔡出也”的“出”应当排除。“毁”要统计的是“龟玉毁”和“毁龟玉”的“毁”，“毁誉”的“毁”应当排除。）

表 2

	X + V	Y + V + X	统计依据
来	400 多	2	《左传》
出	327	44	十种文献
亡	136	25	《左传》
伤	63	136	十种文献
败	134	387	十种文献
破	15	43	十种文献
毁	13	72	十种文献
灭	74	154	十种文献
开	8	25	十种文献
启	4	58	十种文献

（“来”用孙志阳的数据。）

有了这样的统计，是不是问题就解决了？是否可以说，文献中用于“X + V”频率高的，就认为非使动用法是基本用法；文献中用于“Y + V + X”频率高的，就认为使动用法是基本用法？如：“来”就是由“X + V”派生出“Y + V + X”，相反，“灭”就是由“Y + V + X”派生出“X + V”。这样的论证方法行吗？不行。因为我们谈的是两种形式之间的派生关系，而文献统计所表示的，只是两种形式的共时分布。

3.3 从汉语的历史发展来考察一些作格动词的两种形式孰先孰后，有三个方面值得注意：

（1）四声别义。不少作格动词的两种形式都有两种不同的读音，一是非去声，一是去声；一般认为，读去声的是后起的。或者一是清声母，一是浊声母；一般认为是从清声母变为浊声母。如：

饮：歠也，于锦切（上声）；使之饮曰饮，于禁切（去声）。《左传·桓公十六年》："及行，饮以酒。"《释文》："饮以酒：于鸩反。"

见：视也，古甸反（清声母）；使见曰见，胡甸切（浊声母）。《论语·微子》："见其二子焉。"《释文》："见其：贤遍反。"

从读音来看，"X＋饮""X＋见"是基本的，"Y＋饮＋X""Y＋见＋X"是派生的。

四声别义的时间层次是一个复杂的问题。有些四声别义的时代可能很早，有人认为四声别义的去声源于原始汉语中的后缀＊-s，浊声源于原始汉语中的前缀＊s-；但有的四声别义可能是晋宋以后产生的。要确定四声别义的时代很不容易。但从下文可以看到，如果结合具体例子从四声别义的角度加以分析，对于确定作格动词的基本式和派生式还是有帮助的。

（2）词义演变的方向。有些作格动词在两种形式中的意义既有联系又有区别。可以根据词义演变的方向来考虑两者的先后。如上述两个动词的两种用法，"X＋饮""X＋见"是一般动词，"Y＋饮＋X""Y＋见＋X"是使动，从词义演变来看，也应该前者是基本的，后者是派生的。

同源关系也是重要的参考。如"伤"，根据同源关系，可以确定其基本式是"X＋伤"（见下）。

（3）春秋战国以前的语言资料。一般的统计资料，都是春秋战国时期的数据，同一个历史阶段，不容易看出先后关系。如果在甲骨文、金文中有相关资料，可能有助于问题的分析。如果在甲骨文、金文中只有"X＋V"而没有"Y＋V＋X"，那么，前者是基本的，后者是派生的。

这三个方面要综合起来考察。三者看起来好像简单明了,但实际处理起来,情况还可能相当复杂。这在下面将会看到。

3.4 下面试着分析一些例子。

3.4.1 表1上端的三个词“来”“出”“亡”,用于“X+V”的大大多于用于“Y+V+X”的(为了叙述的方便,以下我们把用于“X+V”的动词标作 V_1,用于“Y+V+X”的动词标作 V_2),在春秋战国时期,V_1 应是状态动词,V_2 应是状态动词的使动用法。这是合乎上古汉语的用法规律的:上古汉语使动用法很普遍,不论是状态动词、动作动词,还是形容词、名词,都可以用作使动。如:

《左传·僖公三十年》:“公曰:‘吾不能早用子,今急而求子,是寡人之过也。然郑亡,子亦有不利焉。’许之,夜缒而出,见秦伯曰:‘秦晋围郑,郑既知亡矣。若亡郑而有益于君,敢以烦执事。’”

“郑亡”是“X+亡”,“亡”表示“郑”的状态变化。

“亡郑”,是“Y+亡+X”,“亡”是使动,表示使郑产生“亡”的状态变化。

所以,$亡_1$ 是基本的,$亡_2$ 是派生的。

这样的分析似乎可以同样用于表1底端的三个词“灭,启,开”,即认为“灭,启,开”的 V_1 是状态动词,是基本的;V_2 是状态动词的使动用法,是派生的。

这样的分析倒可以使得对作格动词的分析“一以贯之”:作格动词的 V_1 都是状态动词,V_2 都是状态动词的使动。尽管在春秋战国时期,“来”“出”“亡”的 V_1 多于 V_2,而“灭”“启”“开”则反过来,V_1 少于 V_2,但无论多于还是少于,V_1 都是基本的,V_2 都是派生的。

这样分析似乎很漂亮,但会遇到一些困难。

3.4.2 首先,前面说过,“灭”不能和“亡”一样分析。

3.4.3 再看“启”和“开”。

3.4.3.1 先说“启”。在甲骨文中，甲骨文中有“其𢻫𡧊（庭）西户”（邺三下四一六），是属于“Y + V + X”式的。甲骨文不见“户启”但有“今日𢻫”，“𢻫”为天晴、天开之义，是属于“X + V”式的；《说文》：“啓，日出天殅也。”就是这个字。既然甲骨文中“𢻫户”和“今日𢻫”都写作同一个字，那就说明这两个意义之间是有联系的，连接这两者的“户𢻫”的“𢻫”应该是一种状态，虽然此用法不见于甲骨文。

这三者孰为基本式？孰为派生式？可以参考“开”字。虽然“开”比“启”出现得晚，但其词义的发展路径可能是一样的。“开”是“开 t”→“开 i”，所以“启”也可能是“启 t”→“启 i”→“啓 i”。

3.4.3.2 再说“开”。甲骨文和金文无“开”，《尚书》《诗经》中有“启”和“开”。《说文》“开”的古文作“閞”。金文中有一个“辟”字，作“𨴃”，像两手反方向推门。“閞”和“𨴃”字形非常相近，只是“閞”在两手和门之间多了一横。商承祚云：“案𨴃为辟，是门已开。闩示门闭，廾示两手开门也。”（转引自《古文字诂林》）按照商说，“辟”是表状态的，“开”是表动作的。所以，“开”的“Y + V + X”是基本式，“开”的“X + V”是派生式。

但是，“𢻫”和“开”由动作—状态演变为状态，和“灭”由动作—状态演变为状态有点不一样：“灭”的演变有一个中间环节“包含状态变化的被动”，“𢻫”和“开”看不到这个中间环节，似乎是直接由动作—状态演变为状态。为什么能有这种演变呢？这有点类似 Levin 和 Rappaport（1995）所说的“非使役化（decausativization）”。准确地说，“𢻫/开”是一个突出状态的动作—状态动词，其语义构成是“动作 +（致使）+ 结果/变化”，其中包含表示变化和使役的因素。使役是一个复杂事件，包括使因（动作）和结果（状态）。如果不强调使因（动作），而强调结果(状态),那么,包含使役因素的动作—状态动词就变成表状态动词。“非使役化”是在词库里进行的,是一个构词规则。由“启/开 + X”的“启/开 t”(动作—状态动词)演变为“X + 启/开”的“启/开 i”(状态动词),就是由这个构词规则形成的。

3.4.4 再讨论表1中间的四个词“伤,败,破,毁”。

从10种文献的调查看,这四个词用于“X + V”和“Y + V + X”的都有。后者多于前者,但比例不很悬殊。仅仅根据文献的统计资料,似乎难以确定它们是及物动词还是不及物动词。要断定何者为基本的,何者为派生的,更是比较困难。

这里必须考虑四声别义(包括清浊别义)的问题。四个词中,“伤”“破”没有四声别义,“败”“毁”有。

周法高(1962)把与使谓有关的四声别义分为两类:

(1)去声或浊声母为使谓式。

(2)非去声或清声母为使谓式。

“败”和“毁”都属于第2类:

毁:坏他曰毁,许委切(上声)[使谓式];自坏曰毁,况伪切(去声)。

败:毁他曰败,音拜(清声母,去声)[使谓式];自毁曰败(浊声母,去声)。

这一类,似乎有些矛盾:一般来说,从读音看,非去声或清声母是较早的,去声或浊声母是较晚的;而从意义看,谓词是原有的,使谓是后起的。那么,“毁”和“败”的两种用法,究竟哪一种是基本的,哪一种是派生的呢?这就颇费斟酌。

我们先讨论“毁”。“败”到下面再讨论。

3.4.4.1 毁

《孝经·开宗明义章》:“身体发肤受之父母,不敢毁伤。”《经典释文》:“毁,如字。”即上声。

《周礼·司寇·司厉》:“凡有爵者与七十者与未龀者”,郑注:“龀,毁齿也。”《经典释文》:“毁,况伪反。”即去声。

贾昌朝《群经音辨》:“坏他曰毁,许委切;自坏曰毁,况伪切。”

我认为,“自坏”是说这个动词表示事物自身的状态,如《周礼》例的“毁齿”,虽然“毁”后面有一个宾语“齿”,但“毁”说明的是“齿”的状态,正如“落叶”说的是树叶落下,“脱发”说的是头发脱落。“坏他”的“毁”(即“毁身体发肤”的“毁”)未必就是“使谓”(即一般所说的“使动”),而只是说这个动词有动作涉及的对象,如《孝经》例的“毁”其对象就是“身体发肤”。很可能“坏他”的“毁”是像“灭邢”的“灭”一样,“V+X”是基本用法,但这个词只是词义的使役,而不是一般所说的“使动”。也像“灭”一样,可以演变为表状态的动词,即“毁齿”的“毁”。如果这样看,就和四声别义的规律一致:非去声的“坏他”是基本的,去声的“自坏”是派生的。

这个看法和文献上表现出来的也一致。甲骨文中无“毁”。金文有“毁”,其义不明。《诗经》仅一例,是表动作—状态的:

《诗经·豳风·鸱鸮》:“既取我子,无毁我室。”

《论语》一例(不算“毁谤”的“毁”),是表状态的:

《论语·季氏》:“龟玉毁于椟中。”

所以,“毁”的“Y+V+X”用法是基本的,“V+X”用法是派生的。

3.4.4.2 败

“败”比“毁”复杂。

《说文》中有“败”,又有“退”。

《说文》:“退,坏也。从辵贝声。《商书》曰:‘我兴受其退。’”“败,毁也。从攴贝。”其实“退”“败”实同一词,但在许慎看来,这个词有时表状态,有时表动作。

上述四个词,在甲骨文中出现的只有“败”字。

“败”在甲骨文里作“[甲骨字形]”,卜辞既有“[甲骨字形]牛”又有“帝[甲骨字形]”。于省吾云:“败训毁坏,乃系通诂。而卜辞用法有二:一、‘[甲骨字形]牛’为杀牲,……‘[甲骨字形]自般龟’,谓杀自般之龟也。二、[甲骨字形]为灾祸不利之义,降[甲骨字形]犹言降灾。……‘隹帝[甲骨字形]西’,言不利于西也。……不[甲骨字形]、弗[甲骨字形]、亡[甲骨字形]即不败、弗败、亡败也。”李孝定举出甲骨文“王曰侯虎余其败汝事□”,并说“金文南疆钲作贁”。

可见,早在甲骨文中,“[甲骨字形]”就有两种用法。(1)“[甲骨字形]牛”“[甲骨字形]龟”是“V + X”,“[甲骨字形]”,表动作,宰杀或毁坏。金文中写作“贁”突出其动作性。(2)“隹帝[甲骨字形]西”是“X + V”,“[甲骨字形]”表状态,不利。表“灾祸”义很常见,应是“不利”义的引申。

那么,这两种用法的读音是否有区别?能不能根据其读音的区别来判断基本和派生?

陆德明《经典释文·序》:“及夫自败(薄迈反)败他(补败反)之殊,自坏(呼怪反)坏撤(音怪)之异。”

贾昌朝《群经音辨》:“毁他曰败,音拜。自毁曰败,薄迈切。”

据此,“败他”是清声母,“自败”是浊声母。似乎“败他”是基本的。

但是,《经典释文》中出音的都是“必迈反”或“补迈反”,没有“薄迈反”。如:

《左传·隐公元年》:“败宋师于黄。”《释文》:“败,必迈反,败他也。”

而《左传·庄公十一年》“京师败曰王师败绩于某”、《左传·成公二年》“师徒桡败”等处,《经典释文》均不出音。只有一处:《穀梁传·庄公十年》“中国不言败”注“‘……晋师败绩’,不言败晋师”,《经典释文》注“败绩，如字”。这说明浊声母的“薄迈反”是基本读法，无需注音。而清声母的“必迈反”是少见的，需要注音。

《颜氏家训·音辞》：“江南学士读《左传》，口相传述，自为凡例：军自败曰败，打破军曰败（原注：败，补败反）。诸记传未见补败反。徐仙民读《左传》，唯一处有此音，又不言自败败人之别。此为穿凿尔。”

这也说明清声母的“补败反”是少见的。

周祖谟（1945/1966）：“案败有二音，亦起自晋宋以后，经典释文分析甚详。”

于省吾说甲骨文的“□”从贝声。“贝”是浊声母，所以，甲骨文的“□”，不论是“□牛”“□龟”的“□”，还是“隹帝□西”的“□”可能都是浊声母的。甲骨文的“□”虽有“X + V”和“V + X”的不同，但表“宰杀”的“□”和表“不利”的“□”在词义上没有很紧密的联系，还没有构成作格动词。到《左传》以后“败”用于战争的胜负，具有“宋师败”和“败宋师”两种句法位置，而两者的词义联系很紧密，这才发展为作格动词。从历史演变看，应该是原先浊声母的“败”（毁坏）演变为“宋师败”的“败”（战败），然后再产生“败宋师”的“败”（打败，使…败），而且，为了区分两者，把后者读为清声母。也就是说，对于作格动词的“败”来说，应该说“X + V”是基本的，“V + X”是派生的。

这和一般的清浊别义不同。一般的清浊别义，如：

折（折断，动作），之舌切（清）——折（断了，状态），市列切（浊）

解（解剖，解开，动作），古买切（清）——解（解开了，松懈，状态），胡买切（浊）

都是由清变浊，清声母（Y + V + X）是基本的，浊声母（X + V）是派生的。

可见，根据读音来判断基本的和派生的，也要具体分析，不能一概而论。

3.4.4.3 “伤”和“破”都没有四声别义，也不见于甲骨文。

3.4.4.3.1 伤

“伤”最初的意义是指身体的创伤，是个状态动词（不及物）。这从下面的材料可以得到说明：

《说文》：“伤，创也。”又：“刅（即‘创’），伤也。”“伤”“创”互训。虽然我们不能相信《说文》的“本义”就是一个词最初的意义，但《说文》提供的“伤”和“创”的关系是值得考虑的。《礼记·月令》：“命理瞻伤、察创、视折、审断。”郑玄注：“创之浅者曰伤。”郑注也把“伤”和“创”放在一起。王力《同源字典》：“伤，惕，殇：创（刅），怆，疮（审初邻纽，叠韵）”，六字同源。这些同源词大都是表状态的。

“伤”文献中的用法也可以证明这一点。

《尚书》《诗经》《周易》中都有“伤”。

《尚书》4例（另有《泰誓中》之例，为古文《尚书》，不引）：

《尚书·说命上》：“若跣弗视地，厥足用伤。”

《尚书·费誓》：“杜乃擭，敜乃阱，无敢伤牿。牿之伤，汝则有常刑。”

《尚书·酒诰》：“民罔不衋伤心。”

《尚书·康诰》：“子弗祇服厥父事，大伤厥考心。”

《尚书·说命上》虽是古文《尚书》，但这几句话见于《国语·越语上》，可以相信是早期的文献。这里的“伤”，应该是状态动词。而《尚书·费誓》的“伤牿”则是状态动词的使动，使牛马伤。《酒诰》和《康诰》的“伤心”也是使动，使心伤；不过“伤”已引申为心理的伤害了。

《诗经》一例（《诗经》其余例为“忧伤”之“伤”，不引）：

《诗经·郑风·大叔于田》：“将叔无狃，戒其伤女。”

这里的“伤”也是状态动词的使动用法。

《周易》一例(《周易》其余的"伤"为"损害",是"伤害"的引申义。均不引):

《周易·序卦》:"晋者,进也。进必有所伤,故受之以明夷。夷者,伤也。伤于外者必反于家。"

"所伤"的"伤"是突出动作的动作—状态动词(及物),及物动词才有被动用法。这是由状态动词的使动用法演变而来的。"伤于外"是意念被动。

往后的先秦文献中,"伤"作为突出动作的动作—状态动词(及物)用得较多,如:

《论语·乡党》:"厩焚,子退朝。曰:'伤人乎?'"

《左传·成公二年》:"郤克伤于矢。"

《九歌·国殇》:"左骖殪兮右刃伤。"

《吕氏春秋·察微》:"楚之边邑曰卑梁,其处女与吴之边邑处女桑于境上,戏而伤卑梁之处女。卑梁人操其伤子以让吴人。"

《论语》例"伤人"的"伤"似乎不必再看作使动,"伤人"的"人"是受事宾语。《左传》例和《九歌》例中的"X+伤"是意念被动。《吕氏春秋》例"伤卑梁之处女"的"伤"是吴之处女施加于卑梁之处女的动作,"伤子"的"伤"作定语,但不是表状态,而是"被伤"之意。这些例句说明"伤"已发展为突出动作的动作—状态动词(及物)。

但"伤"作为状态动词(不及物)还在继续使用。如:

《庄子·人间世》:"咶其叶,则口烂而为伤。"

《庄子·徐无鬼》:"匠石运斤成风,听而斫之,尽垩而鼻不伤。"

在述补结构兴起后,常见到"V+伤","伤"更是状态动词。

总起来看,"伤"的"X+V"是基本的,"Y+V+X"是派生的。在上古汉语中,"伤"由状态动词的使动演变为突出动作的动作—状态动词

（及物），而且动作—状态动词（及物）用得更多（见4.1的统计），但状态动词（不及物）的用法依然存在。

3.4.4.3.2 破

《尚书》《周易》无“破”。《诗经》共4例，均和“灭”一样，为突出状态的动作—状态动词，和宾语构成词义使役的关系。

《诗经·豳风·破斧》：“既破我斧，又缺我斨。”（3例）

《诗经·小雅·车攻》：“不失其驰，舍矢如破（之）。”

先秦10种语料“破”共60次，如有如下几类：

（1）破 + X　43次

《吕氏春秋·本味》：“伯牙破琴绝弦。”

（2）X + 破　15次

《荀子·劝学》：“风至苕折，卵破子死。”

（3）构成受事话题句　1次

《庄子·天地》：“百年之木，破为牺尊，青黄而文之，其断在沟中。”

（4）作定语　1次

《韩非子·五蠹》：“则海内虽有破亡之国，削灭之朝，亦勿怪矣。”

从10种语料看，“Y + 破 + X”多，“X + 破”少，而且相差较大。当然，“Y + 破 + X”的“破”也不一定是突出状态的动作—状态动词，也可能是状态动词的使动。但既然在《诗经》中“破”都是突出状态的动作—状态动词，所以，说后来的“破 + X”的“破”是状态动词的使动就缺乏根据。看来，先秦的“破”主要还是表动作—状态的。《韩非子》中“破亡”并用作定语，“破”还是“被攻破”之意。但《荀子》的“卵破子死”应该是已经演变为表状态。从后来的发展看，“破”在述补结构中都做补语，即只表示状态，动作由前面的动词来表达，说明它逐渐由动作—状态向状态发展。可能“破”的“Y + V + X”是基本的，“X + V”是派生的。

总起来看,大体上可以分为两种情况:(一)如果一个作格动词最初属于“状态动词”,那么“X + V”是基本式。(二)如果一个作格动词最初是属于“动作—状态动词(2)”,那么“Y + V + X”是基本式。但具体到某一个词,特别是那些在上古文献中及物和不及物用法的比例很接近的动词,如“伤,败,破,毁”等,究竟是属于哪一种情况,却不是一目了然的,所以,必须逐个进行深入分析。

4. 作格动词的历史演变

4.1 作格动词在历史上是有变化的。下面列一个从先秦到唐代的统计表:

表3

	X + V:Y + V + X				
	先秦	西汉	东汉	世说新语	敦煌变文
出	327:44	419:67 *	371:1 *	49:2 *	255:1(使动)
亡	136:25	49:22	68:4	10:0	2:3
伤	63:136	77:98 **	115:131 **	3:5	65:46
败	134:387	84:48 *	71:40 *	21:2	19:0
破	15:43	95:236 *	35:47 *	1:11	31(+16):38
毁	13:72	0:2 *	17:24 *	4:5	2:5
灭	74:154	12:59 *	348:81 *	1:2	24:25
开	8:25	3:22	12:29	11:9	134:92

(加 * 的是宋亚云[2014]的数据,西汉用《史记》下。加 ** 的是梁银峰[2006]的数据。)

表3的8个动词在先秦都是作格动词，表中统计了这些动词在西汉、东汉、魏晋南北朝、唐代的情况。这些动词的发展情况不完全一样。

4.1.1 “出”发展的总趋势是：其使动用法逐渐减少。据宋亚云(2014)调查，《论衡》中“出”带宾语147例，但很多是“出言”“出涕”之类，役事宾语仅53例，而有生名词作役事宾语的仅1例：

《论衡·龙虚》：“当蓄丘䜣之杀两蛟也，手把其尾，拽而出之，至渊之外。”

《世说新语》中带宾语72例，带指人役事宾语的仅2例，张永言《世说新语辞典》为之另立一个义项“外调，外放”：

《世说新语·品藻》：“时人共论晋武帝出齐王之与立惠帝，其失孰多。”

《世说新语·术解》：“遂出阮为始平太守。”(比较《简傲》：“王平子出为荆州。”)

敦煌变文情况也是一样，虽然“出”带宾语的很多(328例)，但都是“出家”“出门”“出言”之类，是熟语，而且宾语绝大部分是处所名词和无生名词，所以不构成使动。可以看作使动的仅1例：

《丑女缘起》：“例皆见女出妻，尽接座筵[同欢]。”

这显然是仿古的形式。

4.1.2 “亡”发展的总趋势也相同。《论衡》中“亡”带宾语4例，2例为“亡国”，1例为“‘亡秦者胡’，《河图》之文也”，1例为“桀亡夏而纣弃殷”。《世说新语》中“灭亡”义的“亡”共10例，无一例处于“Y + V + X”格式中。敦煌变文中“灭亡”义的“亡”共5例，虽有3例处于“Y + V + X”格式中，但也是仿古：

《王昭君变文》：“存汉室者昭军(君)，亡桀纣者妲己。”

《韩擒虎话本》：“败军之将，腰令(领)难存；亡国大夫，罪当难赦。”

《降魔变文》：“亡家丧国，应亦缘卿！”

可见,"出""亡"的使动用法从东汉开始就逐渐衰落,到魏晋南北朝以后,只用于"X + V"格式,发展为一个纯粹的不及物动词,而不再是作格动词了。这可以说是"自动词化"。

4.1.3 "开"和"灭"是另一种情况。这两个词,据上面的分析,是由动作—状态动词(及物动词)演变为状态动词(不及物动词)。(为了醒目,以下在作统计时用 Vi 表示不及物的状态动词,用 Vt 表示及物的动作—状态动词。)在先秦和西汉,Vt 是 Vi 的几倍。后来,两者的比例逐步接近,也就是说,用作 Vi 的越来越多,也就是人们通常所说的"自动词化"了。但这种"自动词化"不应理解为成了纯粹的自动词。直到唐代,"开"和"灭"还可以用作及物的动作—状态动词,所以还是作格动词,只是它们用作及物动词和用作不及物动词的比例发生了较大变化。这和"出""亡"的情况是不一样的。

4.1.4 "伤,败,毁,破"到后来还是作格动词,但发展的情况各不相同。

"伤":先秦时"伤 t"高于"伤 i",后来两者逐步持平,到敦煌变文中反过来,"伤 i"高于"伤 t"。

"败":也是如此。而且发展的速度更快,到敦煌变文中,"胜败"义的"败",无一例用作及物动词,这也是由于使动用法的衰微。但在现代汉语中还说"广东队大败北京队",所以,"败"一直是作格动词。

这里要作一说明:宋亚云(2014:213):"敦煌变文中,32 例'败'只有 2 例带宾语。"这 2 例大概是:

《伍子胥变文》:"岂缘小事,败我大仪。"

《降魔变文》:"败我政法不思议,远请奸邪极下劣。"

这里的"败"是"败坏"义,而本文统计的是"败"的"胜败"义,所以统计数字不同。

"伤""败"的演变是否可以叫作"自动词化"呢?似乎不太合适。

因为上面已经说过，“伤”“败”的基本形式是不及物的状态动词，及物用法是派生的。只是在上古时期派生的及物形式用得很多，到后来逐渐减少，到敦煌变文中“败”只剩下不及物形式而已，这种曲折的演变不宜简单地称为“自动词化”（由非自动词变为自动词）。

“破”：在先秦，“破 t”为“破 i”的三倍。西汉到六朝比例更高。可见，从先秦到六朝，“破”一直以及物动词为主。到了敦煌变文中，情况有了变化，“X + 破”为 31 例，“Y + 破 + X”为 38 例。但加上述补式“V + 破”16 例，“破 i”就超过了“破 t”。但“破 t”还相当多，所以也不好说“自动词化”。

“毁”：到唐代为止，各时期“X + 毁 i”和“Y + 毁 t + X”都有，而且都以后者为多。

至于这些作格动词发展到现代汉语中情况如何，这是下面要讨论的问题。

4.2 现代汉语中的作格动词。

曾立英（2009）对现代汉语作格动词做了研究，列出了 160 个作格动词，其中绝大部分是双音词。汉语的作格动词从单音到双音，这是作格动词的一个大变化。这些双音动词在什么时候出现，是否一开始就是作格动词，或者什么时候成为作格动词，都是应该研究的问题。

但本文更关心的是单音作格动词的历史演变：原先有哪些单音的作格动词，到现代汉语中已不是作格动词了？哪些现代汉语中单音的作格动词是古代发展来的？什么时候成为作格动词？其变化的原因是什么？这是需要作专题研究的。本文只能很粗略地谈一谈。

曾立英（2009）的 160 个作格动词中，单音的有如下 16 个：

变 饿 肥 关 化 坏 荒 开 亏 灭 泼 松 退 消 着(zháo) 折(zhé)

其中“开”“灭”是本文讨论过的，“关”“坏”“折”肯定也是自古就存在（“关”稍晚一点，汉代以后用作动词）。其他动词，其出现的时间和发展的历史，都需要研究。

其实，现代汉语中单音的作格动词不止这些。李临定（1985）所说的现代汉语中既有动态功能，又有静态功能的动词，也有一些是作格动词。如：

挂 摆 贴 躺 坐 站 绣 画 刻 戴 穿 围 关 开 锁 举 伸 踩 捏 叉

这些词哪些是作格动词，哪些不是？不是的和作格动词有什么区别？都是值得研究的。

4.3 总起来说，汉语单音作格动词的历史发展有三种情况：

（1）上古已产生，一致保留到今天。如上述“开”“关”“灭”“破”“坏”“折”。还有一些，如：“败”“断”。

（2）上古的作格动词，今天已没有作格用法。如本文讨论的“出”“亡”“伤”“毁”。现代汉语中，“出”“亡”“伤”只能用于“X + V”，“毁”只能用于“Y + V + X”。

（3）上古不是作格动词，后来成为作格动词。如上面提到的“消”和“挂”：

“消”，先秦时只用于“X + V”，西汉可用于“Y + V + X”。

《周易 · 否卦》：“小人道长，君子道消也。”

《礼记 · 月令》：“时雪不降，冰冻消释。”

《淮南子 · 本经》：“擿蚌蜃，消铜铁。”

“挂”，先秦时只表状态，魏晋南北朝可表动作。

《楚辞 · 招魂》：“砥室翠翘，挂曲琼些。”五臣云：“玉钩挂于室中。”

《后汉书 · 丁鸿传》：“乃挂缞绖于冢庐而逃去。”

从现代汉语出发，往上追溯，这也是一种研究方法。

本文的看法不成熟，供大家讨论。

上古汉语及物动词与不及物动词划分的百年回顾

——兼论上古汉语动词三分体系*

宋亚云

1. 关于上古汉语动词划分及物和不及物的百年回顾

1.1 马建忠(1898)的"外内皆可,在所驱遣"说

《马氏文通》"外动字四之一"举例说:

《汉书·扬雄传》:"昔三仁去而殷虚,二老归而周炽,子胥死而吴亡,种、蠡存而粤伯,五羖入而秦喜,乐毅出而燕惧。"(3568页)①"去""虚""归""炽""死""亡""存""伯""入""喜""出""惧"十二字,皆内**动字**,以惟言作者之行,而其所发之行全存于发之者之内也。

《马氏文通》同页又举例说:

《左传·文公六年》:"宣子于是乎始为国政,制事典,正法罪,辟狱刑,董逋逃,由质要,治旧洿,本秩礼,续常职,出滞淹。"(1843页下)"为""制""正""辟""董""由""治""本""续""**出**"十字,**外动字**也,盖其行之施诸外,皆有止词以见其效也。

同一个"出",上例说是内动字,下例说是外动字,说法不一。《马

---

* 原载《中国语言学》第7辑,106—129页。

① 《马氏文通》原文并没有出示所引文献的具体页码,此页码是笔者所加,下同。

氏文通》又说："'出'字，**外内动字皆可，在所驱遣**耳。"可见，马氏认为"出"有时是外动字，有时是内动字。类似的表述还有。如《马氏文通》(144 页)认为"天下犹未**平**"的"平"是内动字，《马氏文通》(165 页)又认为"国治而后天下**平**"的"平"是外动字，属于"先后无加而成为受动者也"。

《马氏文通》是如何解决这个矛盾的呢？此书有两处重点论及这种不及物动词或形容词带宾语的现象：一处在"内动字四之三"中，作者说："内动字无止词，有转词，固已。然有内动字用若外动者，则亦有止词矣。"(176 页)作者列举了"来、泣、立、坐、前、仕、怒、信、逃、入、惊、饮、死、去、走、相、殉、害"等他所认为的内动字用作外动的一些例子，然后说："若是，动字之用有两歧者，亦时见于书。"另一处在"动字假借五之一"中，作者列举了"弱、微、上、下、再、久、东、二三、迟、又、外、正、匹、近、大、小、盛、众、三、多、少、固、老、短、十"等他所认为的静字带止词的例子，然后说："……诸字，本皆静字，今假借为外动字矣。"(193 页)

总之，《马氏文通》把不及物动词和形容词带宾语的现象分别用"内动字用若外动"和"静字假借为外动"来解释。这些内动字转为外动字的条件本来是"有止词以见其效"，当它们不带止词(即不带宾语)且"先后无加"(即动词前后没有附加成分)时，可以表示受动(即被动)义。

1.2 陈承泽(1922)的"致动、意动"说

陈承泽(1922/1982:20)《国文法草创》主张："应不先设成见，先广搜各字之用例，然后参合比较，而得其孰为本用，孰为由本用而生之活用。"此语一向为人所称道。该书第十三章"活用之实例"包括两类：

“本用的活用”和“非本用的活用”，后者再设两类：(子)一般的非本用的活用和(丑)特别的非本用的活用。(丑)类中又包括两类：(A)于字性变化外，更有其他条件者(此类又有两类，此略)；(B)于字性无所变动，而其于字类变动外，更有其他条件者。(B)类又包括“致动用”和“意动用”。“致动用”又包括：(其一)由动字来者；(其二)由象字来者。“意动用”又包括：(其一)由名字来者；(其二)由象字来者。陈氏的活用体系可以图示如下：

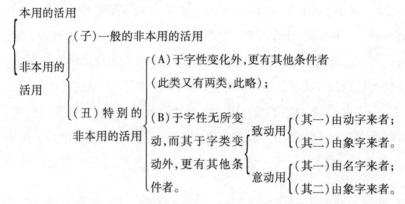

- 本用的活用
- 非本用的活用
  - (子)一般的非本用的活用
  - (丑)特别的非本用的活用
    - (A)于字性变化外，更有其他条件者(此类又有两类，此略)；
    - (B)于字性无所变动，而其于字类变动外，更有其他条件者。
      - 致动用
        - (其一)由动字来者；
        - (其二)由象字来者。
      - 意动用
        - (其一)由名字来者；
        - (其二)由象字来者。

在陈氏眼中，致动用和意动用是真正的活用。陈氏还说：“致动用和意动用，在普通文中为不常见。”根据学界大多数人的观点，活用只是少数个别的用法，如果一个词的所谓活用用法十分常见，甚至与本用不相上下，乃至超过本用，这样的用法很难说还是活用。陈氏在“致动用”和“意动用”下举出了不少例子。下面我们看看其中一些例子究竟是不是活用：

陈氏认为“**存**”是自动字，“龙蛇之蛰，以存身也”(《易经》，87 页下[1])是致动用。

① 这个页码也是笔者所加，下同。

陈氏认为“**坏**”是自动字，“**坏大门**及寝门而入”（《左传·成公十年》，1906 页下）是致动用。

陈氏认为“**固**”是象字，“夫**固国**者，在亲众而善邻”（《国语》，305 页）是致动用。

陈氏认为“**正**”是象字，“**正其衣冠**”（《论语》，2535 页下）是致动用。

我们调查了这四个词在《左传》中的所有用法，结果是：

“**存**”共 28 例，自动用 9 例，致动用 7 例；“**坏**”共 20 例，自动用 8 例，致动用 7 例；

“**固**”共 119 例，自动用 10 例，致动用 13 例；“**正**”共 145 例，自动用 4 例，致动用 23 例。

“存”和“坏”自动和致动用法大约持平，“固”和“正”的致动用法则大大超过了自动用法。这四个词总计自动用法 31 例，致动用法 50 例。如果把它们的致动用法都看成活用的话，那意味着活用可以超过本用。这是大多数学者都不会轻易认同的。问题主要有：

（一）陈氏没有贯彻他的主张，去“广搜各字之用例，然后参合比较”，而可能是仅凭语感举例，有时难免举棋不定，范围过宽，把不是活用的也当成了活用。

（二）陈氏先入为主，认为“存、坏、固、正”本是自动字或象字，只要带了目的语（即宾语），他就认为是致动用。试问：何以见得“存、坏、固、正”本为自动字或象字？陈氏没有证明。按照陈氏的观点推论，“平”本属象字，如《庄子·胠箧》：“**天下平**而无故矣”（346 页）。“平”如果带宾语就是致动用法，如：《吕氏春秋·察传》：“夔能和之，以**平天下**。”（811 页）可是，马建忠就不这么看，他认为“国治而后天下**平**”的“平”是外动字，属于“先后无加而成为受动者也”（《马氏文通》165

页)。

不过,陈氏的思考十分深入,有些想法在当时实属难能可贵。即使在今天看来,仍有可取之处。但是由于时代和条件的限制,他没有广泛调查,穷尽性地进行统计和比较,全书举例很少,有些地方只见观点,并无例证;有些地方例证单薄,难有说服力。

我们试图贯彻陈氏的这一合理主张,先对汉语史各个时期的几部专书进行穷尽统计,观察一批重要谓词的历史演变,然后再来下结论:孰为本用,孰为活用。从"存、坏、固、正"的使用情况来看,它们既不同于典型的外动字,也不同于典型的内动字,而是兼有二者的部分语法特征。经过全面的观察和权衡,我们发现此类谓词在上古汉语中有一大批,正是它们的存在干扰着上古汉语词类划分的顺利开展①。如果我们把它们独立出来,可能会更为合理。实际上,后来的"准自动词"的提出,正是考虑到了这些谓词的复杂性。

1.3 高名凯(1957)的"内动、外动无别"说

高名凯(1957:214)《汉语语法论》说:"要之,汉语具有动词功能的词本无及物和不及物之分别。当它存在于具体的命题或句子里头的时候,它既可以是及物的,又可以是不及物的,完全视实际的情形如何而定。同样的词在汉语中往往可以两用。……我们实在可以说:汉语的具有动词功能的词在这一方面都是中性的。"高名凯的结论未免有些走极端。他说:

汉语具有动词功能的词既可以当作及物用,也可以当作不及物用,

---

① 当然,还有其他若干干扰因素,如动词、形容词做主宾语是否活用的问题,名词和动词的纠葛问题等等。

不若西洋语之及物动词绝不能没有宾语。我们可以说"我说了",也可以说"我说一句话",不若英语之在前一情形必得用 speak、spoke、spoken,而在后一情形必得用 say、said 加宾语。当然,我们也可以说在第一情形之中,"说"字是当作不及物动词用的,而在后一情形之中,它是当作及物动词用的。然而这不能证明"说"字本来有及物或不及物的特性,也不能证明它到底本来是及物或是不及物。……此理至明,无奈国人受了西洋通俗语法书的影响,成见在胸,乃预先假定汉语具有动词功能的词必得有内外之本性,所以便将张冠李戴。此乃一般人的共同看法,不只是王力一人。(213 页)

如果真如高名凯所言,汉语动词无内外之分,那么这一百多年来汉语语法研究者所做的有关划分及物动词和不及物动词的工作便都是走错了方向,这是人们难以接受的。其实,"我说的"的"说"是汉语及物动词之一种,特点是宾语可以悬空,此类动词大都是动作动词,如"吃、买、骂、唱、写、看、作、拿、打、砍、扔、开、包、挖、交、穿、戴、洗、烧、杀、借、给、送、寄、修……"。汉语中还有的及物动词宾语不允许悬空,此类动词大都是关系动词,比如"属于、成为、不及、不如、不比、姓、是、号称、等于、具有"等(袁毓林,1998:340),不能因为"说"类动词可以带零宾语(或者说可以不带宾语),就认为汉语的动词没有及物和不及物之分。不过,我们必须承认,有一批动词,究竟是及物还是不及物是有争议的。比如高名凯所举的例子:

若爱重伤,则如勿<u>伤</u>。(《左传·僖公二十二年》,1814 页上)

人<u>**伤尧**</u>以不慈之名。(《吕氏春秋·举难》,696 页)

我们统计了《左传》中的 42 例"伤"字的用法,带宾语 19 例,不带宾语 13 例,如:

酆舒为政而杀之,又<u>**伤潞子之目**</u>。(《左传·宣公十五年》,1887 页

下）

国瘥、王伤，不败何待？（《左传·成公十六年》，1918 页中）

这两个“伤”无论归为他动还是自动都难免顾此失彼。说成是他动词，那么“王伤”就是被动用法；说成是自动词，那么“伤潞子之目”就是使动用法。实际上，“伤”带宾语和不带宾语的两种结构形式就是所谓的作格交替模式，如果我们把“伤”看成作格动词，可能更容易被接受。

1.4 李佐丰(1983)的先秦汉语自动词体系

李佐丰系列论著对于上古汉语语法研究有着重要的推动作用，这是毋庸置疑的。其论著引用率较高，影响很大。但是，其中也有一些问题可以提出来再讨论。李佐丰所认定的自动词在上古是否就一定是自动词，也还值得商榷。今后的研究，在词类的划分以及其他相关问题上，是以此为基础还是重新加以考虑，也必须引起重视。下面先介绍一下李佐丰关于自动词的分类体系。李佐丰把先秦汉语的自动词分为甲、乙、丙、丁四类，其中的丁类自动词又包括两种：

第一种：自动词单独充当谓语时，它们的主语通常是非生物；动词只是表示主语的某种状态、变化。列举的动词有：动、定、竭、终、闭、坏、折、绝、流、覆、坠、陨、落、沉、尽、毕，等等。第二种：自动词单独充当谓语时，它们的主语通常是人或生物，动词陈述主语的变化、状态。尽管主语是生物，但在这种变化、状态中，主语经常是不自主的；其中的一些变化、状态则是主语所不情愿的。文中列举的动词有：立、败、灭、亡、生、伤、毙、饱、溃、骇、惊、醉、陷、溺、饥、兴、进，等等。

作者认为丁类自动词的特点是，当它们做谓语时，一般不带关系宾语，只带使动宾语，也就是说，它们只要一带宾语，一般就是使动用法。

李佐丰(1994a)又将丁类自动词和乙类自动词合并,称之为“准自动词”。丁类自动词,李佐丰(1994b)又叫“准自动状态动词”。为什么叫“准自动词”呢?因为“准自动词”具有及物动词的某些特点。根据李佐丰(1983)所列的数据,有些丁类自动词带使动宾语的频率与不带宾语和补语的频率持平,或者远远高于后者,如:

丁类	不带宾语和补语	带使动宾语	丁类	不带宾语和补语	带使动宾语
1. 立	47	206	9. 竭	13	27
2. 败	32	111	10. 尽	46	71
3. 灭	19	115	11. 兴	38	44
4. 生	20	91	12. 定	27	35
5. 伤	15	52	13. 坏	10	11
6. 闭	5	19	14. 覆	4	4
7. 折	4	17	15. 终	18	16
8. 绝	4	11	16. 动	37	24

这些词中,前13个词的使动用法超过自动用法,后3个词大约持平。使动用法远远超过自动用法,为什么还叫自动词呢?作者可能会说,因为它们所带的宾语不是受事宾语,而是使动宾语。那么请问:为什么它们所带的宾语不叫受事宾语而叫使动宾语呢?作者可能会回答说:因为它们是使动词所带的宾语。这就会陷入循环论证。

试想,如果李佐丰不把这些词归入自动词,又该归入哪类动词呢?按照李佐丰(1994b)的动词分类体系,动词首先三分:能愿动词、特殊动词(包括存在、使令和分类动词三类)和普通动词,然后又把普通动词两分:及物动词和不及物动词。一个普通动词,不管它是行为动词还是状态动词,不管它是抽象动词还是具体动词,不是及物动词，就是不及物动词，不可能有第三种情况出现。李佐丰把这类"准自动状态动词"归入不及物动词中，一旦它们带了宾语，就认为是使动用法，所带宾语就是使动宾语。作者又说"使动宾语是不及物动词兼有及物动词用法时所带的一种宾语"（李佐丰，2003a：29）。如果说不及物动词只是偶尔兼有及物动词的用法，不妨认为它们还是不及物动词，可是上表中的有些词"兼有"及物用法的用例是其不及物用例的好几倍，这样的词为何还叫不及物动词呢？它们为何能大批量兼有及物动词的用法呢？从以上论述可以看出，用"使动用法"来自圆其说是全文的核心所在。我们发现，这里的"使动用法"已经大大不同于陈承泽（1922）所说的"致动用法"。陈氏的"致动用法"是真正的活用，不是普遍的现象。而李佐丰所说的"使动用法"则是大量的、经常的，甚至超过自动用法的现象。因此，李佐丰必须反复申明使动不是活用，否则，活用将会远远超过本用，而这是学界所极力反对的。为此，李佐丰（1996）发表《古代汉语教学中的使动和活用》一文特别指出：状态动词的使动用法不可能是活用；行为动词带使动宾语并不是活用；形容词带使动宾语不是活用；有些及物动词带使动宾语也不是活用；少数介于及物动词和不及物动词之间的动词带使动宾语也不是活用。我们不禁要问：这也不是活用，那也不是活用，那究竟什么是活用？"使动用法"真的都不是活用吗？试看：

十日并出，**焦禾稼**，杀草木。（《淮南子·本经训》，117页）

盈将为乱，以范氏为**死桓主**而专政矣。（《左传·襄公二十一年》，1971页上）

万民弗忍，**居王**于彘。（《左传·昭公二十六年》，2114页上）

王唯信子，故**处子**于蔡。（《左传·昭公十五年》，2077页中）

若**虚其请**，是弃善人也。（《左传·昭公十六年》，1920页下）

这几例中的"焦、死、居、处、虚"是使动用法并无争议,但要说不是活用恐怕难以服人。因此,所谓的"使动用法不是活用"之说表面上能够自圆其说,实际上掩盖了很多复杂的问题。"使动用法"之下有好几种不同的情况,既有近于他动而被视为使动的(如"破、败、灭、绝"等),也有非活用而经常被当作活用的(如"存、坏、固、正"等),也有真正的活用(如"焦、死、居、处、虚"等),应该分开处理。当然,李佐丰也可以坚持自己的看法,认为上面所举出的5例都不是活用,因为与之同词类或同次类(形容词和不及物动词)的词都可以这样构成使动,而李佐丰认为判断活用的一个重要的标准是:"这个带使动宾语的词类或词的次类中极少有其他的词可以构成使动。"(李佐丰,1996/2003b:220)

蒋绍愚(2000/2001)从动词的语义、动词带宾语的频率以及判断外动词的四项语法功能标准等多个角度综合考虑,认为"破""灭""伤""败""坏""解""折"等词所带的宾语是受事宾语,它们是外动词,不是内动词。这跟李佐丰(1983)所持的观点无疑是相反的。然而蒋绍愚的深刻认识似乎并未引起学界的充分重视,李佐丰(1983,1994ab,1996)的系列论著也反复被学界不假思索地广泛征引。

不过,蒋绍愚的观点也可以商榷。其一,李佐丰(1983)用转换的方法证明"反"是自动词,即赵穿反赵盾 ~ *赵穿反[①];赵穿反赵盾 ~ 赵盾反。蒋绍愚指出外动词"诛"也具有这样的特点:周公诛管叔 ~ *周公诛;周公诛管叔 ~ 管叔诛(反宾为主)。"诛"和"反"都具有这样的特点,因此,蒋绍愚认为这种转换的方法不足以区分内动词和外动词。其实,类似"管叔诛"之类的反宾为主句的出现频率远远少于"赵盾反"之类的主动句的出现频率。"管叔诛"是特殊情况,"赵盾反"是

① *表示这样的转换改变了动词和名词之间的深层语义关系。

一般情况，不能用特殊情况来否定一般情况。真正和“诛”类难以分开的是蒋绍愚所论证的“破”“灭”“伤”“败”“坏”“解”“折”等词，这些词不仅与后面2.2.3.3节所说的“斩”类难以分开，与该节所说的“死”类也难以分开，这类动词处于及物和不及物之间。

其二，蒋绍愚论证这些词是外动词，可是这些词和典型的外动词相比，毕竟还是有较大的区别。为什么“楚国败”从来没有歧义，而“楚国伐”就有两种理解呢？（楚国讨伐别国；楚国被讨伐。）为什么“楚国破”的“楚国”一定是受事，而“楚国攻”的“楚国”一定是施事呢？为什么“攻”“伐”“侵”“袭”“围”“胜”“追”“救”“射”等外动词到后来还是外动词，而“破”“灭”“伤”“败”“坏”“解”“折”等“外动词”到后来变得以自动用法为主了呢？这说明，“破”类动词也不是典型的外动词。既然把它们看成自动词有困难，看成外动词也有困难，为什么不把它们独立出来呢？为什么一定要两分而不是三分或者四分呢？后面我们在介绍崔立斌（1995/2004）的观点时将会再一次看到，两分的体系存在不可调和的矛盾，往往会顾此失彼，左右为难。

1.5 管燮初（1994）的动词三分体系

管燮初（1994）《〈左传〉句法研究》本来是三分的，可是分完以后，他又把这三类划为外动词和内动词两类。可见两分的思想由来已久。一个动词，不是外动，便是内动，非此即彼。该书的划分大致是：

A类：内动词，不带宾语或只带准宾语的动词，包括三类：

（A）动词不带宾语，409个。如：战、捷、喜、狩、浴、崩、游，等等。

（B）动词只带准宾语，1个：跃。

（C）动词有时带准宾语，5个：飞、饮至、往、踊、儿。

B类：外动词，带宾语的动词，包括四类：

(A)动词带受事单宾语,390个。如:筑、铸、围、搏、买、快(快楚心),等等。

(B)动词带单宾语,有时带双宾语,有8个:蔽、畀、益、若、抽、饩、诒、胙。

(C)动词带同一性宾语,4个:是、惟、繄、为。

(D)动词带单宾语,有时带同一性宾语,1个:曰。

A、B类:有时带宾语,有时不带宾语的动词,包括六类:

(A)动词有时不带单宾语(和准宾语),动词有时带单宾语(和准宾语),有676个。如:灭、乱、敝、毙、免、废、折、断、顿、荡、坏、失、伤、丧、绝、尽、立、存、兴,等等。

(B)动词有时不带宾语,有时带双宾语,有1个:叫。

(C)动词有时不带宾语,有时带单宾语或双宾语,有39个。

(D)动词有时不带宾语,有时带准宾语或单宾语,有13个。

(E)动词有时不带宾语,有时带准宾语,有时带单宾语,有时带双宾语,有1个:赋。

(F)动词有时不带宾语,有时带双宾语或同一性宾语,有1个:为。

管燮初把第三类即A、B类动词也看成是外动词。作者说:"不带宾语的是内动词,带宾语的是外动词,带不带宾语两可的也是外动词。纯粹的内动词或外动词都不到三分之一,带不带宾语两可的也是外动词占优势。……《左传》中用作主要谓语主要成分的1434个动词中有不带宾语的内动词415个,占29%;带宾语的外动词399个,占28%;带宾语和不带宾语两可的动词620个,占43%。"为什么"带不带宾语两可的也是外动词"?作者没有解释。这些两可的动词,有人分别处理为"准他动词"和"准自动词"。总之,既不是100%的他动词,也不是100%的自动词。

我们认为,管燮初所分出来的这一大类(即A、B类)非常有价值,其中还可以再细分为几类。目前至少可以分为中性动词(大致相当于易福成的"直接谓词")和作格动词(如A、B类动词中的第一类)。但是管燮初没有进一步研究,这给我们的研究留下了很大的空间。

1.6 崔立斌(2004)的动词两分体系

崔立斌(1995)的博士论文后来收入专著《孟子词类研究》(2004)中,我们在讨论时就以后者为主。作者的词类划分体系和李佐丰(1994)很不一样,作者以王力的"词汇・语法范畴"理论作为指导,然后根据所带宾语的不同将动词两分为及物动词和不及物动词。"能带受事宾语、对象宾语和处所宾语(主要是趋止动词)的动词"是及物动词,不及物动词不能带这三类宾语,但是"可以带使动宾语、时间宾语等"。(32页)此书的不及物动词又包括:行为动词、趋止动词、心理动词、状态动词。及物动词又包括:行为动词、趋止动词、感知动词、状态动词、存在动词、类同动词、能愿动词。其中的存在、类同两类就是李佐丰(1994)的特殊动词。崔立斌把能愿动词归入及物动词,李佐丰则与基本动词并列。行为动词分别归入及物和不及物两类,两家相同。二家归类的最大不同在于:崔立斌的趋止动词和状态动词,李佐丰全部归入自动词(包括真自动词和准自动词),而崔立斌则都一分为二,将趋止动词分为及物趋止动词和不及物趋止动词,将状态动词分为及物状态动词和不及物状态动词。表示心理、认知和感觉活动的动词,李佐丰没有明确说是他动词还是自动词,崔立斌则分为不及物的心理动词和及物的感知动词。图示如下:

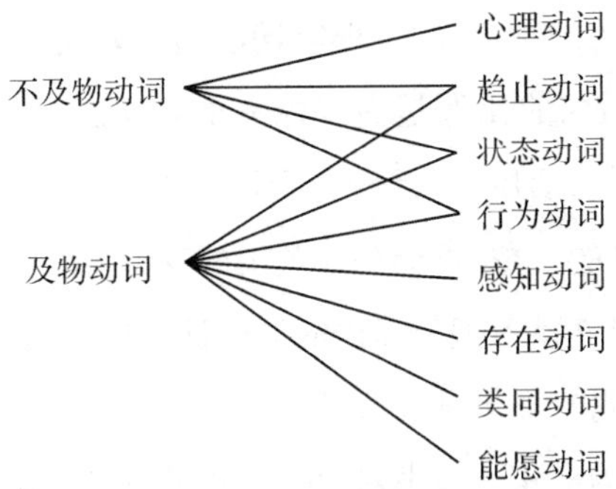

这种分类是两分法的典型。问题是:为什么带时间宾语的是不及物动词,而带处所宾语的却是及物动词? 不及物动词“可以带使动宾语、时间宾语等”,这两类宾语有什么共同点? 为什么带使动宾语的是不及物动词,而带对象宾语的却是及物动词? 这两类宾语有什么区别? 为什么作者所列举的很多不及物趋止动词能够带处所宾语却不是及物动词? 如:归、舍、坐、于、徙、次,等等。

更大的问题在于作者对同样带使动宾语的不及物动词和形容词的不同处理。在第二章“状态动词”一节,作者说:“对于不及物动词带使动宾语,我们参考李佐丰的观点,认为带使动宾语是不及物动词本身的功能,而不是活用作及物动词。”在第三章“形容词的活用与兼类”一节中,作者又说:“形容词带宾语后,往往活用为动词。《孟子》中形容词活用为动词后使动用法最多,有 38 个。……《孟子》中形容词带宾语后意动用法的有 15 个。……形容词活用为动词带宾语而非使动、意动的,《孟子》中有 7 个。……从数量上看,除去重复的不计,总共有 55 个形容词活用为动词,占《孟子》形容词总数(314 个)的 17.5%。”这里存在两个问题:一、李佐丰认为无论是不及物动词的使动用法,还是形容词的使动用法,都不是活用,崔立斌则认为不及物动词带使动宾语不是活用,形容词带使动宾语则是活用,这是此处吸收李佐丰的观点,而彼处则抛弃了李佐丰的观点。二、形容词活用为动词占《孟子》形容词总数 17.5%，这个活用的比例是高得惊人的。这还只是词的数目比例，如果计算绝对用例，活用的数量也会不少。按照大多数学者的观点，活用只是少数、个别的现象，不会是大范围的现象。

试想，如果崔立斌不把带宾语的形容词看成是活用，又该如何处理呢？看成是兼类吗？如果看成兼类，那么兼类的比例也会很高，这又是作者不愿意看到的事实。该书对兼类下的定义是“词的兼类跟活用不同，是同一个词兼有两种（或两种以上）词类的语法功能”。通观该书可以看出，作者认为兼类现象也应该是很少见的。作者把它们视为活用，是服从于自身理论体系的需要而做出的安排，是一种无可奈何的选择。其实，有些形容词的活用不是真正的活用，而是本用。有些形容词还通过这种带宾语的用法形成了一个固定的义位，比如“正”“固”就具有“使……正”“使……固、巩固、加固”等义，使动义已经内化到其词义结构中去了。要想解决这个矛盾，必须把经常带使动宾语的所谓“不及物动词”和经常活用的所谓“形容词”独立出来，形成一个：及物动词——作格动词——不及物动词（包括一部分形容词）的三分格局。每一类都要找出其典型成员，然后再根据动词的句法语义特征细分为不同的若干小类。同时，还要重点探讨及物动词和作格动词之间的模糊地带、作格动词和不及物动词、形容词之间的模糊地带。因为无论采取何种办法，划分词类都不可能做到界限分明、毫无纠葛，而那些类与类之间的复杂成员，尤其应该引起我们的重视。

1.7 殷国光(1997)的两分和兼类

殷国光(1997)《〈吕氏春秋〉词类研究》将《吕氏春秋》的动词分为不及物动词（704 个）和及物动词（638 个）。此外，还有 75 个动词兼属不及物动词和及物动词，这些兼类词基本上都是真他动词。殷国光的分类比较细致，一直分到了第四层，最后得到的动词小类有 22 个。该书根据能不能带宾语和带什么样的宾语来给动词分类，“不能带宾语、或只能带准宾语的动词是不及物动词；能带真宾语的动词是及物动词”（120 页），“准宾语包括关系宾语、非关系宾语（使动宾语、意动宾语、主题宾语等）”（113 页），“真宾语主要为受事宾语，此外还包括准宾语之外的其他宾语（存现宾语、等同宾语、似类宾语等）”（117 页）。那么，如何确定动词所带的宾语是准宾语还是真宾语呢？殷国光主要根据变换的方法来确定各类宾语，这就减少了循环论证的嫌疑。① 由于殷国光在论述每一小类动词时，只是举例性地列举了几个动词，没有出示该小类的所有词目（有些数量少的小类全部列举了），因此我们无法评价和检验其分类的合理性。

殷国光所划分的动词类别，和李佐丰划分的结果颇为类似，二位都是在第一层分出不及物动词和及物动词，在第二层，不及物动词再分出

① 此处不能详细介绍该书如何运用变换方法来确定宾语的类别，可参看该书第 113—120 页的相关论述。不过，我们对这种方法有一点保留的意见。我们知道，用变换的方法来确定各种类型的宾语是有局限性的，有些动词可能存在的变换潜能也许在《吕氏春秋》中没有体现出来，而在先秦的其他文献中则有所体现；有些动词可能存在的变换潜能也许在所有先秦文献中都没有体现出来，我们却无法否认其可能性；有些动词在《吕氏春秋》中实现了的变换关系也许在其他文献中没有实现。因此，适合《吕氏春秋》的词类系统不一定适合先秦其他文献，即便是运用同样的标准划分出来的词类系统，划分得越细，可能结果相差越大。此外，有的变换模式是经常出现的，如使动、意动和自动的变换模式（如“灭楚国”和“楚国灭”），以及“趋止动词 + 处所宾语”和“趋止动词 + 于 + 处所宾语”（如“居卫”和“居于卫”）的变换模式；而有的变换模式则是相对较少出现的，如“及物动词 + 受事宾语”和“及物动词 + 于 + 受事宾语”的变换模式（如“讨陈”和“讨于陈”），“及物动词 + 受事宾语”和“受事主语 + 及物动词”的变换模式（如“斩韩信”和“韩信斩”），以及“介宾结构 + 不及物动词”（为之死）和“不及物动词 + 关系宾语”（如“死之”）。如何综合权衡这些常规变换关系和临时变换关系（或称非常规变换关系），并据此确定各个词的小类归属，也是颇为不易决定的事情。

真自动词和准自动词,及物动词再分出真他动词和准他动词。因此,二位表面上是两分,其实是四分。不同在于,殷国光又设立几个兼类①,有:真自动词/准自动词兼类,真他动词/准他动词兼类,不及物动词/及物动词兼类,用来处理一些特殊的情况。和李佐丰一样,殷国光也没有将他的乙类准自动词如"破、败、灭、伤、绝、裂、危"等独立出来和及物动词、不及物动词三足鼎立,而是仍然处理为不及物动词之下的小类。

1.8 张猛(1998/2003)对两分体系的扬弃及其三分设想

张猛(1998)的博士论文《〈左传〉谓语动词研究》在2003年由语文出版社出版,以下的讨论就以2003年版为主。作者有感于管燮初(1994)《〈左传〉句法研究》中对动词分类的庞杂和困难,抛弃了传统根据宾语的有无和性质来划分及物和不及物动词的两分法,而是根据语义、语法功能和组合关系,将动词分为八个小类:行为动词、关系动词、状态动词、趋止动词、能愿动词、存在动词、感知动词和比类动词。张猛对管燮初的调查分类结果进行了归纳和统计,发现《左传》里面的1558个动词带宾语的情况有15种,其中12种情况的758个动词是有时带、有时不带宾语的。这12种情况意味着有24个小类的动词(带宾语的12类,不带宾语的12类)。另外,《左传》中有将近百分之五十的谓语

---

① 殷国光的兼类不同于崔立斌(2004)和陆俭明(1994)的兼类。崔立斌、陆俭明根据"同音同义"的原则来确定词的同一性,凡是同音不同义的,一般处理为不同的词,因而兼类词的数量很少。而殷国光明确表示上古汉语不能采用这个原则,否则,将会导致出现大批同形词,比如"节"就有可能被分为9个词,这既模糊了上古汉语词的面貌,也令人们在心理上难以接受。"同音不同义"也可以看作兼类词,因此殷国光的兼类词数量就远远多于崔立斌(2004)的兼类词数量。郭锐(2002:156—157)也把"意义上有联系的几个义项属于不同的词类"这种情况看成兼类,因此,他的兼类词也很多:动词兼名词共476个、动词兼副词共171个(188页),形容词兼动词共171个(194页),形容词兼名词共67个,形容词兼副词共38个(195页),共923个词。这个数量并不小。

动词有时带宾语或带准宾语,有时不带宾语或准宾语。对此,作者发出疑问:“对于这些词,是看作兼属及物动词和不及物动词,还是由及物动词活用为不及物动词,或是由不及物动词活用为及物动词呢?仅仅依据宾语的有无来回答这个问题也很困难。”作者提出了一种设想:“面对这种情况,也可以考虑一个折中的办法,就是在及物和不及物两类之外,再列出第三类动词来,即可带可不带宾语的动词。”这种“三分”的设想不乏真知灼见。遗憾的是,作者并没有这样去尝试。我们认为,这个办法并不仅仅是一个折中的办法,如果我们全面审视这类及物不及物两用谓词的句法语义特征,以及它们和其他谓词的区别,以及它们到后来的演变、这种演变对汉语动结式句法结构形成的影响,那么,这种三分法是会有很大的价值的。

1.9 易福成(1999)的谓词四分体系

易福成(1999)《〈孙子兵法〉谓词句法语义研究》将《孙子兵法》的谓词根据其搭配模式的不同划分为4个句法类:不及物谓词、及物谓词、直接谓词和作格谓词。这种分类的特点是:

(1)将传统所谓有“使动用法”和“意动用法”的不及物动词和形容词都归入作格谓词,这些谓词带宾语时,主语和谓词的语义关系不同于它们不带宾语时主语和谓词的语义关系。

(2)将传统所说的及物动词中既可以带宾语,又可以经常不带宾语的那些词独立出来,归入直接谓词,这些谓词不带宾语时,不改变主语和谓词之间的语义关系。

(3)及物谓词是任何时候都带宾语的谓词;不及物谓词是在作者所考察过的语言材料中只有不及物用法的谓词。

这种分类的优点是:

(1)同时考虑句法分布模式和主语同谓词的语义关系,能充分考虑到"使动用法"和"意动用法"对谓词语义改变的影响。

(2)没有模棱两可的情况,及物谓词就是永远带宾语的谓词,不及物谓词就是永远不带宾语的谓词,没有"不及物动词有时可以带宾语、及物动词有时可以不带宾语"等模糊的说法。

(3)把那些"有时带宾语、有时不带宾语"的谓词分为两类(直接谓词和作格谓词)分别讨论,使复杂的问题头绪更清楚了,这是一种很有见地的办法。

不过,作者所列作格谓词未能进一步细分,其中既有典型的作格谓词,也有非典型的作格谓词,比如"破、败"和"远、止"虽然都能带宾语,也都能不带宾语,但是二者不可等而视之,前者更接近于他动词,后者更接近于自动词和形容词。作格谓词内部可以根据作格性的强弱视为一个连续统,内部还可以大致再分一分。

2. 上古汉语动词三分体系

2.1 上古汉语动词三分的必要性

综上,一百年来,对汉语动词的首层分类,各家说法大致摇摆于"不分—两分—三分—四分"之间。管燮初的体系是先三分,再两分,崔立斌的两分则是彻底的两分①。前面已讲到,殷国光和李佐丰的两分,其实是四分(真他动、真自动之外又设立准他动、准自动),四分的

① 北京大学中文系其后有几篇博士论文的动词分类体系,或从崔立斌(1995)的体系,如边滢雨(1997)《〈论语〉的动词、名词研究》;或从张猛的体系,如金树祥(2000)《〈战国策〉动词研究》。此不赘述。

体系归根结底还是两分。不可否认的是，以上各家几乎都认识到了上古汉语中存在大量既可以带宾语、又可以不带宾语的动词，只是在处理上各有特点。不过，除了易福成（1999）的四分策略初步实践了张猛（1998）的三分设想之外，上个世纪内，学界还罕有学者将上古汉语动词彻底三分。

步入新世纪以来，无论是现代汉语学界，还是古汉语学界，支持三分的学者逐渐增多。张能甫《郑玄注释语言词汇研究》（巴蜀书社 2000 年版）调查了郑玄注释语言中的几千个句子，对其中涉及的 770 个动作行为词语带不带宾语的问题作了研究，发现有三种情况：（1）有 330 个词语一般都需要带宾语，如"主"；（2）有 129 个词语一般不带宾语，如"惰""讫"；（3）有 311 个词语有时带宾语，有时又不带宾语，占 40.4%。此类有很多就是我们所要研究的作格动词，如：安、拔、败、出、成、除、存、堕、定、动、断、服、废、返、反、覆、归、毁、尽、绝、降、解、开、裂、免、灭、明、倾、去、起、伤、生、丧、散、退、亡、兴、陷、折、止，等等。王俊毅（2004：16—51）选择了现代汉语的 5096 个动词进行分类，结果分为三类：（1）不及物动词，有 1012 个；（2）及物动词，有 3460 个；（3）兼类动词，624 个，占 12.2%。兼类动词中有很多都属于非宾格动词或作格动词。

以上张、王二位所分出的第三类都占有相当大的比例，以往的研究要么把它们归入及物范畴，要么归入不及物的范畴，结果导致及物动词里面有相当多的动词可以不带宾语，不及物动词里面有相当多的动词可以带宾语，而且难以看出其中的规律。如果把它们独立出来，和及物、不及物并列，再回头看及物动词和不及物动词，就会发现，及物动词不带宾语有很清楚的限制条件或规律，不及物动词带宾语也可以归纳出几种类型，而作格动词之所以带不带宾语两可，是由于其中一个义项及物，另一个义项不及物，这两个义项之间存在派生关系，可以从词义引申或构词的角度寻找到派生的理据。这样,就可以解开一些以前纠缠不清的问题。

因此,我们建议采取三分的策略:一方面,我们想充分吸收前面所列举的各家研究成果;另一方面,我们不想再用“准~词”之说,而是主张全面考察“有时带宾语、有时不带宾语”的动词究竟有哪些,详细探讨“有时带宾语、有时不带宾语”究竟是指的哪些时候。

根据考察的初步结果,这类两用动词大致可以分为两类:“中性动词”和“作格动词”。

“中性动词”的特点是:无论是带宾语还是不带宾语(受事主语句除外),主语和谓语动词的深层语义关系保持不变(一般是“施事—动作”的关系)。

“作格动词”的特点是:带宾语时,主语一般是施事(或者是属于主体格的致使者、感事等,也可以不出现),宾语一般是受事(或者是属于客体格的当事、结果等);不带宾语时,主语一般是受事(或者是属于客体格的当事、结果等)。这个特点可以概括为“可逆转性”,即“作格动词”所带的客体格宾语一般能够比较自由地转成主语而不会引起歧义。“中性动词”则不具有这个特点。

“中性动词”应该归入及物动词,它们“有时不带宾语”有些可以找出一定的条件,有些可以自由悬空①。“作格动词”则介于及物和不及物之间,应该独立出来。不及物动词“有时也可以带宾语”,对于哪些情况下不及物动词可以带宾语,我们也会总结出一些规律。下面图示如下:

---

① 为什么“宾语可以自由悬空”的动词要归入及物动词,下面还要举例论证。

- 动词
  - 及物动词
    - 宾语不可悬空的动词：粘宾动词（Vt）[①]
    - 宾语可以悬空的动词：中性动词（$V_{Ø}$）
  - 作格动词（Ve）
  - 不及物动词（Vi）（包括不带宾语的形容词）

这个动词分类框架和易福成的框架十分接近，只是他的“直接谓词”此处叫“中性动词”。有两点不同：第一，他将直接谓词与其他三类并列，我们则将中性动词与粘宾动词都归入及物动词。第二，在具体词的归属上，我们和他有较大的差别。我们认为，这几类之间也没有严格的界限，其中有些词处于模糊地带，不好绝对说一定属于哪一类。此外，不同时代（上古早期和晚期相比），部分词的次类归属可能会发生变动；同一时期的不同文献，某些词的归属也会有一定的差别。

2.2 上古汉语动词三分体系举例

下面，我们结合《左传》及先秦的其他9部文献，对这几类动词分别举例说明。由于篇幅所限，每类仅举少量例证。详细举例见宋亚云（2005）。

2.2.1 粘宾动词 V_t：宾语不可悬空的动词

这类动词，在现代汉语中也有一批，现代汉语学界管它们叫“粘宾动词”。所谓“粘宾动词”，就是必须携带宾语的动词，也就是不允许宾语悬空的动词。“粘宾动词”的提出是现代汉语研究中的一个重要发现，这方面最重要的研究文章有两篇：尹世超（1991）《试论粘着动词》和杨锡彭（1992）《粘宾动词初探》。尹文认为，从能否单独成句来看，动词可以分为自由动词和粘着动词。“粘着动词”是指在句法上不能

---

① Vt 和 Vi 这两个符号分别代表宾语不可悬空的动词和不及物动词，VØ 代表宾语可以悬空的中性动词，Ø 代表该动词带的是“零宾语”，Ve 则代表作格动词（ergative verb）。

自足、不能单独回答问题、成句时必须有与之同现的句法处分的动词，其中最重要的一种就是“粘宾动词”，比如“位于”~东部、“强似”~去年，它们必须带宾语。杨锡彭(1992)的文章则深入地探讨了粘宾动词的性质、范围、构句特点，以及粘宾性与动词的语义特点、语法形式的关系。上古汉语中也存在一批“粘宾动词”。崔立斌(2004)列举了10个**类同动词**：如、若、犹、视(和……一样)、似、为(判断义)、谓(说的是、叫作)、象、言(意思是)、曰(叫作)。李佐丰(1994a/2003a)列举了7个**分类动词**：犹、如、若、谓、言、曰、为。张猛(2003)列举了14个**比类动词**：称3(相称)、当2(相当)、譬(比)、如2(像)、如3(比得上)、如4(应当)、若1(像)、若2(比得上)、似(像)、同2(一样)、同3(共)、异(不同)、犹1(像)、中3(符合)。易福成(1999)列举了14个**及物谓词**(他认为这些词任何时候都带宾语)：避、当、得1、经、令2、若、胜2、使2、示、同2、为1、谓1、谓2、易1、易2、曰1、曰2。上述动词，绝大多数都是粘宾动词[①]。粘宾动词究竟有多少，目前还不能断言确切数目，但是如果全面调查，一定可以得到答案。

2.2.2 中性动词 $V_{\emptyset}$：宾语可以悬空的动词

2.2.2.1 宾语可以有条件悬空的中性动词

上古汉语有些及物动词在下列条件之下，可以不带宾语，或者说允许宾语悬空：

(一)否定的施事主语句中，及物动词的宾语常常省略。

(二)连动式中，及物动词的宾语经常省略。分为：

---

① 由于各家所用材料不同，可能有些词本不属于粘宾动词，但在某一部书中全部带宾语，因此有人也归入必须带宾语的动词，比如“破”在《左传》中仅1例，带宾语，于是管归入“带受事单宾语”的动词，相当于我们说的“粘宾动词”。但如果结合先秦其他文献来看，“破”有不少例子不带宾语，因此“破”不属于“粘宾动词”。

(1)狭义连动式即动词连用结构中,动词宾语经常省略。

(2)用“而、则、以”连接两个及物动词的广义连动式中,动词的宾语常常省略。

(三)及物动词前后有“以/于/为/乎”字介宾短语修饰,宾语常常省略。

(四)及物动词前面加“自”“相”“能”“欲”,宾语常常省略。

(五)对称句式、排比句式中,动词宾语常常省略。

(六)受事宾语提前形成受事主语句,此时及物动词可以悬空。

(七)动词做主宾语时,有时不带宾语。

如果一个动词没有带宾语,我们不能断然判为不及物动词;如果它不带宾语时,属于上述七种情形之一,它仍然可能是及物动词。我们把这种及物动词不带宾语的情况称为“有条件的悬空”。此类动词如:秉、被、背、莅、裹、筑、帅、掩、乞、徼。此类动词究竟有多少,必须一个一个测试,必须对先秦的所有文献中的所有用例都进行分析,而不是凭借今天的语感或者用演绎的方法去推测。这是一项艰巨的任务。

2.2.2.2 宾语可以自由悬空的中性动词

在上古汉语中,有一些及物动词不带宾语十分随意,似乎看不出什么限制条件。在满足上述七项条件之一时,它们可以不带宾语;在不满足这些条件时,它们也可以不带宾语。有人根据它们能带宾语,就认定是及物动词,这是有道理的。及物动词是指有带宾语能力的动词,但并不一定非要处处携带宾语不可。这一点是大多数人所同意的。这类动词如:胜、克、卜、食、耕、鼓、驾、学、发、御。为什么这些动词可以自由地不带宾语?原因可能有三:

一、有的动词属于“施事动词”,主要用来陈述施事的行为或状态,对受事并不关注,如“胜”和“克”。“楚人胜”(《孟子 · 梁惠王上》,

2671 页）不关心受事，只突出施事；“楚败于南阳”（《战国策·秦策四》，235 页）不关心施事，只突出受事。

二、有的动词，所联系的宾语固定而单一，即使不说出来，也不会有歧义，比如“卜”，它带的宾语一定是占卜的内容，即为什么事情而占卜，比如《左传》中“卜”和宾语的组合有：卜战、卜郊、卜其昼、卜其夜，等等。当说话者对占卜的内容不关心而只是强调有这么回事时，便可以随意把宾语省掉，例子见“卜”字条举例。

三、有的动词在上古汉语时期词义具有综合性。杨荣祥把“食、耕、鼓、驾、发”之类称为“对象自足动词”①，比较贴切。当这些动词不带宾语时，其词义结构中本身已经包含其动作涉及的对象。在当时的认知背景下，即使这个宾语不说出来，当时的人一般也知道它是什么，比如“食”，对象是食物，饭。《左传》中，“食”不带宾语多达 61 例，隐含的宾语不说自明。相反，倒是当“食”带有宾语时，宾语（食之、食焉除外）不一定是一般食物，而是特殊食物，或者是“食”的来源。如：食熊蹯、食鲁之麦、不食新、马不食粟、食粟之马、食鬻、食其肉、食肉、食炙、食土之毛、不食奸、食上国、食其征。又如动词“鼓”，不带宾语时，动作的对象一般就是鼓（除非是“援琴而鼓”之类的例子），尤其是自由悬空的例子，“鼓”的词义全部是“击鼓”。当它带有宾语时，鼓的对象就不一定是鼓了，还可以是：鼓琴、鼓瑟、鼓宫、鼓角、鼓新声、鼓五弦、鼓鼙、鼓翅、鼓刀、鼓鞭、鼓盆、鼓筴、鼓臂、鼓舌、鼓腹，等等。先秦 10 部文献中，“鼓”带宾语时，指称对象是“鼓”的例子有 21 例，此时“鼓”义为“击（鼓）”；指称对象不是“鼓”的例子有 56 例，此时“鼓”义为“弹奏”“进攻”“振动”。再如，当“耕”不带宾语时，动作对象一般是“田”，“驾”的

① 杨荣祥（2004）《汉语语法史专题》（讲义），未刊。

对象一般是“车”，“发”的对象一般是“箭”，等等。到后来，“食”说成“吃饭”、“鼓”说成“击鼓”、“耕”说成“耕田”、“驾”说成“驾车”、“发”说成“射箭”，动作的对象由隐含而呈现。现代汉语中，“吃饭”又可以不说出“饭”，单说“吃”也行，“耕田”又可以不说出“田”，单说“耕”也可以，但是“击鼓”“驾车”“射箭”又必须把宾语带出来，其中的原因是什么，值得深究。

2.2.3 作格动词 Ve

2.2.3.1 作格动词简介

作格动词就是在一个共时系统中兼有使动及物用法和自动不及物用法的一类动词。这类动词能自由地出现在两种句式中：及物小句 AVO 和不及物小句 SV[①]，并且不及物小句的主语 S 在语义角色上认同于及物小句的宾语 O，而不认同于 A。

下面用吕叔湘的例子来说明。吕叔湘(1987)《说“胜”和“败”》提出如下两个格局：

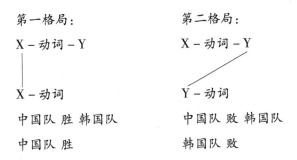

第一格局：	第二格局：
X－动词－Y	X－动词－Y
X－动词	Y－动词
中国队 胜 韩国队	中国队 败 韩国队
中国队 胜	韩国队 败

① A 代表施事主语，V 代表作格动词，O 代表客体格宾语（包括受事、结果、使事等）；S 代表不及物小句的主语。

吕叔湘指出:“这两个格局的不同,关键在于动词,‘胜’和‘败’是两个类型的动词。”①我们认为,“胜”是中性动词,“败”是作格动词。“败”所带的宾语“韩国队”可以自由地转为主语,并保持深层语义关系不变(动作—受事)。对“败”而言,不及物小句中的主语S(韩国队)认同于及物小句中的宾语O(韩国队)。我们把“败”所具有的这种特性称为“可逆转性”。“胜”不具有可逆转性,“胜韩国队”虽然也可以转换成“韩国队胜”,但深层语义关系已经由“动作—受事”变为“施事—动作”,“韩国队”由败者变为胜者,意思正好相反。如果把“中国队败韩国队”的宾语去掉,句子变成“中国队败”,“中国队”由胜者变为败者,意思正好逆转。“胜”的情况又与“败”正好相反,“中国队胜韩国队”即使去掉宾语,“中国队胜”的意思也不会马上逆转,胜者还是“中国队”,也就是说,对“胜”而言,不及物小句中的S(中国队)认同于及物小句中的A(中国队)。由此可见,“胜”和“败”虽然都可以自由地出现于及物小句和不及物小句中,但是它们的这种对立却是很明显的。典型的作格动词根据来源的不同可以分为三类:

第一类——“破”类:及物用法在前,不及物用法由反宾为主的用法发展而来,如:破、败、灭、断、绝、折、裂、残、毁、成、覆、却、反(返)、穿、顿、拔、伤、免,等等。最典型的句法分布是:

① 吕把带宾语的小句称为“三成分句”,把不带宾语的小句称为“二成分句”,我们把前者改称及物小句,用AVO表示(A代表施事);把后者改称不及物小句,用SV表示。

动词	及物小句 AVO	不及物小句 SV
破	淫破义(《左传·隐公三年》)	卵破子死(《荀子·劝学》)
败	败宋师于黄(《左传·隐公元年》)	吴师败(《左传·定公五年》)
灭	楚复伐邓,灭之(《左传·庄公六年》)	同盟灭(《左传·文公四年》)
断	见雄鸡自断其尾(《左传·昭公二十二年》)	婴之者断(《荀子·议兵》)
绝	未绝鼓音(《左传·成公二年》)	两靷皆绝(《左传·哀公二年》)
折	折轸(《左传·昭公二十一年》)	栋折榱崩(《左传·襄公三十一年》)
裂	裂裳帛而与之(《左传·昭公元年》)	瓠必裂(《战国策·秦策三》)
残	残民以逞(《左传·宣公二年》)	猛则民残(《左传·昭公二十年》)
毁	杀马毁玉以葬(《左传·昭公八年》)	龟玉毁于椟中(《论语·季氏》)
成	以成宋乱(《左传·桓公二年》)	今乱本成矣(《左传·闵公二年》)
覆	覆宗国(《左传·哀公八年》)	沐则心覆(《左传·僖公二十四年》)
却	却荆兵(《吕氏春秋·报更》)	恶壅却(《吕氏春秋·去宥》)
反	盍反州绰、邢蒯?(《左传·襄公二十一年》)	宋公遂反(《左传·襄公二十八年》)
穿	何以穿我墉?(《诗经·召南·行露》)	衣弊履穿(《庄子·山木》)
顿	勤民而顿兵(《左传·昭公十五年》)	甲兵不顿(《左传·襄公四年》)
拔	秦拔宜阳(《战国策·东周策》)	宜阳拔(《战国策·秦策二》)
伤	又伤潞子之目(《左传·宣公十五年》)	伯国伤(《左传·襄公二十六年》)
免	谁能免吾首?(《左传·定公四年》)	王必免(《左传·定公四年》)

第二类——“出”类：不及物用法在前，及物用法由不及物动词的带宾用法（或称使动用法）发展而来，如：出、退、去、起、坏、活、怒、止、归、敝、兴、动、定、存、亡1（灭亡）、亡2（逃亡）、丧、立、废、降、服、竭、尽、沈（沉），等等。最典型的句法分布是：

动词	不及物小句 SV	及物小句 AVO
出	王出（《左传·昭公十二年》）	故出其君（《左传·僖公二十八年》）
怒	楚怒（《战国策·韩策二》）	若二子怒楚（《左传·宣公十二年》）
退	师退（《左传·僖公四年》）	楚子退师（《左传·宣公十二年》）
去	千乘三去（《左传·僖公十五年》）	卫侯不去其旗（《左传·闵公二年》）
起	晋师悉起（《左传·宣公十五年》）	遂起师（《左传·僖公二年》）
活	身不活（《韩非子·六反》）	未足以活身（《庄子·至乐》）
坏	大室之屋坏（《左传·文公十三年》）	坏大门及寝门（《左传·成公十年》）
止	晋师乃止（《左传·成公十六年》）	晋人止公（《左传·成公十年》）
归	杞侯归（《左传·桓公二年》）	公怒，归之（《左传·僖公三年》）
敝	楚必道敝（《左传·昭公三十年》）	以敝楚人（《左传·襄公九年》）
兴	则祸乱兴（《左传·昭公五年》）	以兴大谤（《左传·昭公二十七年》）
动	心动（《战国策·赵策一》）	我四十不动心（《孟子·公孙丑上》）
定	苟列定矣（《左传·僖公十五年》）	入而未定列（《左传·僖公十五年》）
存	穆氏宜存（《左传·宣公四年》）	齐桓公存三亡国（《左传·僖公十九年》）
亡1①	季氏亡（《左传·闵公二年》）	而谋亡曹（《左传·哀公七年》）

① 亡1在“灭亡”和“使～灭亡”这对意义上构成作格交替。

续 表

动词	不及物小句 SV	及物小句 AVO
亡2①	我亡(《左传·成公五年》)	已不能庇其伉俪而亡之(《左传·成公十一年》)
丧	器用多丧(《左传·襄公十年》)	以丧其国(《左传·昭公十一年》)
立	莒展舆立(《左传·昭公元年》)	晋人立孝侯(《左传·桓公二年》)
废	君子废(《左传·昭公六年》)	又废之(《左传·襄公三十一年》)
降	卢降(《左传·成公十七年》)	晋降彭城(《左传·襄公二十六年》)
服	诸侯新服(《左传·襄公四年》)	是弃其所以服诸侯也(《左传·襄公二十七年》)
竭	彼竭我盈(《左传·庄公十年》)	师劳力竭(《左传·僖公三十二年》)
尽	吾师必尽(《左传·宣公十二年》)	楚实尽之(《左传·定公四年》)
沉	则舟沉矣(《战国策·韩策二》)	臣闻积羽沉舟(《战国策·魏策一》)

第三类——“正”类:不及物用法在前,及物用法由形容词的使动用法发展而来,如:正、平、固、明、乱、安、完、全、困、苦、齐,等等。最典型的句法分布是:

动词	不及物小句 SV	及物小句 AVO
正	民生厚而德正(《左传·成公十六年》)	正德、利用、厚生(《左传·文公七年》)
平	心平,德和(《左传·昭公二十年》)	以平其心(《左传·昭公二十年》)
固	城小而固(《左传·襄公十年》)	亦聊以固吾圉也(《左传·隐公十一年》)

① 亡2在“逃亡”和“使~逃亡”这对意义上构成作格交替。

续 表

动词	不及物小句 SV	及物小句 AVO
明	君明臣忠(《左传·襄公九年》)	而明德以荐馨香(《左传·僖公五年》)
乱	王室复乱(《左传·宣公十六年》)	大乱宋国之政(《左传·襄公十七年》)
安	群臣安矣(《左传·襄公十年》)	安民、和众(《左传·宣公十二年》)
完	秦、魏之交完(《战国策·楚策二》)	大王欲完魏之交(《战国策·魏策二》)
全	国全兵劲(《战国策·魏策三》)	全国完身(《吕氏春秋·执一》)
小	小国不困(《左传·襄公二十八年》)	若困民之主(《左传·襄公十四年》)
苦	秦士戚而民苦也(《商君书·徕民》)	不苦一民(《战国策·秦策一》)
齐	家齐而后国治(《礼记·大学》)	所谓治国必先齐其家者(《礼记·大学》)

2.2.3.2 作格动词和中性动词句法语义特征对比分析

句法语义特征因比较才能更加明显,因此,我们将通过对比作格动词和前面列举的中性动词在及物小句 AVO 和不及物小句 SV 中的表现,来进一步揭示作格动词的这种可逆转性。下面给 12 个常见中性动词的两种常见句法分布(及物小句 AVO 和不及物小句 SV)各举 1 例:

动词	及物小句 AVO	不及物小句 SV
鼓	皆踞转而鼓琴(《左传·襄公二十四年》)	齐侯亲鼓(《左传·成公二年》)
耕	匹夫耕之(《孟子·尽心上》)	故身亲耕(《吕氏春秋·爱类》)
驾	命校人驾乘车(《左传·哀公三年》)	齐侯驾(《左传·襄公十八年》)

续 表

动词	及物小句 AVO	不及物小句 SV
学	吾尝学此矣(《左传·昭公十二年》)	君子必学(《墨子·公孟》)
御	许偃御右广(《左传·宣公十二年》)	管周父御(《左传·哀公十一年》)
发	发矢中的(《韩非子·用人》)	再发,尽殪(《左传·成公十六年》)
攻	宋督攻孔氏(《左传·桓公二年》)	公攻而夺之币(《左传·哀公二十六年》)
侵	齐师侵我西鄙(《左传·僖公二十六年》)	阴不佞温人南侵(《左传·昭公二十四年》)
追	楚令尹子玉追秦师(《左传·僖公二十五年》)	吏追不得(《韩非子·外储说左下》)
捕	譬如捕鹿(《左传·襄公十四年》)	匈奴闲捕(《史记·匈奴列传》)
击	齐氏用戈击公孟(《左传·昭公二十年》)	敌至不击(《左传·文公十二年》)
顺	齐公子元不顺懿公之为政也(《左传·文公十四年》)	王顺、国治(《左传·昭公二十六年》)

由以上 12 个词可知,中性动词也有两种典型的语法分布:带宾语和不带宾语。这和作格动词的语法分布表面上很相似,但是实质很不一样。这 12 个词可以分为两组:

第一组(简称"鼓"类):鼓、耕、驾、御、学、发——动作对象隐含

第二组(简称"攻"类):攻、侵、追、捕、击、顺——宾语可以省略

"鼓"类和"攻"类都可以不带宾语,传统的说法就是"宾语省略",即前面所说的"宾语悬空"。我们认为,"鼓"类和"攻"类其实代表着中性动词中的两个不同的小类:"鼓"类动词不带宾语时,词义结构中隐含着动作的对象,不是省略,从这个角度来说,"鼓"类动词的词义结构具有综合性,语义特征是:[**动作**]+(**对象**)。比如"齐侯亲鼓"中,

“鼓”不带宾语，“鼓”就相当于今天的“击鼓”；“身亲耕”中，“耕”相当于“耕田”；“齐侯驾”中，“驾”相当于“驾车”；“管周父御”中，“御”相当于“驾驭车马”；“发”相当于“把箭射出去”；“君子必学”中，“学”因为对象很广泛，不好说相当于什么。在上古文献中，“学”可以是“学诗”“学射”“学御”“学相马”“学书”“学习(试飞)”“学道”“学文”“学孔子”“学善言”“学生(养生之道)”“学乱术”……“鼓”类动词还可以泛指某一种活动而不强调动作的对象，如：

耕也，馁在其中矣；学也，禄在其中矣。(《论语·卫灵公》，2518页下)

非日、月之眚，不鼓。(《左传·庄公二十五年》，1780页中)

齐朝驾则夕极于鲁国。(《国语·鲁语下》，200页)

百发失一，不足谓善射；千里蹞步不至，不足谓善御；伦类不通，仁义不一，不足谓善学。(《荀子·劝学》，18页)

“攻”类动词不带宾语时，属于宾语省略，宾语省略往往需要具备一定的条件，前面已经详细指出了宾语省略的7项条件，此不赘述。省略和隐含不同，隐含无须补出，有时无法补出，比如“君子不学”就不好补出宾语。而省略是可以补出省略的成分来的，如“攻、侵、追、捕、击、顺”等6个动词的宾语都可以补出来。尽管“鼓”类和“攻”类有区别，但是它们不带宾语时也有共性，即主语仍然是施事，不像作格动词，一旦不带宾语，主语立刻变为受事或接近于受事的当事，这就是我们前面所说的“可逆转性”，这是中性动词和作格动词的最大不同。再如：

秦攻韩，韩急。(《史记·韩世家》，1878页)“秦”是施事

割晋国，秦兵不攻。(《史记·穰侯列传》，2326页)“秦兵”还是施事

吴伐楚，楚败我师。(《史记·吴太伯世家》，1450页)“楚”是施事

郑助楚，**楚败**。(《史记·晋世家》,1666 页)“楚”是受事(或称“当事”)

2.2.3.3 特例

有一些词，在上古时期，也会出现在 AVO 和 SV 句式中，表现出一定的作格性，与作格动词的交替模式相同。但是我们没有把这些动词处理为作格动词，究其本质，它们表现出的作格性另有原因。主要有两种情况：

(一)有反宾为主用法的中性动词。这些词是由于语用或修辞的原因，经常出现在反宾为主的格式中，这种格式和主动式也会形成作格模式，如：斩、剖、烹、劓、围、诛，等等。请看下表中成对的例子：

动词	带宾语	反宾为主
斩	韩献子将斩人(《左传·成公二年》)	关龙逢斩(《韩非子·难言第三》)
诛	将诛之(《左传·襄公十年》)	龙逢诛(《庄子·外物》)
剖	剖孕妇而观其化(《吕氏春秋·过理》)	比干剖(《庄子·胠箧》)
弑	崔杼弑其君(《左传·襄公二十五年》)	简公弑(《韩非子·二柄》)
削	削而投之(《左传·襄公二十七年》)	封疆之削(《左传·昭公元年》)
殛	舜之罪也殛鲧(《左传·僖公三十三年》)	鲧殛而禹兴(《左传·襄公二十一年》)
戮	魏绛戮其仆(《左传·襄公三年》)	父戮子居(《左传·襄公二十二年》)
烹	以烹鱼肉(《左传·昭公二十年》)	不克则烹(《左传·哀公十六年》)
劓	劓美人(《韩非子·内储说下六微》)	后者劓(《左传·昭公十三年》)

续 表

动词	带宾语	反宾为主
禽	知伯亲禽颜庚(《左传·哀公二十三年》)	隘乃禽也(《左传·襄公二十五年》)
围	王师、秦师围魏(《左传·桓公四年》)	鲁酒薄而邯郸围(《庄子·胠箧》)
逐	欲逐婴子于齐(《战国策·齐策一》)	今婴子逐(《战国策·齐策一》)
执	吴子使徐人执掩余(《左传·昭公三十年》)	楼船今执(《史记·朝鲜列传》)
嬖	晋侯嬖程郑(《左传·襄公二十四年》)	敬嬴嬖(《左传·文公十八年》)
封	而封宋向戌焉(《左传·襄公十年》)	我先封(《左传·隐公十一年》)
辱	其敢辱君(《左传·文公十五年》)	君辱(《左传·定公十年》)
幸	以为程姬而幸之(《史记·五宗世家》)	戚姬幸(《史记·吕太后本纪》)
爱	先君是以爱其子(《左传·文公六年》)	母义子爱(《左传·文公六年》)
胜	费庈父胜之(《左传·隐公二年》)	国胜①君亡(《左传·哀公元年》)
效	效节于府人而出(《左传·文公八年》)	宜阳效则上郡绝(《史记·苏秦列传》)
替	王替隗氏(《左传·僖公二十四年》)	于是乎下陵上替(《左传·昭公十八年》)
用	秦伯犹用孟明(《左传·文公二年》)	盼子必用(《战国策·齐策一》)
听	不听公命(《左传·襄公二十三年》)	管夷吾、百里奚听(《吕氏春秋·知度》)

① 杜预注:"楚为吴所胜。"

以上 23 个动词,我们称为**“斩”类动词**。它们的及物用法是基本的、大量的,用于反宾为主句(也称为意念被动句)的则是少数。“斩”类中性动词和“破”类作格动词不同,“斩”类的不及物用法是临时性的,后来消失了,词典中不必为这种反宾为主用法的动词设立相关被动义项;“破”类的不及物用法虽然最初也是由反宾为主发展而来,但是这种用法后来没有消失,而是得到了巩固和发展,词典中有必要为不及物用法的“破”类设立相关自动义项。证诸各种字典、词典,处理办法和我们的观点基本一致。“斩”类动词的反宾为主用法会受到一些限制,对词汇有一定的选择。

(二)有临时使动用法的中性动词。有一些不及物动词临时活用,形成 AVO 的致使格式。它们更多地则是作为本用,用于 SV 的格式。AVO 和 SV 也形成作格模式,与作格动词的表现近似。这类词的使动用法少见,当另作处理。请看下表中成对的例子:

动词	不及物用法	使动用法
死	吾父死而益富(《左传·襄公二十一年》)	死吾父而专于国(《左传·襄公二十一年》)
行	齐侯将行(《左传·襄公二十八年》)	将行子南(《左传·昭公元年》)
逸	随侯逸(《左传·桓公八年》)	乃逸楚囚(《左传·成公十六年》)
焦	龟焦(《左传·哀公二年》)	焦禾稼(《淮南子·本经训》)
虚	公之国虚矣(《战国策·东周策》)	虚郡国仓廥(《史记·平准书》)
深	寇深矣(《左传·僖公十五年》)	君实深之(《左传·僖公十五年》)
厚	土厚水深(《左传·成公六年》)	厚其墙垣(《左传·襄公三十一年》)

续 表

动词	不及物用法	使动用法
美	室美夫(《国语·晋语九》)	子有令闻而美其室(《左传·襄公十五年》)
老	师老矣(《左传·僖公四年》)	将以老我师也(《左传·文公十二年》)
疲	其魂不疲(《庄子·天道》)	而疲民以逞(《左传·成公十六年》)
劳	师劳力竭(《左传·僖公三十二年》)	劳师以袭远(《左传·僖公三十二年》)
罢	今吴民既罢(《国语·吴语》)	罢民而无功(《左传·昭公十六年》)
勤	师徒不勤(《左传·昭公十五年》)	阳虎欲勤齐师也(《左传·定公九年》)
陨	社稷无陨(《左传·桓公五年》)	所以陨社稷也(《荀子·议兵》)
落	实落、材亡(《左传·僖公十五年》)	我落其实(《左传·僖公十五年》)
匮	财用不匮(《国语·晋语四》)	其为不匮财用(《国语·楚语上》)
东	秦师遂东(《左传·僖公三十二年》)	遂东太子光(《左传·襄公十九年》)
生	君生则纵其惑(《左传·成公二年》)	所谓生死而肉骨也(《左传·昭公二十五年》)
坼	地始坼(《吕氏春秋·仲冬纪》)	幕动坼橑(《吕氏春秋·音初》)
游	灵王南游(《韩非子·十过》)	游十士而国家得安(《吕氏春秋·期贤》)

以上20个动词,我们称为**"死"类动词**。它们的不及物用法是基本的、大量的,及物用法就是所谓的"使动用法",是上古汉语派生、改

装及物动词的一种临时途径。“死”类不及物动词和“正”类、“出”类不同,其及物用法更为少见,基本上可以作为一种修辞现象,是真正的活用,词典中没有必要为其及物用法设立相关的致使性义项;而“正”类和“出”类虽然最初也是通过活用的途径发展而来,但是由于活用的次数较多,久而久之,使动义就凝固到词义结构中去,词典中有必要为其及物用法设立相关的致使性义项。证诸各种字典、词典,虽然分歧也存在,但其处理办法和我们的观点大体一致。我们也将通过个案研究来对此加以探讨。

2.2.4 不及物动词 V_i

我们所界定的不及物动词就是在绝大多数情况下都不带客体格宾语的动词①。如果一个所谓的不及物动词经常带客体格宾语,我们将不承认它是不及物动词。少数不及物动词在少数情况下可以带宾语,这种现象就是活用,这是不及物动词论元增加的一种途径。这种途径如果经常使用,不及物动词就有可能发展为作格动词。真正的不及物动词又可以分为两类:

(一)有极少量带宾用法的不及物动词和形容词。如:死、干、熟、坼、逸、饥、焦、落。这 8 个词在 10 部先秦文献中(“死”用例太多,只统计《左传》的用例)用作谓词总次数和用作使动次数列表如下:

	死	干	熟	坼	逸	饥	焦	落	合计	百分比
使动用法次数	2	5	1	1	6	2	3	3	23	2.7%
用作谓词总次数	446	19	89	7	48	182	16	24	831	

以上 8 个词总计用作谓词 831 例,用作使动只有 23 例,不到 3%,

① 客体格宾语包括受事宾语、结果宾语和客事宾语。另外,主体格包括施事、致事、感事和当事。

这个比例符合人们对活用的理解:频率比较低。而且这种活用后来逐渐消失了,不是一种能产的途径,不像“破”“败”等词带宾语频率非常之高。以前说“破、败、灭”等词带宾语是使动用法,说“死、落、焦”等词带宾语也是使动用法,这样就看不出二者的区别。我们认为,前者是作格动词的使动用法,不是活用;后者是不及物动词(包括部分形容词)的使动用法,属于真正的活用。活用之说不能完全取消,但是要限定范围。

(二)无宾动词。这类动词在任何情况下都不带宾语,是100%的不及物动词。李佐丰(1983)指出“丙类自动词做谓语时,后面不带任何宾语,可以说是古代汉语中最典型的自动词”,列举的动词有“卒、薨、衰、叹、睦、饥、愠、啼、噪”等9个。我们同意李佐丰的这些意见,这些词确实是真正的不及物动词。易福成(1999:60)指出:“在任何条件下不能带宾语的谓词叫作不及物谓词”,他列举的不及物谓词有“崩、殆、负、诡、仁、狭、险、勇、生1、信1、能2、易3”等12个。管燮初(1994:132—134)列举了409个不带宾语的动词,如:战、捷、喜、狩、浴、崩、游,等等。据我们调查,管燮初所说的内动词很多都能带宾语。这409个词,大多数都不是内动词,具体属于哪一类,非得一个个进行全面调查不可。

我们全面调查了8个动词:崩、薨、没、殁、卒(死亡义)、饥、衰、枯。“卒、崩、薨、没、殁”等5个词表示死亡义时,全部不带宾语。以“卒”为例,它做动词时主要有两个义位:(1)完结、终结;(2)死亡、死去。在(1)义上,“卒”可以带宾语(《左传》有13例)。在(2)义上,“卒”绝对不能带宾语。那么,“卒”究竟是及物还是不及物呢?回答是:“卒”在(1)义上是及物动词,在(2)义上是不及物动词。这就要求我们在讨论一个动词是及物还是不及物时必须以义位为单位,而不能笼统地说某个词是及物动词还是不及物动词。又如“发”，我们必须说，在“发射、发出、派遣、说出、打开、发放、发布、发掘”等义项上，它是及物动词；在“出发、出动、发散、兴起”等义项上，它是不及物动词。后3个词“饥、衰、枯”都没有带宾语的例子，是100%的自动词。

3. 上古汉语的动词系统小结

我们认为，如果要提出一个比较符合上古汉语语言事实的动词分类系统，那么这个系统应该是一个动态的系统，类与类之间不是疆界森严，而是在一定条件之下可以互相转化，这样就便于处理一些比较复杂的情况，比如宾语省略、反宾为主、使动用法和词类活用等等。同时，这样一个系统也应该是一个富有弹性的系统，也就是说，能够最大限度地适用于上古时期某一共时平面的不同专书。对上古时期的各部专书之间的差异能够兼容并包，而不是只适用于某一本书。我们曾经看到，有的学者提出的动词分类体系，只适用于他所研究的专书，验之他书，则龃龉不合，甚至大相径庭。此外，这个系统还应该能够便于解释汉语动词的历时演变。

综上，上古汉语的动词大致可以三分：及物动词、作格动词、不及物动词。我们又根据带宾语与否，以及带宾与不带宾时所受到的不同限制，把每一大类分出不同的次类。图示如下：

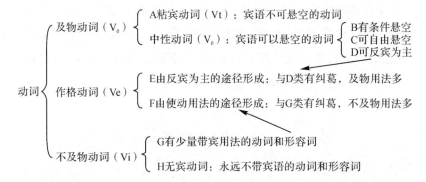

- 动词
  - 及物动词（$V_{\emptyset}$）
    - A粘宾动词（Vt）：宾语不可悬空的动词
    - 中性动词（$V_{\emptyset}$）：宾语可以悬空的动词
      - B有条件悬空
      - C可自由悬空
      - D可反宾为主
  - 作格动词（Ve）
    - E由反宾为主的途径形成：与D类有纠葛，及物用法多
    - F由使动用法的途径形成：与G类有纠葛，不及物用法多
  - 不及物动词（Vi）
    - G有少量带宾用法的动词和形容词
    - H无宾动词：永远不带宾语的动词和形容词

每一类的例词如下：

A. 粘宾动词：至于/于；犹；如；若；谓；曰；譬；譬如；似（像）；言（意思是）。

B. 有条件悬空的中性动词：秉；被；背；莅；裹；筑；帅；掩；乞；徼。

C. 可自由悬空的中性动词：胜；克；卜；食；耕；鼓；驾；学。

D. 可反宾为主的中性动词：斩；剖；烹；劓；围；诛；弑；禽；戮；执。

E. 由反宾为主的途径形成的作格动词：破；败；折；断；灭；裂；残；穿；覆；毁。

F. 由使动用法的途径形成的作格动词：出；归；起；正；困；苦；明；安；固；平。

G. 有少量带宾用法的不及物动词和形容词：死；干；熟；坼；逸；饥、焦、落；陨；坠。

H. 无宾动词：崩；薨；殁；没；卒（死亡）；饥；衰；枯；逝；旱。

这三大类、八小类动词，在汉语史的各个历史时期都存在，但是每一类的成员在不断发生改变，旧的消失，新的增补；类和类之间也在发生互动和转化，比如，有的词在上古可以反宾为主，如“斩”和“剖”，等到反宾为主用法（龙逢斩；比干剖）逐渐消失以后，“N＋斩/剖”就被优先理解为“施事 + 斩/剖”，而不是“受事 + 斩/剖”，这样“斩”和“剖”就由 D 类跑到 B 类和 C 类。再如：“项伯杀人，臣活之”（《史记·项羽本纪》312 页）的“活”，在上古属于 F 类，“活”的使动用法消亡以后，它就回归到 G 类。近代汉语时期，又产生了一批新的可以反宾为主的动词，以及一批新的既可以带宾、也可以不带宾的复合作格动词，其中的原因和机制也有很重要的研究价值。徐通锵(1997)提出“自动”和“使动”是汉语语义句法的两种基本格式，很多句式和现象比如受事主语句、动补式、连谓式等等都和这两种基本句式有关。我们认为，这种观点是极有见地的说法，抓住了汉语的精髓和句法的核心。但是，句式的研究应该和动词的研究相结合，研究的出发点，应该首先着眼于动词，动词之中，重点应该是作格动词，有些动词的反宾为主用法貌似部分作格动词的不及物用法；有些属于活用的使动用法又貌似部分作格动词的及物用法。作格动词的句法表现影响着及物动词和不及物动词，抓住作格动词就是抓住了关键；弄清了作格动词的句法语义特征，无疑可以加深我们对以前感到十分棘手的一大批上古汉语动词的理解和把握。

如果我们从及物性的角度来观察这三大类、八小类动词，就会发现，它们在语义层面的及物性大致呈现出依次递减的趋势，即及物动词 > 作格动词 > 不及物动词；就每一大类内部来说，也有这一趋势，即 B > C、D（C 和 D 不大好比较）；E > F；G > H；把这八类连起来，就是：B > C、D > E > F > G > H。从 B 至 H，带宾能力依次减弱，直至为零[①]。这一及物性强弱等级不是人为设计出来的，而是在广泛调查上古汉语动

① A 类粘宾动词在句法层面一定要带宾语，可是在语义层面的及物性很弱，故不放在一起讨论。

词的各种语法分布的基础上得出的，因而能够揭示出一些具有普遍意义的规律。如果我们将目光延伸到其他语言，将会发现其他语言的动词系统也存在类似的及物性强弱等级，因此，我们可以进而比较不同语言的及物或不及物动词等大类的下属成员各有什么个性和共性，各类动词之间的转化机制是否具有普遍性，等等。

影山太郎（2001：146、220）指出："英语的不及物动词和及物动词之间的转变方式几乎只有一种方式，即以及物动词（使役结构）为基点，通过'反使役化'衍生出作格不及物动词（break、open、shut 等）；而在日语中，及物动词转变为不及物动词有'反使役化'和'脱使役化'两种操作，而将不及物动词转变为及物动词的'使役化'也很发达。""英语基本上只有在使役结构上通过反使役化衍生出不及物动词这一单向操作。……与英语不同，日语有特定的后缀，可以进行双向的态（voice）的转化，即及物动词转化为不及物动词，不及物动词转化为及物动词。"

我们发现，汉语中及物动词可以通过反宾为主的途径转化为不及物动词，比如"砸了杯子～杯子砸了"①，及物句中的"砸"动作性很强，动作完成以后，就呈现出完成后的状态，所以不及物句中的"砸"结果状态义较为突出，"砸"接近于不及物动词，就像"卵破子死"的"破"一样，不好看成是被动用法，而应该看成状态句，"破"后来发展为不及物动词，"砸"以后说不定也会演变为一个不及物动词。类似的动词还很多，"断、折、毁"等词都经历了这一发展过程，尤其是"毁"和"断"，最为典型。汉语中不及物动词可以通过使动用法的途径转化为及物动词，这是一种"使役化"的操作。不少不及物动词或形容词都通过这种途

① 此例是郭锐教授提供的。

径发展出及物用法,比如“出”类和“正”类,初期可能经历过活用的阶段,如果活用多了,不及物动词经常带宾语,就会向作格动词的方向演变,用影山太郎的话说就是由“不及物动词转化为及物动词”(他说的“及物动词”其实是作格动词的及物用法)。

由此可见,汉语中既有所谓的“反使役化”,也有“使役化”,两种途径都能产生作格动词,这是汉语不同于英语、而部分接近于日语的特点。不过,英语中也并非没有使动用法,Lemmens(1998:91)举过一个例子,说一个女孩在花园里发现一只刺猬,对她父亲说:“Dont die it”,“die”的这种作格用法在正规英语中是不允许的,然而在该例中能说。这有点类似于汉语的使动用法(如“死吾父”“生死人”)。Dixon和Aikhenvald在*Changing Valency*(2000)一书中总结了部分语言减价的几种途径(被动 passive,反被动 antipassive,反身化 reflexive,交互转换 reciprocal 和反使役 anticausative)和增价的几种途径(施用操作 applicative① 和使役化 causative)。及物动词可以通过减价手段发展出不及物用法,不及物动词可以通过增价手段发展出及物用法,因此,及物和不及物的相互转化可能是人类语言的一种共性。深入探讨汉语的反宾为主句、活用使动句和作格动词句三者之间的转化关系,可以深化我们对汉语动词乃至对汉语特性的进一步认识,并为语言之间的相互比较提供基础,为丰富普通语言学理论作出自己的贡献。

---

① 所谓施用操作就是指一些外围格成分如工具、处所等占据宾语的位置使动词搭配的论元增加一个,动词也增加一价(Dixon & Aikhenvald 2000:13, “A peripheral argument is taken into the core, in O function.”)。这有点类似于汉语“写毛笔、听耳机、飞上海”之类的用法。

书目	作者、注者	版本
国语	上海师范学院古籍整理组校点	上海古籍出版社 1998 年版
韩非子新校注	[战国]韩非著,陈奇猷校注	上海古籍出版社 2000 年版
汉书	[后汉]班固	中华书局 1962 年版
淮南子注	刘安编,高诱注	上海书店 1986 年版
老子校释	朱谦之校释	中华书局 1984 年版
吕氏春秋译注	[秦]吕不韦,张双棣等译注	吉林文史出版社 1986 年版
墨子间诂	[清]孙怡让撰,孙启治点校	中华书局 2001 年版
商君书注译	高亨注译	中华书局 1974 年版
十三经注疏	阮元校勘本	中华书局 1980 年版
史记	[汉]司马迁	中华书局 1959 年版
荀子集解	[清]王先谦撰,沈啸寰、王星贤点校	中华书局 1988 年版
战国策	[西汉]刘向集录	上海古籍出版社 1998 年版
庄子集解	[清]郭庆藩撰,王孝鱼点校	中华书局 1961 年版

作格与古汉语“及物”变读*

王月婷

1. 引言

“变读”①是古汉语中十分重要的一种语言现象。前贤早有关注，他们论证变读自古已然，并对变读的规律进行总结(周祖谟,1945；Downer,1959；周法高,1962；王力,1965；潘悟云,1991；黄坤尧,1997；孙玉文,2000；金理新,2006；等等)。近年来,我们借力当代语言学的研究成果,在深入剖析动词变读前后词汇特征的基础上进一步解析变读规则,同时揭示不变读的原因(王月婷,2013ab、2014ab)。既有研究表明：变读是古汉语中客观存在的现象,虽然因衰落以致数量大减,且可能有一些异质的东西混杂其中,但有些规律仍清晰可见。譬如,“及物”系列②变读有如下规则(详参王月婷,2014ab)：

---

* 原载《古汉语研究》2017年第3期,题为“古汉语‘及物’系列变读规则所反映的语言运作模式”;有修订。

① 变读,这里指改变一个词的声调或声母清浊等以滋生新词或改变其语法意义的现象,究竟是构词还是反映语法形态,本文不作严格区分。

② 汉语学界对动词及物性的认识尚存争议,本文采用王力(1943)、李临定(1990)、陆俭明(1991)等的观点,“及物”指动词能带宾语者。

(1)自主、不及物、动作动词[1],变读为带目的地、目标、对象、原因等宾语的及物动词,如"走去声固宫""趋去声利""往去声新邑""号去声申叔展""争去声善",等等。

(2)不自主、不及物、状态动词[2],变读为由当事充当宾语的致使词(义为使宾语具有某种状态),如"败浊母去声-清母去声""坏见母去声-匣母去声""施以母去声-书母去声""妥透母上声绥心母平声",等等。

上述两类用例区分井然,有力证据是:自主、不及物、动作动词,在典籍中或有使动用法(义为使宾语发出某个动作),但从不变读,如"反赵盾""走芒卯""进之""退之",等等[3]。其实,古汉语中的"使动/致使"可细分为三类:①一类跟自主、不及物、动作动词相应,即"反赵盾""走芒卯"等例,该类从无变读;②一类跟不自主、不及物、状态动词相应,如"齐败晋""君施惠"等例,其变读大多涉及声母的清浊交替或是*s-前缀;③一类跟自主、及物、动作动词相应,如"晋侯饮赵盾酒""公食大夫"等例,其变读一般涉及去声。①③义为使宾语发出某个动作,我们称之为"使动";唯②义为使宾语具有某种状态,我们称之为"致使"(以上内容详参王月婷,2013a)。那么,以上变读规则可以告诉我们什么?本文拟就此展开讨论。

① 该类动词表达动作,根据Vendler(1967)、Van Valin(1990)的分析,涉及活动(activity)、成就(accomplishment)和瞬成(achievements),它们的含义都包括了某种程度的动态或随时间而发生的改变。

② 该类动词表达状态(states)并蕴涵了时间上的稳定性,涉及"状态"和"瞬成"。

③ 或认为动作动词"来"有使动变读,实属误解,详参黄坤尧(1997:103—104)。抑或认为动作动词"逸"有对应的使动词"失"(如"王失马"),此说亦可商榷:"王失马"既不是王使马逃逸,也不是王使马丢失,并无使动/致使义。

2. 古汉语“及物”系列变读规则所反映的语言运作模式

众所周知,就总体而言古汉语变读呈衰落之势。再加上汉语源远流长,那么某类动词中有些用例不变读或是出现个别例外变读,实属正常现象。但倘若(1)某类动词表现出某种鲜明的变读倾向,或(2)某类动词从无变读,就必须用规则作出解释。这里将依据古汉语“及物”系列的变读及不变读规则,在深入剖析变读用例的基础上,对相关句法模式、词法(形态)模式等进行探讨。

2.1 “不及物 > 及物”系列变读用例分析

“及物”系列变读,既包括不及物 > 及物(含致使)变读,亦包括及物 > 双及物(含使动)变读。这里重点考察前者(下文 3.1 讨论后者),其用例主要有两类:(1)自主、不及物、动作动词,变读为带目的地、目标、对象、原因等宾语的及物动词;(2)不自主、不及物、状态动词,变读为由致事充当主语、当事充当宾语的致使动词。

(1)自主、不及物、动作动词,在增带目的地、目标、对象、原因等宾语时变读去声

“走”,有上、去两读:上声一读记录不及物的动作,《韩非子·五蠹》:“田中有株,兔走,触株折颈而死。”去声一读带表目的地的处所宾语,《左传·襄公二十三年》:“桓子曰:‘奉君以走固宫。’”《经典释文》(以下简称《释文》):“走:如字,一音奏。”(18/6.21①)这种用法的“走”徐邈亦变读去声。《礼记·曲礼》:“毋践屦,毋踖席,抠衣趋隅必慎唯

① 18/6.21,指第 18 卷、第 6 页、第 21 列。下仿此。

诺。"《释文》:"趋:……本又作'走',徐音奏,又如字。"(11/3.8)徐邈音非为无稽(详参王月婷,2014a),即"徐音奏"是可信的,"如字"只是记录常用音,下文类此。

"**趋**",有平、去两读:平声一读记录不及物的动作,《庄子·胠箧》:"然而巨盗至,则负匮揭箧担囊而趋。"去声一读带目的宾语,《诗·魏风·葛屦》序:"魏地陿隘,其民机巧趋利。"《释文》:"趋:七须反,徐七喻反。"(5/29.10)

"**号**",有平、去两读:平声一读记录不及物的动作,《公羊传·庄公二十四年》:"羔取其执之不鸣,杀之不号,乳必跪而受之,类死义知礼者也。"《释文》:"号:户刀反。"(21/12.10)去声一读带对象宾语。《左传·宣公十二年》:"还无社与司马卯言号申叔展。"注:"还无社,萧大夫;司马卯、申叔展,皆楚大夫也。无社素识叔展,故因卯呼之。"《释文》:"号:徐户到反,一音户刀反,呼也。"(17/3.18)《左传·襄公十九年》:"冬,十一月,齐侯围之,见卫在城上,号之,乃下。"注:"卫下与齐侯语。"《释文》:"号:徐胡报反,召也。一音户刀反。"(18/4.7)

"**争**",有平、去两读:平声一读记录不及物的动作,义为争斗、争讼、争竞。《易·坤卦》:"夫两雄必争,二主必危。"《释文》:"争,争斗之争①。"(2/2.10)去声一读带原因宾语(即"因……而争")。《庄子·德充符》:"子产曰:'子既若是矣,犹与尧争善,计子之德不足以自反邪?'"《释文》:"争:如字②。"(26/17.17)

此外,"往$_{\text{上-去}}$""呼$_{\text{平-去}}$""嗥$_{\text{平-去}}$""来$_{\text{平}}$赉$_{\text{去}}$""居$_{\text{平}}$据$_{\text{去}}$"等更多用

① 《释文》云:"争,责衡反,争斗之争。"(24/3.10)由是知"争斗之争"读平声。平声一读的切语,除了责衡反,还有侧耕反,反映了隋—中唐时期庚、耕两个二等重韵的合流。

② 《释文》云:"争,争斗之争,又如字。"(20/11.12)由是知"争斗之争"与"如字"必不同,前者读平声,则如字读去声。

例可参考金理新(2006)、王月婷(2014b)。笔者所持山东莒县方言中，"奔""超"等位移动词亦有这类及物变读。综合以上所述,可知该类用例具有如下特点:①不及物动词跟及物动词的主语,皆是动作行为的控制者;②及物动词增带宾语;③及物动词变读去声。

(2)不自主、不及物、状态动词,通过清浊交替或是增加 * s-前缀变读为致使词

"败",有並母去声、帮母去声两读:並母去声一读描述不自主、不及物的状态[①],《左传·隐公十一年》:"息师大败而还。"帮母去声一读，记录致使动词,义为"使……败",《公羊传·隐公十年》:"公败宋师于菅。"《释文》:"败:必迈反,凡临佗曰败皆同此音。"(21/4.22)按,"公败$_{清母去声}$宋师"即公使宋师败$_{並母去声}$。

"坏",有匣母去声、见母去声两读:匣母去声一读描述不自主、不及物的状态,《左传·襄公十四年》:"王室之不坏，繄伯舅是赖。"《释文》:"坏:如字。"(17/27.9)或不注音,《论语·阳货》:"君子三年不为礼则礼坏,三年不为乐则乐崩。"见母去声一读,记录致使动词,义为"使……坏",《书·序》:"(鲁共王)坏孔子旧宅以广其居。"《释文》:"坏:音怪,下同。"(3/2.6)按,"坏$_{见母去声}$孔子旧宅"即使孔子旧宅坏$_{匣母去声}$。

"施",有以母去声、书母去声两读[②]:以母去声一读描述不自主、不及物的状态,义为蔓延,《诗·豳风·东山》:"果蠃之实,亦施于宇。"《释文》:"施:羊豉反。"(6/7.14)书母去声一读(带 * s-前缀),记录致

① "晋师败绩"之"败"亦读並母,其句法结构跟"王冕死了父亲"相类,动词后之 NP 并非 V 的宾语。具体讨论参见徐杰(1999,2001),韩景泉(2000),温宾利、陈宗利(2001)等。

② 此外还有书母平声一读,涉及另外的音义关系,暂不讨论。

使动词,义为"使……延",《礼记·杂记下》注:"言齐斩之丧重志,不在施惠于人。"《释文》:"施:始豉反。"(13/11.5)按,"施$_{\text{书母去声}}$惠于人"即使惠延/施$_{\text{以母去声}}$及他人。

"**妥**",透母上声,安也,《诗·小雅·楚茨》:"以为酒食,以享以祀,以妥以侑,以介景福。"传:"妥,安坐也。""**绥**"(古"绥"字作"妥",古金文与卜辞并同),心母平声(带 * s-前缀),致使动词,义为"使……安",《诗·大雅·民劳》:"惠此中国,以绥四方。"笺:"绥,安也。"《诗·小雅·鸳鸯》:"君子万年,福禄绥之。"传:"绥,字也。"

此类涉及清浊交替或是增带 * s-前缀的用例颇多,如"折$_{\text{章母入声－禅母入声}}$""著$_{\text{知母入声－澄母入声}}$""属$_{\text{章母入声－禅母入声}}$""解$_{\text{见母上声－匣母上声}}$""系$_{\text{见母去声－匣母去声}}$"以及"豫－舒""佚－失""燎－烧""落－索",等等(详参潘悟云,1991;金理新,2006)。综合以上所述,可知该类用例具有如下特点:①及物/致使动词的主语是动作行为的控制者,但不及物动词的主语并不能控制动作行为,它跟致使动词的宾语一致,如"公败宋师"即"宋师败";②致使动词由当事充当宾语,增加致事主语;③致使动词的声母或由浊变清或增带 * s-前缀(参见舒志武,1988;梅祖麟,1988;潘悟云,1991;Sagart,1999;金理新,2006)——仅个别例外①。

(3)小结:两类"不及物 > 及物"变读用例的差异

上述两类不及物 > 及物(含致使)变读用例有如下不同:①动作类动词有及物变读;状态类动词有致使变读。②动作类动词与其及物变读配对句中,不及物动词的主语跟及物动词的主语一致;状态类动词与其致使变读配对句中,不及物动词的主语跟致使动词的宾语一致,跟主语不一致。③动作类动词的及物变读是非去声－去声型;状态类动词

① 非典型用例有自己的特色(详下文3.2)。

的致使变读或涉及清－浊交替或增加＊s-前缀。接下来，本文将据此进一步推导它们的句法及形态模式。

2.2 “不及物＞及物”系列变读所呈现的句法模式

原本在类型学派的研究框架中，语言模式涉及形态标记。但古汉语变读是否反映形态尚有争议，故本文先从句法模式着手。探讨句法模式，首先必须弄清楚通用的句法－语义基元（universal semantic-syntactic primitives）。及物动词的底层主语是动作行为的控制者（Agent），底层宾语（Object）是非控制者；而不及物动词的底层主语（Subject）或是动作行为的控制者，或是非控制者。因此，及物动词的主语跟不及物动词的主语不能归并。那么，通用的句法－语义基元应该有三个（详参 Dixon，1979：59-61）：及物动词的底层主语（简称 A）、不及物动词的底层主语（简称 S）、及物动词的底层宾语（简称 O）。

有一些语言，同等对待不及物动词的主语（S）跟及物动词的主语（A），它们有别于及物动词的宾语（O），是为“主格/宾格”（简称宾格）语言，A、S 属主格，O 属宾格。另有一些语言，同等对待不及物动词的主语（S）跟及物动词的宾语（O），它们有别于及物动词的主语（A），是为“作格/通格”（简称作格）语言，A 属作格，S、O 属通格。“同等对待”有多种实现方式，最明显的是格屈折（即形态），此外亦可借助语序等句法机制（以上内容参见 Dixon，1979：59—61；Fillmore，2002：69；Comrie，1989/2010：146—158）。

关于句法机制，Dixon（1979：116）是这么说的：“许多语言拥有从不及物动词或形容词派生及物性致使动词的生产机制（门开了→那个人打开门 The door opened→The man opened the door；墙倒了→我推倒墙 The wall is black→I blackened the wall）。除此之外，还有许多成对的词根通常呈现相同的关系(例如英语中的 fell = make fall, kill = make dead)。这里,不及物句中的 S NP(例如 The tree is falling)跟相应的致使动词的 O NP 相对当(The woodman is felling the tree),这被作为‘作格句法’(ergative syntax)的证据。”相应地,如果不及物句中的 S NP 跟对应的及物结构中的 A NP 相对当,就可以作为“宾格句法”(accusative syntax)的证据。据此,不难得出如下(1)(2)两条:

(1)古汉语里“败”“施”类不自主、不及物、状态动词变读为致使词,变读前后的句法呈现出“作格句法”的特点。如下表所示:

		晋 S	败$_{浊去}$			葛之覃兮 S	施$_{以母}$	于中谷
齐 A	败$_{清去}$	晋 O		公 A	施$_{书母}$	惠 O		于人

“晋$_S$败$_{浊去}$”中的“晋”虽处于主语位置,但并非“败”的控制者,而是“败$_{浊去}$”这种状态的当事,它跟“齐$_A$败$_{清去}$晋$_O$”中的“晋$_O$”一致,而不同于控制动作行为的致事“齐$_A$”。即,不及物句的 S NP 跟相应的致使句的 O NP 相对当。或者说,“晋$_S$败$_{浊去}$”跟“齐$_A$败$_{清去}$晋$_O$”,“败”的都是“晋$_{O/S}$”。是为作格句法。同理,“葛之覃兮(施$_{以母}$于中谷)”中的“葛$_S$”跟“公$_A$施$_{书母}$惠$_O$(于人)”中的“惠$_O$”相对当,皆是“施$_{以母}$”这种状态的当事,而不同于控制动作行为的致事“公$_A$”。亦是不及物句的 S NP 跟相应的致使句的 O NP 相对当的作格句法。

(2)古汉语里“走”“号”“争”类自主、不及物、动作动词变读为及物动词,变读前后的句法呈现出“宾格句法”的特点。如下表所示:

宣子	走$_{上声}$		羔	号$_{平声}$		两雄	必争$_{平声}$	
S			S			S		
宣子	走$_{去声}$	固宫	齐侯	号$_{去声}$	之	子	争$_{去声}$	善
A		O	A		O	A		O

无论是不及物句"宣子$_S$ 走$_{上声}$",还是及物句"宣子$_A$ 走$_{去声}$固宫$_O$",主语"宣子$_{S/A}$"皆是"走"这一动作的发出者,它们不同于表目的地的处所宾语"固宫$_O$"。即,不及物句的 S NP 跟相应的及物句的 A NP 相对当,是为"宾格句法"。同理,"羔$_S$ 号$_{平声}$"中的主语"羔$_S$"跟"齐侯$_A$ 号$_{去声}$之$_O$"中的主语"齐侯$_A$",皆是"号"这一动作的发出者,它们不同于对象宾语"之$_O$"。"两雄$_S$ 必争$_{平声}$"中的主语"两雄$_S$"跟"子$_A$ 争$_{去声}$善$_O$"中的主语"子$_A$"皆是"争"这一动作的发出者,而不同于原因宾语"善$_O$"。上述皆是不及物句的 S NP 跟相应的及物句的 A NP 相对当的宾格句法。

需要注意,以上变读的及物动词,其宾语皆非受事/结果,而是目的地、目标、对象、原因之类①。按照 Fillmore(2002:18)的观点,应该称之为"宾格变体"。不过,这并不影响"宾格句法"的认定。Comrie(2010:130)早就指出:"用任意的标签 A 和 P(P 即本文的 O)而不实际用施事和受事的好处在于,即使当我们超出典型的及物情形而涉及语言里形态和句法相类似的其他结构时,我们可以继续使用这两个任意符号。"也就是说,即使所涉及物结构是非典型的,仍可以继续使用 A、O/P 标签。那么,对于上述及物变读用例而言,仍然是不及物句中的 S NP 跟相应的及物动词的 A NP 相对当而不同于 O/P NP,仍然可以称之为宾格句法。既然如此,为行文方便,本文亦直接以"宾格"称呼"宾格变

① 有些用例使用久了,或误以为其宾语表受事。其实,古汉语中动词的受事/结果,在句法结构中或隐或现,从不牵涉变读,相关用例可据胡敕瑞(2005,2009)考之。

体”,除非有特殊需要。

(3)关于“反赵盾”“走芒卯”“进之”“退之”等用例的讨论

上文提到,古汉语中“走”“号”“争”类自主、不及物、动作动词变读为及物动词,变读前后表现出“宾格句法”的特点;“败”“施”类不自主、不及物、状态动词变读为致使词,变读前后表现出“作格句法”的特点。现在的问题是:同为自主、不及物、动作动词的“走”“反”“进”“退”等用例有不变读的使动用法,究竟该怎么看?

正如 Dixon(1979:118)所言:“causative 在某种意义上是一种较为普遍的及物化过程,究竟是 S = A 还是 S = O,取决于动词的语义。”意思是说,即使含有“CAUSE”义,也有宾格模式、作格模式两种可能。下文 3.1 将会论证,“晋侯饮赵盾酒”这类用例,虽然含有“CAUSE”义,但从变读系统来看,是被当作普通及物处理的,即 S = A,是为宾格模式,宾语“赵盾”被当作与事论元。

至于“反赵盾”“走芒卯”“进之”“退之”等用例,格外引人注目的是它们从不变读。为什么不变读?因为不合规则!上文曾提到,古汉语变读研究表明:自主、不及物、动作动词朝及物动词变读;不自主、不及物、状态动词朝致使词变读。“反赵盾”“走芒卯”“进之”“退之”类用例,却是自主、不及物、动作动词发展为使动词,打破了原有的规则。可以推测,正是因为不合规则,所以该类用例从不变读。它们大概是一些例外用法——很可能是后起的。那么,大致可以这么说:着眼于变读系统,“反”“走”“进”“退”等用例作为自主、不及物、动作动词,其使动用法从不变读,这种使动跟变读系统中的致使变读不能等量齐观。

2.3 “不及物 > 及物”系列变读所呈现的形态模式

根据类型学的研究,就世界语言来看,所有呈现句法作格的语言都拥有一些形态(即格屈折)。古汉语既然也是语言,那么也就不能例外。其实它兼具作格、宾格两种形态,下面试证之。

形态,亦即词形变化,它通常是较迟的语法规则(a late rule of the grammar),应用于所有句法操作完成之后的表层结构。Fillmore(1968)、Comrie(1989)、Dixon(1979)等的研究表明:在作格/通格对立的语言里,作格(及物动词的主语 A)通常是标记项;在主格/宾格对立的语言里,宾格(及物动词的宾语 O)通常是标记项。格的形态标记,既可以通过名词的格屈折实现,即标记于从属成分①;也可以互指(cross-reference)②于动词,即标记于核心成分(Dixon,1979;戴庆厦、汪锋,2014:162)。

据此可以推测:古汉语中变读前后按作格句法模式运作的"败""施"类用例,其清声母一读及其他带 * s-前缀的读音很可能含有作格标记,即作格的格屈折互指于动词;而变读前后按宾格句法模式运作的"走""号""争"类用例,其去声一读很可能含有宾格标记,即宾格的格屈折互指于动词。去声,或假设来源于 * -s 后缀(Haudricourt,1954);而清浊交替中的清声母,很可能跟原始藏缅语一样原本带 * s-前缀(孙宏开,1998;戴庆厦,2001;梅祖麟,2008 等)。倘若果真如此,那么古汉语"不及物 - 及物"系列的变读当如下表所示:

① 就动词跟论元而言,动词是核心成分,论元是从属成分(参见 Nichols,1986)。

② cross-reference,或译作"互相参照"(参考戴庆厦、汪锋,2014)。

不自主、不及物、状态动词		自主、不及物、动作动词
晋　败$_{\text{浊}}$ S　V	葛之覃兮施$_{\text{以母}}$于中谷 S　V	某人　走$_{\text{上声}}$ S　V
齐＊s-败$_{\text{清}}$晋 A　V　O	公＊s-施惠于人 A　V O	某人　走$_{\text{去声}}$＊-s 固宫 A　V　O

左栏:S 跟 O 一致,而不同于 A,是为作格模式;A 的作格标记＊s-互指于动词,导致动词变读为清声母或其他带＊s-前缀的声母。右栏:S 跟 A 一致,而不同于 O,是为宾格模式;O 的宾格标记＊-s 互指于动词,导致动词变读为去声。

此说是否正确?通常的看法是:左栏用例之变读是动词的致使标记;右栏用例之变读是动词的及物标记。首先,这跟我们的作格、宾格标记说并不矛盾,"致使"跟"作格""及物"跟"宾格",都是表示名词(或代词)跟动词的句法关系,只是着眼于动词还是着眼于名词的问题;其次,就古汉语变读用例来看,恐怕"作格""宾格"说更妥贴些。譬如:(1)如果说清浊交替及＊s-前缀表致使,为什么同样表致使的"反赵盾""晋侯饮赵盾酒"不如此变读?(2)为什么"(射雉)一矢亡＊mǎŋ:(王亥)丧＊smǎŋs 羊于易""书佚＊lǐt[①]:王失＊sljǐt 马"诸例,无致使义却变读出带＊s-前缀的声母?(3)如果说变读去声表及物,为什么动词带受事宾语这种典型的及物结构却从无变读?但如果从"作格""宾格"的角度就可以很好地解释:(1)上文 2.2 中提到,"反"以及"饮"都不是作格运作模式("饮"类用例下文 3.1 有详细讨论),故无清浊交替及增带＊s-前缀类变读。(2)不及物结构"矢$_{S}$ 亡""书$_{S}$ 佚"的主语 S,跟及物结构"(王亥$_{A}$)丧羊$_{O}$""王$_{A}$ 失马$_{O}$"的宾语 O 一致(皆是"亡、

---

① ＊lǐt,取潘悟云(1991:61)拟音。

佚”的当事),而不同于及物结构的蒙事主语 A,是为作格句法;作格 A 是标记项,其标记 * s-互指于动词,所以“丧”“失”皆带 * s-前缀。(3)就变读系统来看,“V + 受事/结果”不变读,“V + 目的地、目标、对象、原因”才变读,就表层形式而言即用变读标记宾语的非受事类型(下文 2.4 还会提及)。

其实,形态标记于名词(或代词)、动词都是可以的,因为它表示名词(或代词)跟动词的句法关系;而名词的标记移至动词,也并非不常见。Nichols(1986)指出:“如果任何介词或形态词缀移动,那么它们将从从属词成分移到核心词成分,反之不亦然。一个例子是,英语不定式标记 to 附着在主要动词上变成 wanna,gonna,oughta 等。另一个例子是英语中分裂不定式的发展,即不定式标记 to 与不定式分开,越过前置的不定式的修饰成分,并移到核心词上。如:I hope to really understand your paper this time(我希望这次真的明白你的论文)。再一个是名词介词频繁地变为动词词缀。”标记从从属成分移至核心成分的例子在现代汉语方言中也可以看到。笔者所持山东莒县方言,“你把东西放在那儿”可以省略介词说成“你把东西放那儿”,不过此时“放”音拖长(更多用例可参考于克仁,1992;张鸿魁,1990;艾红娟,2012);动词“放”的音之所以拖长,是因为它吸附了介词“在”弱化脱落后的音段成分,即标记从从属成分(“那儿”)移至核心成分(“放”)。

照此看来,古汉语变读系统中作格、宾格的标记互指于动词实在不足为怪,古汉语兼具作格、宾格两种形态模式基本是可以肯定的,是为“分裂作格”(split ergative):不自主、不及物、状态动词,采用作格模式;自主、不及物、动作动词,采用宾格模式。后者动词若采用前者模式,即自主不及物的动作动词若采用使动句法,则不变读(如“反赵盾”“走芒卯”等)。这说明,古汉语中两种运作模式客观存在且区分清楚。那么,导致两种模式分裂的因素是什么,分裂的具体表现又是怎样的? 下文3将作专门讨论。接下来继续探讨作格/通格、主格/宾格两种模式在形态表现上的一些共性。

2.4 古汉语变读系统中作格、宾格模式的形态共性

以上从变读入手,论证了:古汉语变读系统中,涉及清浊交替或是 * s-前缀的状态不及物动词的变读,实按作格/通格模式运作,作格(这里即致事主语)是标记项,其标记互指于动词;而动作不及物动词的去声变读,实按主格/宾格模式运作,宾格(这里即非受事宾语)是标记项,其标记亦互指于动词。清声母可能含 * s-前缀,去声可能来源于 * -s,若此说成立,则如上文2.3中的表所示。这两种形态模式具有一些共性:

先看动作不及物动词(以“走$_{\text{上声}}$”为例),其核心论元只有“施事”(如“兔走$_{\text{上声}}$”)。跟它配对的“及物”结构,动词后增加目的地、对象、因事等非核心成分,这些非核心成分占据了“受事”这个核心论元的常规位置(如“走固宫”),即宾语位置上的不是宾格而是宾格变体,故标记之——该标记互指于动词,是为“走$_{\text{去声}}$固宫”。至于状态不及物动词(以“败$_{\text{浊}}$”为例),它只有“当事”一个核心论元,在深层结构中紧跟动词之后,在表层结构中或移至主语位置(如“晋败$_{\text{浊}}$”)。跟它配对的“及物/致使”结构(如“齐败晋”),新增“致事”充当主语,即非核心成分“致事”占据了“当事”这个核心论元的位置,从而把“当事”挤回动词后。就“当事”来说,回到原始位置,无需标记;就“致事”来说,它这个非核心成分挤占了“当事”这个核心论元的位置,故标记之——该标记互指于动词,是为“齐败$_{\text{清}}$晋”。

由以上分析可知,这两种形态模式的共性为:非核心成分占据核心

论元的位置(即"提升"),故标记之;该标记互指于动词,导致动词变读。如果确实是清声母含 * s-前缀、去声来源于 * -s,则可以说被"提升"的非核心成分皆用" * s"标记,该标记跟动词变读的关系即(可参见2.3中的表):"宾格$_{变体}$"位于动词后,故其标记 * s 后附于动词,导致动词变读去声;"作格"位于动词前,故其标记 * s 前附于动词,导致动词变读清声母(或直接表现为增加 * s-前缀)。这一问题还有以下几点需要交代:

第一,跟" * s"这个"提升"标记形成对比的是介词"于/於"这个"非核心成分"标记[①],即"吾语$_{去声}$女"跟"言于其众"的区别:同是与事,前者"女"占据受事宾语的常规位置变读去声;后者"其众"则通过"于"介引,从而占据补语位置。关于该问题的更多内容,我们另有专文讨论。

第二,两种模式皆是作格、宾格之外的其他格无标记,以致某些用例无变读。即作格/通格模式中,只有作格是标记项,其他格无标记;主格/宾格模式中,只有宾格是标记项,其他格无标记。也就是说,无论哪种模式,不及物句都没有格标记。那么,如果一个不及物动词,由于某种原因而没有及物/致使配对句,也就不可能有相关变读。譬如:无界位移动词"进""退"虽记录动作,但其语义特征决定了它们没有及物用法,因此也就没有及物变读(参考王月婷 2013b);"薨""崩"记录人的自然死亡状态,因为不承受外力,所以没有致使用法,也就没有致使变读。

此外,由施事主语、受事宾语(皆是核心论元)构成的及物句(如

① 杉田泰史(1998)指出"于/於"字是名词短语的间接格标记,董秀芳(2006)则认为"于/於"是非受事成分的标记。鉴于"当事"属间接格但并不用"于/於"标记、"与事"是非受事成分但有些用例从不用"于/於"标记,本文修订为非核心成分的标记。

“赵盾饮酒”),也不涉及格标记。以上不变读现象,在据变读以判定具体用例的作格、宾格归属时需格外注意。接下来即讨论古汉语变读系统中导致作格、宾格分裂的因素以及具体用例的归属。

3. 分裂作格

Dixon(1979,1994)、DeLancey(1981)、Croft(2002)等都谈到了分裂作格的问题。Dixon(1979:59、79)说:“如果某一种语言的一些形态表现出了作格/通格模式,另一些形态表现出了主格/宾格的词形变化,那么是什么因素造成了这种分裂?有三种基本的因素:主要动词的语义性质,核心名词短语的语义性质,以及小句的时体。”那么,古汉语变读系统中的作格/通格、主格/宾格模式又是按什么条件分裂的?

3.1 古汉语“分裂作格”的语义基础

要探讨这个问题,必须对不及物乃至及物动词的变读情况有一个较全面的了解。就古汉语“不及物 > 及物”变读用例来看:动作不及物动词增带非受事宾语,变读去声;状态不及物动词增带致事主语,由浊变清或是增带 * s-前缀。前者按主格/宾格模式运作,后者按作格/通格模式运作,两种模式明显按动作、状态(即动词的词汇体范畴)分裂。事实果真如此?不妨借“及物 > 双及物”变读考证之。

典型的及物动词,拥有施事主语、受事宾语两个核心论元(如“群臣饮酒”),跟“不及物 > 及物”变读中的两类原始词及其变读形式皆不同,呈三足鼎立的局面。这种及物动词,或有减元变读,涉及完成体

(或过去时)标记[1],本文不作讨论;或有增元变读,大致有以下几类用例:(1)“语$_{\text{疑母上声-疑母去声}}$”“说$_{\text{书母入声-书母去声}}$”“分$_{\text{非母平声-非母去声}}$”等,如“子不语$_{\text{上声}}$怪力乱神-吾语$_{\text{去声}}$女礼”;(2)“受授”“学斅”“貣贷”“买卖”等,如“东土受$_{\text{上声}}$年-帝受(授)$_{\text{去声}}$我佑”;(3)“饮$_{\text{影母上声-影母去声}}$”“食$_{\text{船母入声-邪母去声}}$”[2]“观$_{\text{见母平声-见母去声}}$”“视$_{\text{禅母上声}}$示$_{\text{船母去声}}$”[3]等,如“群臣饮$_{\text{上声}}$酒-晋侯饮$_{\text{去声}}$赵盾酒”。

那么,及物动词的增元变读按哪种模式运作?先看上述三组用例的共同特点:①原始词是有两个核心论元的典型及物动词;②变读时动词后增加表人论元;③变读去声。第(1)组用例,变读前后皆带有的直接宾语忽略不计,其他论元即及物句的主语、双及物句的主语、双及物句的新增宾语,分别用S'、A'、O标记。经对比发现,该类用例跟按主格/宾格模式运作的“不及物>及物”变读用例(即“走、趋、号、争”等)相类:变读前后主语皆是施事;变读去声;新增与事。据此推断:该类用例亦按主格/宾格模式运作;用去声标记近宾位置新增加的与事(与事挤占了受事的位置);该标记互指于动词。如下表所示:

子	不语$_{\text{上声}}$		怪力乱神	宣子	走$_{\text{上声}}$	
S'				S		
吾	语$_{\text{去声}}$	*-s 女	礼	宣子	走$_{\text{去声}}$	*-s 固宫
A'		O'		A		O

① 至于“败、坏”类用例,我们的观点是:清声母一读含有作格标记,浊声母一读含有完成体标记,它们的基式有同一个不稳定的动词编码(另有专文讨论)。这跟藏语致使词带 s-前缀、非致使词带 ɦ-前缀相一致。

② 据金理新(2006:500,2012:381),上古汉语“食”的两读为入、去之别。

③ 据金理新(2006:500,2012:396),上古汉语“视”“示”读音为上、去之别。

至于第(2)(3)组用例,普遍认为有使动义①。但正如Dixon(1979:118)所言:“causative 在某种意义上是一种较为普遍的及物化过程,究竟是S = A 还是 S = O,取决于动词的语义。”就“群臣饮$_{\text{上声}}$酒－晋侯饮$_{\text{去声}}$赵盾酒”而言,有$S' = A'$、$S' = O'$两种可能(变读前后皆具的直接宾语忽略不计),即如下表所示:

第一种可能的模式:作格/通格模式				第二种可能的模式:主格/宾格模式			
群臣	饮		酒	**群臣**	饮		酒
S'				S'			
晋侯	饮	**赵盾**	酒	**晋侯**	饮	赵盾	酒
A'		O'		A'		O'	

左栏是第一种可能的模式:及物句的主语“群臣”(S')跟双及物句的宾语“赵盾”(O'),皆是“饮”这一动作的真正发出者,即可以理解为$S' = O'$,是为作格/通格模式,此时通常作格A是标记项。右栏是第二种可能的模式:及物句的主语“群臣”(S')跟双及物句的主语“晋侯”(A'),皆是“饮”这一动作的控制者(“赵盾”是受控制者),即可以理解为$S' = A'$,是为主格/宾格模式,此时通常宾格O是标记项。那么,在古汉语变读系统中究竟采用哪种模式?

上文提到,古汉语中该类用例变读去声。即跟“走”类、“语”类用例的变读方式一致。那么,最合理的解释应该是:该类用例亦跟它们一样,按主格/宾格模式运作,即上表第二种模式,此时双及物句的近宾被理解为与事(属新增论元)。其运作模式可解析如下:及物句的主语(“某人”S')跟双及物句的主语(“晋侯”A')一致(皆是动作行为的控制

---

① 梅祖麟(1980)认为第(2)组是内向动词变读为外向动词。其实,“内外说”跟“使动说”只是着眼点不同:内外说把原始词跟变读形式看作不同的词;使动说把变读者看作原始词的使动形式。

者),双及物句的新增宾语(“赵盾”O')另属一类(是受别人控制的与事,挤占了受事的位置),用去声标记之,该标记又互指于动词,导致“饮”由上声变读去声。如下表所示:

主格/宾格模式			
某人 S'	饮$_{上声}$		酒
晋侯 A' ——控制者	饮$_{去声}$	* -s 赵盾 O' ——受控制者	酒

(用 * -s 标记占据受事位置的与事“赵盾”, * -s 互指于“饮”,导致“饮”由上声变读去声)

上述及物动词(原始词)皆表动作行为,其增元变读按主格/宾格模式运作。这跟不及物 > 及物变读呈现的分裂规则一致,即动作动词按主格/宾格模式运作,状态动词按作格/通格模式运作。据此推断:古汉语变读系统按动词的语义表动作还是表状态(即动词的词汇体范畴)实现作格/通格、主格/宾格两种模式的分裂——前者以作格为标记项,表现为动词的清 - 浊交替或增加 * s-前缀;后者以宾格为标记项,表现为动词的去声变读。如下表所示:

	原始词	变读形式
作格/通格模式:状态动词	不及物、不自主、状态动词: 晋败$_{浊}$ 葛之覃兮施$_{以母}$于中谷	增带致事主语的致使词: **齐**败$_{清}$晋 **公**施$_{书母}$惠于人
主格/宾格模式:动作动词	不及物、自主、动作动词: 兔走$_{上声}$	增带非受事宾语的及物动词: 走$_{去声}$**固宫**
	及物、自主、动作动词: 某人饮$_{上声}$酒 东土受$_{上声}$年 子不语$_{上声}$怪力乱神	增带非受事宾语的双及物动词: 晋侯饮$_{去声}$**赵盾**酒 帝受(授)$_{去声}$**我**佑 吾语$_{去声}$**女**礼

以上是据变读得出的结论,且就语言的运作模式而言(不同于后来的动词归类)。那么还有两个问题:古汉语中动作、状态的分野是否干净利落?古汉语中不涉及变读的用例是否也可以按动作、状态区分为宾格、作格?即具体用例究竟该如何归类。

3.2 相关用例的归类

上文着眼于变读,提出就变读系统来看,古汉语按动词的词汇体范畴分裂为作格/通格、主格/宾格两种运作模式,作格、宾格是标记项。接下来,则需要给具体用例归类。这里仅讨论处于动词链两端的典型的动作动词、状态动词,以及虽非典型但变读表现鲜明的那些用例。

之所以如此,是因为具体用例的归类实在是一项大工程,绝非一篇文章所能涵盖的。而那些既不典型又无变读的用例,其归类需要好好讨论。譬如"既破我斧－国破家亡"的"破",没有变读参照,很难判定它原本是不及物动词还是及物动词。窃以为,古汉语动词归类应注意以下几点:(1)不能无视变读提供的信息。(2)语言中除了作格/通格、主格/宾格,也可以有其他模式,譬如施方/受方模式等。(3)同一动词在不同语言中可有不同归类,在同一语言的不同时代也可有不同归类。(4)"CAUSE"不是判定作格/通格模式的充分条件。本文开头即指出,古汉语的"使动/致使"有三个小类:"齐败帮母晋"类;"晋侯饮去声赵盾酒"类;"反赵盾"类。只有第一类才是作格/通格模式,第二类实是主格/宾格模式,第三类是自主、不及物、动作动词的特殊用法,跟变读系统的致使/使动变读不能等量齐观。

既知如此,先看不涉及变读的典型的动作、状态动词的归类。上文提及的"反""进""退"诸例表动作,虽有不变读的使动用法,但其词汇特征跟按主格/宾格模式运作的“走”“奔”等例一致，且其没有及物变读是可以解释的（参见王月婷 2013b），故应当把它跟“走”类用例归为一类，或称非作格动词。而“崩”“薨”诸例，记录人的自然死亡状态，没有致使变读也是可以解释的（无外力因而无致事），且词汇特征跟按作格/通格模式运作的状态动词一致，这二者应该归为一类。典型的动作、状态动词的归类应该是清晰的。

在状态－动作这一动词链的中间，有一些非典型用例，其运作模式颇具特点。下面即结合变读，考察情感动词、形容词、位移动词三个小类的运作模式。

（1）古汉语情感动词的变读模式

在现代汉语作格动词的研究中，心理动词的归属始终是一个难题。本文以变读为依据考察古汉语中的情感动词，发现：无论就句法还是就词法而言，绝大多数情感动词表现为主格/宾格模式。

“喜”，有上（如字）、去两读。上声记录不及物动词，有快乐、喜悦义。《诗·豳风·七月》：“田畯至喜。”《释文》：“喜：王申毛如字。”（6/5.10）去声记录及物动词，义为爱好，此由“因……而喜”发展来。《庄子·说剑》：“昔赵文王喜剑。”《释文》：“喜：许记[①]反。”（28/23.3）

“乐”，来母入声记录不及物动词，义为喜悦、安乐。《论语·学而》：“有朋自远方来，不亦乐乎？”《释文》：“乐：音洛。”（13/3.14）疑母去声记录及物动词，义为喜好，此由“因……而乐”发展来。《汉书·靖王刘胜传》：“胜为人乐酒好内。”师古曰：“好内，躭于妻妾也。乐音五教反。”

“恐”，有上、去两读。上声记录不及物动词，《尔雅·释诂下》：

① “记”，《释文》作“纪”，据黄焯汇校改（1980:243）。

"恐,惧也。"《诗·小雅·小旻》:"战战兢兢,如临深渊,如履薄冰。"传:"战战,恐也。兢兢,戒也。"《释文》:"恐:邱勇反。"(6/22.15)去声记录及物动词,即"因……而恐"。《庄子·胠箧》:"唯恐缄縢扃鐍之不固也。"《释文》:"恐:丘用反。"(27/5.2)此二读《集韵》亦分辨清楚,丘勇切:"恐,《说文》'惧也'。"欺用切:"恐,欺用切,疑也。"

以上皆是及物变读用例,且《释文》中未见因致使而变读的情感动词。这些用例,其不及物动词的主语(S)跟及物动词的主语(A)一致,皆是有感知的生命体,及物动词的宾语(O)则是引发情感的刺激物。即S跟A一致而不同于O,是主格/宾格的句法运作方式。其中,表刺激物的宾语O用"去声/*-s后缀"标记且互指于动词。这跟自主不及物动作动词的情况一致。那么,据以上所述可以推定,古汉语的情感动词无论句法还是词法,皆按主格/宾格模式运作。

(2)古汉语形容词的变读模式

形容词处于动词链的中间地带,有一些特殊表现:像状态动词那样采用作格/通格的句法运作模式,但在词法上却像动作动词那样用"去声/*-s后缀"标记宾格。

形容词充当谓语时相当于不及物动词,其主语(S)无论是生命体还是非生命体,皆不是形容词所描述的性状的控制者;变读去声时,或有致使义,或仅仅是普通的及物动词,但其主语(A)皆是能控制动作行为的生命体。即不及物句的主语(S)跟及物句的主语(A)不一致,是为作格/通格句法。但及物(含致使)结构中,形容词变读去声,这跟主格/宾格模式一致。也就是说,古汉语变读系统中的形容词,按作格/通格的句法模式运作,但词法上的标记项却是宾格。这种混合状态大概是形容词的中间地位所导致的。下面分三个小类考察其用例。

①好恶类

“好”“恶”本为非去声的形容词，一般认为变读去声时带对象宾语。其实它们跟情感动词有几分相似：反映心理的变化（譬如“好$_{去声}$之”即以之为好$_{上声}$、“恶$_{去声}$之”即以之为恶$_{入声}$）；不能理解为致使（“乐之”“恐之”属因动，“好之”“恶之”可以理解为意动）。二者不同的是：情感动词无论及物还是不及物，其主语都是有感知的生命体，即S跟A一致，属主格/宾格的句法模式；而形容词“好$_{上声}$”“恶$_{入声}$”，其主语（S）可以是非生命体，但及物性的“好$_{去声}$”“恶$_{去声}$”，其主语（A）必须是生命体，即跟S一致的是及物动词的宾语（O），此为作格/通格的句法模式。可是就变读来看，又跟情感动词一样用“去声/＊-s后缀”标记宾格且互指于动词。

②远近类

该类用例的变读，跟“先”“后”“上”①“下”“左”“右”等方位名词相类：原始词读非去声，充当谓语时其主语（S）可以是非生命体；变读去声时带目的地宾语（不能理解为致使），其主语（A）为生命体、宾语（O）为非生命体。即S跟O一致，属作格/通格的句法模式。但就变读来看，亦是用“去声/＊-s后缀”标记宾格且互指于动词。举“远”及“先、后”例如下：

“远”，有云母上声、云母去声两读。上声一读记录形容词，指时间、空间距离大。去声一读记录动词，义为远离（偶有“使……远”“以……为远”义，盖为引申）。《诗·卫风·簟簟竹竿》：“女子有行，远兄弟父母。”《释文》：“远：于万反。”（5/20.2）《礼记·郊特牲》：“不知神之所在于彼乎？于此乎？或诸远人乎？”疏：“或诸远人乎者，诸是语

---

① “上”的变读涉及逆构，由去声变读为非去声。

辞，其神灵或远离于人，不在庙。”《释文》：“远：徐于万反。”（12/13.4）《论语·学而》：“恭近于礼，远耻辱也。”注：“恭不合礼，非礼也，以其能远耻辱，故曰近礼也。”《释文》：“远：于万反。”（24/2.6）《论语·雍也》：“敬鬼神而远之，可谓知矣。”注：“包曰：‘敬鬼神而不黩。’”疏：“恭敬鬼神而疏远之，不亵黩。能行如此，可谓为知矣。”《释文》：“远：于万反。”（24/7.5）

方位名词的变读类此，具体可参考周法高（1962），这里以“**先**”“**后**”为例予以说明。“先”，有心母平声、心母去声两读。平声一读为对后之称；去声一读记录动词，有“先于……”“在……之前”义。“后”，有匣母上声、匣母去声两读。上声一读为对先之称；去声一读记录动词，有“后于……”“在……之后”义。《易·干》：“其吉凶先天而天弗违，后天而奉天时。”《释文》：“先：悉荐反。后：胡豆反。”（2/2.6）《周易·蛊卦》：“蛊，元亨，利涉大川，先甲三日，后甲三日。”《释文》：“先：息荐反。后：胡豆反。彖并注同。”（2/7.18）《左传·序》：“左丘明受经于仲尼，以为经者不刊之书也，故传：或先经以始事，或后经以终义。”《释文》：“先：悉荐反。后：户豆反。”（15/1.10）《礼记·玉藻》：“凡食果实者，后君子。”注：“阴阳所成，非人事也。”“火孰者，先君子。”注：“备火齐不得也。”疏：“‘凡食果实者后君子’者，果实是阴阳所成，非关人事，故不得先尝也。‘火孰者先君子’者，火孰和调是人之所为，恐和齐不备，故先于君子而尝之。”由注疏可知，“后君子”是后于君子；“先君子”是先于君子。《释文》：“后：胡豆反。先：悉荐反。”

③空善类

该类用例最多，“空”“善缮”“昭照”“足”等皆是（详参周法高，1962），其特点是：原始词读非去声，描述性质；变读去声时带致使宾语（或称之为致使动词），即 S 跟 O 一致，属作格/通格的句法模式；但就变读来看，仍是用“去声/＊-s后缀”标记宾格且互指于动词。

“空”，有溪母平声、溪母去声两读。平声一读记录形容词，义为虚也。《诗·小雅·大东》：“小东大东，杼柚其空。”去声一读义为“使……空”。《诗·小雅·节南山》：“不宜空我师。”《释文》：“空：苦贡反，注同，穷也。”

“善”，禅母上声，良也。《论语·八佾》：“子谓《韶》‘尽美矣，以尽善也’。”**“缮”**，禅母去声，义为“使……善”。《左传·隐元》：“缮甲兵，具卒乘。”“缮甲兵”即使甲兵善。

相比其他两个小类，该类形容词跟状态动词最为接近——都有致使句法。但二者的运作模式很不同：状态动词无论在句法上还是在词法上皆按作格/通格模式运作，致使变读表现为清浊交替或是声母增加＊s-前缀[①]，即居于动词之前的A NP的作格标记互指于动词；而“空”“善”类形容词，在句法上虽按作格/通格模式运作，但致使变读表现为“去声/＊-s后缀”，即居于动词之后的O NP的宾格标记互指于动词，这是主格/宾格的模式。上文提到，这种作格/通格句法、主格/宾格词法的混合状态，可能是由形容词的中间地位导致的。而这一状态，有可能影响到个别状态动词，譬如“沈”“漂”——其致使词皆变读去声。至于“高、广、深、长”等形容词，它们涉及名物化变读（王月婷，2012），跟本文主旨无关，暂不讨论。

（3）古汉语位移动词的变读模式

位移动词可据“界性”区分为无界、有界两类[②]。无界位移动词，皆是不及物的，符合一定条件则变读去声成为带目的地（也是处所）宾语

① 仅“沈”“漂”等个别例外用例。

② 这里的“界性”就位移动词的情状类型（situation type）而言，跟运动背景“起点”（source）、途经（介质[medium]、界标[milestone]）、终点（goal）相联系。

的及物动词（如“往”“走”“趋”等），按主格/宾格模式运作（详参上文或王月婷，2013b）。有界位移动词，分持续性和瞬间性两类。持续性动词有完成体变读（如“过”），这跟“治”相类，或称之为作格化，本文暂不讨论。瞬间性动词有其特殊性：可以表示短暂性、一次性的动作，但更多的是表示动作的结果。当表动作时，相当于准及物动词、有使动变读，用例如“**出**昌母入声其东门：**出**彻母入声/**黜**其君”“**来入**门：勿**纳**诸侯”“**至：致**币”等，或认为它们属施方/受方模式，我们另文讨论。当表动作结果时，相当于状态不及物动词或是形容词，此时有相应的致使用法，但其变读却有分化：或是增带＊s-前缀（如“离”“逾输”），或是增带＊-s后缀（如“去”“出”）。

①致使动词增带＊s-前缀

“**离**”，本义为去，离界位移动词[①]。杨树达（1983）指出“离”“洒”同源。《墨子·兼爱中》：“洒为九浍。”孙诒让间诂：“洒、釃同，分也，见《汉书·沟洫志》。”《汉书·沟洫志》：“釃二渠以引其河。”注：“分也。”“釃二渠”不是使二渠发出“离”这一动作，而是使二渠分开（即使二渠具有分离这种状态），这是跟结果相应的致使动词，音所绮切（生母上声）。

“**逾/输**”，以母平声，逾界位移动词。《左传·襄公二十五年》：“公逾墙。”过界则动作完成，用“于”介引表终点的处所宾语。《左传·哀公十六年》：“逾于北方（而坠折股）。”跟这个表动作完成的“逾”相应的致使动词是“**输**书母平声”。《左传·僖公十三年》：“秦于是乎输粟于晋。”“输粟”不是使粟发出“逾”这一动作，而是使粟“到达/逾于”某处（即重在“逾”的结果），这是跟结果相应的致使动词。

---

① 《释文》中它有来母平声、去声两读，惜这两读的音义关系不明。

以上二例,或变读为生母、或变读为书母,皆含 * s-前缀,跟上文提及的“败、坏、施”等的致使变读一致。

②致使动词增带 * -s 后缀

逾界位移动词“**出**”,原始词读昌母入声,兼表动作(如“出其东门”)、动作的完成(指既已出来这种状态,如“出于五鹿”)。跟“动作”相应的是使动词,读彻母入声(字或作“黜”),这里不讨论。跟“动作的完成”相应的是致使词,读昌母去声。《左传·襄公九年》:“使皇郧命校正出马、工正出车。”(17/21.18)“工正出车”不是使车发出“出”这一动作,而使之具有“出来”这一结果。《释文》:“出:如字,徐尺遂反,下同。”

也有逆构用例,即原始词读去声、致使动词变读上声,如离界动词“**去**”:原始词即读去声,兼表动作(义为“离开”)、动作的完成(义为“失去”)。有致使动词跟“动作的完成”相应,通过逆构变读上声。《左传·庄公三年》注:“溺,鲁大夫,疾其专命而行,故去氏。”“去氏”不是使氏发出“去”这一动作,而是去掉氏,即使“氏”具有“失去”这一结果。《释文》:“去:起吕反。”(15/13.13)

或增带 * s-前缀,或增带 * -s 后缀,这或许并不意外。因为有界位移动作的完成,即相当于状态动词或是形容词,因此其变读或是跟状态动词一致(致使词增带 * s-前缀),或是跟形容词一致(致使词增带 * -s 后缀)。由上亦可见位移动词的复杂性:无界位移动词相当于动作动词;有界位移动词表动作时,相当于及物动词;表结果时,相当于状态动词或是形容词,故或像状态动词那样按作格/通格模式运作,或像形容词那样呈现混合状态。

4. 结论

变读是古汉语客观存在的语言现象,研究古汉语不应无视变读所提供的信息,毕竟语言中语音—句法—语义三位一体。本文着眼于变读,借力当代语言学的研究成果,探讨古汉语"及物"系列变读规则所反映的运作模式,得出以下结论:

古汉语的不及物 > 及物变读,既有作格/通格模式,也有主格/宾格模式,呈分裂状态,是为"分裂作格"。具体表现是:动词链一端的不自主、不及物、状态动词,按作格/通格模式运作,作格是标记项,其标记互指于动词,导致动词变读清声母或增带其他 * s-前缀;动词链另一端的自主、不及物、动作动词,按主格/宾格模式运作,宾格是标记项,其标记互指于动词,导致动词变读去声。

及物 > 双及物变读有三个小类:"语"类;"受授"类;"饮"类。其共同特点是:变读去声;动词后增加表人论元。"语"类用例新增加与事论元、变读去声,很明显按主格/宾格模式运作。后两类用例虽含"CAUSE"义,但"CAUSE"并非判定作格的充分条件,根据及物句、双及物句的主语皆是动作行为的控制者及双及物句变读去声,可以推知动词后的表人论元是标记项。那么,它们同"语"类用例一样,亦按主格/宾格模式运作。

综合不及物 > 及物、及物 > 双及物等变读用例可知,主格/宾格、作格/通格两种模式分裂的主要基础是语义层面的词汇体范畴,即动词表动作还是表状态。典型的动作动词、状态动词的运作模式泾渭分明,有力证据是:动作动词若采用状态动词的运作模式(即 CAUSE 句式),则不变读。非典型的情感动词、形容词、部分位移动词,各有自己的特色。

以上讨论的是语言的运作模式，并非后来的动词分类，但不同类型的动词采用不同的运作模式客观上起到了引导动词分类的作用，那么在古汉语中，至少动作动词、状态动词要区分开来。至于现代汉语中归为作格（或称非宾格）的存现动词，古汉语中并无变读用例，大概有一个古今发展演变的问题，拟另文讨论。

先秦汉语的类型指向*

杨作玲

1. 引言

先秦汉语的类型指向就是从相关的句法-形态现象来推测更早期的汉语类型。有不少学者对先秦的句法-形态问题从不同角度进行了研究,如:语序方面,先秦汉语以SVO为主,但SOV语序并不全部是语用性的,也有句法性的(刘丹青,2004);在被动态问题上,周秦时期不存在被动态,而“存在主动态(自动态)和使动态的对立”(洪波,2009);在古汉语的构词方面,异读动词出现的句法结构不同,展示的是词汇派生或形态现象(如周法高,1962;金理新,2006);在整体的语言面貌方面,徐通锵(1998)提出使动和自动是汉语语义句法的两种基本句式;徐丹(2004)指出先秦汉语“具有综合性语言的特征”,动词有多种表达句法关系的方式,融合了形态和分析语言的特点。综合起来,这些研究实际蕴含有这样一个推测:更早期的汉语极有可能是一种形态语言;如果以汉藏同源的假说来继续推论,那么这种语言类型应该是作格语言。

应该说,由于各自的研究角度不同,这一推测的现有证据基础失之零散。本文的工作就是寻求支持这一推测的系统性证据,具体而言,是

* 原载《民族语文》2014年第4期。

探讨与动词范畴相关的句法—形态现象是否可以得到统一的解释。由于在其他语言中借用非宾格理论研究句法—形态现象取得了很好的成果，同时对非宾格动词的研究往往指向语言类型，因此本文以对先秦非宾格动词的研究为基础。我们发现先秦的句法—形态现象看似复杂，但却与藏语极为相似，表现为：名词性成分在句法上是非强制性出现的，特别是主语的出现与否最为自由；宾语语义的复杂性与句法的实现方式与藏语的与格标记 la 具有可比性；不存在真正的被动态和反被动态，而有使动态；及物性扩展表明动词不适合用“及物性”概念来分类。这些相似性不能从语言的普遍性上得到证明，这说明这两种语言间确实存在历史渊源。决定这些句法—形态现象的根本是动词范畴，而藏语是自动和使动对立的动词范畴，这表明先秦汉语在动词上也应该是自动和使动的对立，不是及物动词和不及物动词的两分系统，这验证了徐通锵(1998)的观点，藏语的动词系统对藏语的作格标记起了最终的决定作用，属于语义作格型语言；考虑到先秦汉语非宾格动词中的存现动词和趋向动词句法表现特殊，我们猜测更早期的汉语也应该是语义作格型语言。

2. 名词性成分的非强制性

名词性成分的非强制性就是主语和宾语在句法层次的省略。杨伯峻、何乐士(1992:809—844)指出，“语言的省略现象，古今汉语都存在，但古代汉语比现代汉语更为突出”。该书总结了主语省略的七种情形：1. 承前主语而省，包括对话中的省略和叙事中的省略。2. 承前介词宾语中的主语而省。3. 承前“主·之·谓”中的主语而省。4. 探下文主语而省略。5. 一方承上文主语而省，一方探下文主语而省。6. 承上文宾语而省略主语。7. 承上文兼语而省略主语。

宾语的省略分动词宾语的省略和介词宾语的省略：动词宾语的省略一般都是承上者。常用介词中，“以”“为”“与”的宾语常可省略，而“於”“于”“乎”的宾语不可省略；其他绝大多数介词在运用中都带着宾语。董秀芳(2005)分析得出先秦汉语的宾语不能随便省略，而是有条件的。

因此，从省略现象来看，名词性成分在先秦汉语中是非强制性范畴，主语尤甚。名词性成分的省略从自由度上由强至弱分别是主语、动词宾语、介词宾语。

一般认为先秦汉语与今天的英语特别相似，但在名词性成分的强制性上，二者却有不同表现。通过对英语的研究，一般认为在谓语动词上缺少合并和一致的孤立语在主句中标准的指称表达应该是代词或者是一个完整的名词短语，对主句中出现的零回指需要解释，可以找到动词基本论元没有出现的句法或者话语原因。C. Li(1997)以《论语》为样本得出的研究结论与上述概括相违：零回指作为指称表达无需解释，而代词或一个名词短语作为指称表达出现倒需要话语或语用的解释。而在介词短语中，名词或名词性短语在介词后出现，在语法上是强制性的。除了少数例外，一旦指称在直接的话语语境中建立了，那么不存在必需的指称表达要求。与英语相较，出现一个完整的名词形式表明前面序列提到的相同指称被封掉了。他所举的例子如：

(1)子曰：吾与回言终日，不违，如愚。退而省其私①，亦足以发。回也不愚。

① “省其私”之主语，Li取朱熹之说，认为为孔子，故原文英语为I；本文取杨伯峻之说，认为是颜回，故改为he。

Confucius said: I have talked with Hui all day, (he) has not raised any objection as if (he were) stupid, (he) has withdrawn, and (he) have examined his private behavior (he) was also adequate to develop (my teachings). Hui! (he) is not stupid.

名词性成分的非强制性是藏语①的一大显著句法现象。Vollmann(2008:20)指出许多研究者都发现藏语的动词论元具有“可删除性”，单句中的名词短语范畴(NP,PP)在句法上不是强制性的，而且它比先秦汉语走得更远，这就是因为动词上小品词的作用，单句中的介词短语可以不出现而不影响语义表达。下面例句中的任何一个[ ]中的成分均可不出现：

(2) [bkra shis kyis] [deb] [tshe ring la] sprad pa red/
[Tashi-ERG] [book] [Tsering-ALL] give-NS-DISJ
[Tashi] gave [the book] [to Tsering]

(转 Vollmann 引自 Agha,1993:13)

因为名词性成分的非强制性，再加上藏语为 SOV 语序，所以有的例子很容易理解为被动义，如：

(3) a. rtsam pa bzas bzhag/
Tsampa eat:PFV-INFER
[He/she] has eaten the Tsampa! (The Tsampa has been eaten!)

b. khos bzas bzhag/
3:ERG eat:PFV-INFER
He has eaten [it]. (转 Vollmann 引自 Tournadre,1996:69、71)

① Vollmann(2008)全面介绍了藏语作格性研究的情况，本文相关观点的形成主要来自该书的启发，有关藏语的研究材料及引述如无特别说明均转引自该书。

藏语中一旦引入一个话题，就可以在很长的文本里保持隐含状态，无需通过代词来指称。如：

（4）

de'i tshe	bcom ldan 'das	bsod snyoms kyi	dus la	bab nas/
DEM：G time	bhagavan	alms-GEN	time-ALL	fall-ABL
sham thabs dang	chos gos	bgos nas	lHung bzed	bsnams te/
lower cloth- SOC	dharma cloth	put：on-ABL	begging bowl	take-CONT
kun dga'bo dang	bsod snyoms la	gshegs so/		
Ananda-SOC	alms ALL	go-FIN		

At that time, the bhagavan, when the time for alms had come, put on the shamthab and the chögö, took the begging bowl and went for alms with Ananda.（Vollmann,2008：21）

尽管动词（put on,take,go）有不同的格框架要求，佛（Buddha）在一个较长的系列中仅提到了一次。Herforth 总结认为，名词性成分的省略与它们在文本层次上的引入相关：“在施事更少的文本例子中，通过藏语揭示其动词以指定的施事显著的形式出现是困难的。这些相对于我们的形式明显的所有例外就是在话语链中都是零回指的例子，即一个可指明的施事论元可以直接地从前面的话语语境中恢复。”（转 Vollmann 引自 Herforth,1989：81,Fn. 72）

可见，在名词性成分是否在句法上强制性出现的问题上，先秦汉语与藏语更具有相似性。从所举例子来看，主语的省略自由度最高，其指称对象可以由语境补充完成。

3. 及物性的扩展

先秦汉语中的非宾格动词和非作格动词可以通过词汇过程规则转

换成及物动词，这里称之为及物性扩展，主要有两种模式：使动化（causativisation）和施用化（applicativisation），前者增加的是使事论元，实现为句子的主语；后者是将动词的外围成分实现为宾语，宾语与动词的语义关系不一。如：

（5） a. **吴师大败**，吴子乃归。（《左传·定公五年》）

b. 惠公之季年，**败宋师**于黄。（《左传·隐公元年》）

（6） a. 六月，叔鞅如京师葬景王，**王室乱**。（《左传·昭公二十二年》）

b. **竖牛欲乱其室而有之**，强与孟盟，不可。（《左传·昭公四年》）

（7） 臣也无罪，**父子死余矣**。（《左传·襄公二十七年》）

（8） 郑罕虎如齐，娶于子尾氏，**晏子骤见之**。（《左传·昭公五年》）

（9） a. 席不正，**不坐**。（《论语·乡党第十》）

b. 二子在幄，**坐射犬于外**，既食而后食之。（《左传·襄公二十四年》）

（10） a. 公寝，将以戈击之，**乃走**。（《左传·昭公二十五年》）

b. 古公亶父，**来朝走马**。（《诗经·大雅·绵》）

（11） 华周、杞梁之妻**善哭其夫**，而变国俗。（《孟子·告子下》）

（12） 跖之狗吠尧，非贵跖而贱尧也，**狗固吠非其主也**。（《战国策·齐六》）

（13） **奉君以走固宫**，必无害也。（《左传·襄公二十三年》）

上面的例（5）和例（6）是非宾格动词的使动化扩展，例（7）和例（8）是非宾格动词的施用化扩展；例（9）和例（10）是非作格动词的使动化扩展，例（11）、例（12）和例（13）是非作格动词的施用化扩展。

根据《经典释文》和《群经音辨》等音注材料，上述及物性扩展的例子可以根据动词语音方面的表现分为两类，一类是在及物性的扩展结构中，动词的语音发生了变化，其中使动化的及物性扩展以例(5)为代表，a 和 b 中的"败"在语音上存在浊清之别，拟音分别为 * praads、* braads[1]，即传统所说的清浊别义，与之相同的还有"坏""折""断""尽"等；施用化的及物性扩展以例(13)为代表，动词"走"相对于例(10)在语音上存在去声和非去声之异，拟音为 * ʔsoos、* ʔsooʔ，与之相同的还有"喜""奔""远"等动词。余下的例子属于另一类，及物性扩展结构中的动词在语音上与原非宾格动词或非作格动词相同。

"败"类动词浊清别义的构词法来源与藏缅语相同，与使动态前缀 * s-相关(详见下文)；"走"类动词的施用化方式与派生旁格标记后缀 * -s_3 相关(详见洪波，2009)。也就是说，"败"类动词和"走"类动词的及物性扩展在更早期应该是形态式派生。这样，先秦及物性的扩展根据派生来源的不同又可以分为两种：词汇－形态式的及物扩展和句法式及物扩展。这样，及物化扩展就组合为四种形式：词汇－形态式的使动化扩展、词汇－形态式的施用化扩展、句法运作的使动化扩展和句法运作的施用化扩展。其中时间更早的形态式是原生的，句法式是后起的，形态式的扩展模式生成了提升动词句法及物性的基模，从而由及物性扩展的形态式推演出及物性扩展的句法式。及物性句法基模的生成是因为使动态前缀 * s-或派生旁格标记后缀 * -s_3 由于预测性高而信息量降低从而逐步失落，整体的句法结构替代了使动态前缀 * s-或派生旁格标记后缀 * -s_3 的功能。使动态前缀 * s-的衰落的另一可能是其时语言系统中"语音的简化"(吴安其，2010:61)。

句法式的及物性扩展在先秦居于优势地位，表现为句法使动广泛存在；施用化扩展的力量强大，有时实现为动词宾语的名词性成分可能

---

① 这里采用的是郑张尚芳上古音构拟系统。

连外围成分都不是。如：

(14) 天油然作云，沛然下雨，则**苗浡然兴之矣**。(《孟子·梁惠王上》)

此处的“之”无所指代，当是受到及物性扩展模式的类推而成。及物性的扩展突破了传统句法框架下及物动词和不及物动词相对的动词范畴，特别是施用化的及物性扩展带来了宾语语义的复杂化。

Song(1996)认为使动化实际上是语言中动词论元的一种结构要求。语言中动词一般最多包含三个论元，所以双及物动词不能使动化，及物动词和不及物动词可以使动化。洪波(2009)指出后缀 * -s_3 的指派旁格功能为：“当根词后加上 * -s_3 时，它总是要关涉并显现一个其原初意义所包含或者不包含的对象，这个对象或者以它自身的宾语身份出现或者以一个介词宾语身份出现(当所显现的对象是根词本身语义默认的唯一对象时，也可以不出现)。从语义上看这个关涉的对象或者是受事成分(accusative object)，或者是与事成分(dative object)，或者是一个旁及的对象(external object)，或者是一个役格对象(causative object)，或者是处所或目标成分(locative or goal)。”因此，无论是使动态前缀 * s-还是派生旁格标记后缀 * -s_3，都是先秦汉语“赋元功能”的允准。

从跨语言来看，使动化和施用化是两种不同的及物化模式，Austin(2005)认为在澳大利亚语中的这两种模式与动词的语义相关，或者说与非宾格动词和非作格动词的对立相关，前者使动化，后者施用化。但先秦汉语的非宾格动词和非作格动词分别能通过使动化和施用化两种模式形成及物性结构，这表明用句法上是否带宾语来区分及物动词和不及物动词行不通，需要为动词范畴寻求更合适的基准。

4. 宾语的去宾格化

先秦汉语中，不仅动词的外围成分可以实现为旁格宾语，动词语义的必有成分也可以实现为旁格宾语。

(15) **楚子使薳章让于邓**。邓人弗受。(《左传·桓公九年》)

杨伯峻注指出，"让于邓，犹言让邓。于字不宜有，但古人多有此种语法"。"让"作为及物动词的典型性可能还不够，但典型的及物动词"诛""袭"的必有论元同样可以以旁格宾语的形式出现。

(16) 诸侯不知，其谓我不敬，**君盍诛于祝固、史嚚以辞宾**？(《左传·昭公二十年》)

(17) 神曰："无走！帝命曰：'使晋**袭于尔门**。'"(《国语·晋语二》)

此例杜预注为："欲杀嚚、固以辞谢来问疾之宾。"孔颖达疏引服虔说，解固为固陋，嚚为嚚暗，非人名。孔颖达引《左传·庄公三十二年》"神降于莘，虢公使祝应、宗区、史嚚享焉"中"史嚚"系人名为例，证明该例中的"史嚚"亦为人名。"祝固""史嚚"是具体名词，"诛"为动作动词，动词所表示的动词行为对宾语具有直接的作用力和较大的影响度，属于董秀芳(2006)所定义的典型的高及物的动宾结构。动名之间的"于/於"(上下文简为"于")介引受事，是将直接宾语降格为旁格宾语，这种句法现象类似于反被动态，即为了突出施事，而将受事降格。这在Haspelmath(2001)讨论的价变中归为去宾格化，这种句法现象具有特殊性，"只是一种受事背景范畴，而不是受事移除范畴"。但典型受事实现为旁格宾语的例子在先秦非常少，这种句法处理显然是一种语用需要。典型的例子是：

(18) 仆人授公,公读书曰:"**臣诛于扬干**,不忘其死。"(《国语·晋语七》)

这一事件在《左传》中记为:

(19) 晋侯之弟扬干,乱行于曲梁,魏绛戮其仆。晋侯怒,谓羊舌赤曰:"合诸侯以为荣也,**扬干为戮**,何辱如之?必杀魏绛,无失也。"(《左传·襄公三年》)

《左传》中魏绛杀死了扬干的仆人是"扬干为戮",实为"臣诛扬干",而《国语》用"臣诛于扬干"来把扬干降格为旁格宾语,从语用上突出施事"臣",凸显"臣有罪,臣当死"。

"于"的这种用法与藏语中的与格标记 la 极为相似,la 标记的功能主要是动作行为趋向的方位、处所、目的、对象等意义,不少研究者注意到 la 也可以标记直接宾语(Vollmann,2008:37—43)。义为"touch""call""eat"的这类动词在欧洲语言中是纯及物模式的动词,在藏语中可用 la,是一个特定的目标(GOAL)功能。

Jäschke(1865)指出藏语中与格有时具有本来应该实现为宾语的功能。Bell(1919)也指出藏语中有些动词的宾语可以以带 la 的形式,但也可以不带 la,即以通格的形式出现。如英语中的"he beats me"(他打我)可以是 khos nag la (或 nga) brdungs song。

藏缅语中的曼尼普尔语-də(变体-ŋondə)可以标记任何受动作间接涉及(或次要影响)的事物,如目标、源头、经历者、受事、受益者,也能标记处所(Dixon,1994:29)。

王志敬(2009)指出藏语中的宾语和补语可在同一格式"N + la/su + V"中出现,不易分辨,其中以补语形式来出现是一种语用上的考虑。如:

(20) potala	la	Phyagvtshal
布达拉	受格	行礼‘向布达拉行礼’
(21) btshanpo	la	Phyagvtshal
赞普	受格	行礼‘向赞普行礼’
(22) vbngs	su	Phyagvtshal
庶民	受格	行礼‘向庶民行礼’

其中例(20)中的处所名词布达拉是宾语,而(21)和(22)中的指人名词“赞普”和“庶民”都是补语,相当于我们所说的旁格宾语。王志敬指出(21)和(22)中角色补语 btsanpo“赞普”和 vbngs“庶民”总可以找到各自的语用。(21)中 btsanpo“赞普”经常接受 phyagvtshal“礼拜”,作宾语;同时以赞普的身份给外国皇帝礼拜也不少见。(22)中 vbngs“庶民”经常向赞普等官臣 phyagvtsha“行礼”,但并不能绝对排除被 phyagvtsha“行礼”的可能。

去宾格化并不具有跨语言的普遍性,而在即使有这种范畴的语言里在词汇上也有非常严格的限制,这说明先秦汉语和藏语在这一点上的相似性绝非偶然。去宾格化从形式上与反被动态(anti-passivitive)①相似,但由于去宾格化是临时的语用处理,还不是严格的句法机制,因此先秦汉语不存在真正的反被动态。

---

① 反被动态是原及物动词句通过句法机制将施事降级为通格,而受事实现为与格。

5. 被动态和使动态问题

5.1 被动态

洪波(2009)从普通语言学的角度指出周秦汉语虽然存在主语范畴,但所谓的"被动式"既没有形态上的区别,也没有句法上的标志,从而不存在主动态和被动态的对立,即周秦汉语没有被动语态。针对带标记词的被动句,他对姚振武(1999)的观点做了进一步申论,指出长期广泛认可的被动标记"见"是个"遭受"义动词,"为"是"判断"义关系动词,"于"则是个全能介词。

有标记和无标记被动式之间存在着蕴含性的关系:如果一种语言有被动式,这种格式有基本格式,即施事不出现的被动式;如果一种语言有非基本格式的被动,一定能说基本格式的被动①。在姚(1999)和洪(2009)讨论的基础上,我们对《马氏文通》《汉语史稿》《古汉语语法及其发展》中所举无标记被动的全部例子进行了统计,分为三种情形,它们均不是真正的被动式。

第一种情形是出现在对举的环境中,这是由于语用的需要而造成的"被动"。常举的例子如:

(23) 唇竭则齿寒,鲁酒薄而**邯郸围**,圣人生而大盗起。(《庄子·胠箧》)

(24) 昔者**龙逢斩,比干剖**,苌弘胣,子胥靡。(《庄子·胠箧》)

(25) 邑人又杀杨季主,**季主家上书人又杀阙下**。(《汉书·游侠

① 相关观点来自张敏先生(2008)在南开大学所做的学术报告。

郭解传》）

第二种情形是在虚拟的非现实句中，并不是现实世界实际发生的动作。吕叔湘（1982：56—59）指出：动作没有实际出现，只是一种可能实现的事情，实际上是一种性质。也就是虚拟情态的概念被动不是真正的被动式。

（26）**迫**，斯可以见矣。（《孟子·滕文公下》）

（27）**若待往而刑耳**。（《庄子·人间世》）

（28）**谏行言听**，膏泽下于民；有故而去，则君使人导之出疆，又先于其所往；去三年不反，然后收其田里。（《孟子·离娄下》）

（29）向使成安君听子计，**仆亦禽矣**。（《汉书·韩信传》）

第三种情形是动词为非宾格动词，非宾格动词与被动式有相似之处，都是受事作主语，但二者不同的是，非宾格动词本身为不及物动词，而被动式是主动式的派生形式，动词本身为及物动词。也就是非宾格动词句表达的虽然是一种被动语义，但不是真正的被动式。如：

（30）故**齐所以大破**者，以其伐楚而肥韩、魏也。（《史记·范雎蔡泽列传》）

（31）**不夭斤斧**，物无害者，无所可用，安所困苦哉！（《庄子·逍遥游》）

有的例子或兼有两种特征，如：

（32）行衢道者不至，**事两君者不容**。（《荀子·劝学篇》）

（33）物格而后知至，知至而后意诚，意诚而后**心正**，**心正**而后身修，身修而后**家齐**，**家齐**而后**国治**，**国治**而后天下平。（《礼记·大学》）

Dixon（1994：190）指出“被动的典型语义性质是作为某一行为的结果，倾向于关注指称的深层宾语名词所处的状态”。从动词系统而言，非宾格动词表示的就是深层受事所处的状态，这一语义可能对无标记被动式的发达具有限制作用。

因此,先秦汉语里不存在无标记的被动式,所谓的概念被动句顶多是一种假被动(pseudo-passive),或者如刘承慧(1999)所认为的,概念被动是与结构规律关系密切的修辞形式,它并不属于固定的结构形式。

5.2 使动态

先秦汉语有两种不同性质的清浊异读,其中“见”类动词的浊声母之读为清声母的完成体形式,是由及物动词派生而来的非宾格动词(详见洪波、杨作玲,2010);而前文谈到的“败”类动词则是原生性非宾格动词,和对应的使役动词之间在语音上有声母的浊清之不同,这种浊清别义的来源与使动态前缀 * s-相关。

用清浊交替表示自动使动是藏缅语使动范畴的一个重要的变音形式,在亲属语言藏缅语如藏语、景颇语、缅彝语、西夏语、哈由语(Hayu)中广泛存在(戴庆厦,2001)。而康拉迪(Conrady,1896)早就将声母清浊视为动词有及物与不及物两种形态的分别,清者为及物动词,是前加成分留下的痕迹;浊者为不及物动词,本来没有前加成分。藏文的 s-前缀有使动化和名谓化两种构词功用,使动态前缀 * s-应该是最古老的层次。

梅祖麟(2008)明确提出先秦汉语清浊声母交替的构词法来源为 * s-前缀,并给出了部分动词对的语音构拟。如:

自动词			使动词	
败	* brads	自破	* s-b > * s-p > * prads	破他
断	* duanx	绝也	* s-d > * s-t > * tuans	断绝
折	* dȋat	断也	* s-dj > * s-tj > * tjat	拗折

从《经典释文》《群经音辨》的音注材料来看，先秦汉语中残存的与形态现象相关的词汇偏重于基本词，如"饮""食""衣"等皆有这一特点，这说明形态的保留在基本词汇中消失得最晚。先秦时期，使动态不是能产的构形手段，其活跃是在更早期，因为此时通过句法运作形成使动句法结构更为常见。原先由使动态 * s-前缀来传达的自动和使动之别体现为语音的分别，象"败"类这样的两读动词或被认为是两个词，或者认为根本就是一个词，所以北齐颜之推在《颜氏家训·音辞篇》里认为，徐邈对《左传》中的"打败人军曰败"下注音为"补败反"系穿凿之举；而有的自动词和使动词之间不仅读音有别，而且文字形式有异，成为根词和派生词的关系，如"顺"与"驯""训"。

古藏语动词的使动式不限于形态手段一种方式，也会采用"迂说式"。前者主要是在动词词根前附加前缀 * s-或 * b-/-，使非使动词变成使动词。有时也用声母交替的方式。"使动词的第二种构成方式是在动词后头加-par bjed 或-la du"（马学良，1991：165—166）。

先秦汉语也可以通过"迂说式"表达使成关系。部分非宾格动词对应的使动句除了词汇－形态式，同时可以有"迂说式"，即通过具体的使役词来外显使成关系。如"败""怒""乱"等一般都是构成词汇－形态使成式，但能见到少量的"迂说型"使成式。如：

(34) 朱儒朱儒，使我败于邾。（《左传·襄公四年》）

(35) 鳖于何有？而**使夫人怒也**！（《国语·鲁语下》）

(36) 我以墨子之"非乐"也，则**使天下乱**；墨子之"节用"也，则使天下贫，非将堕之也，说不免焉。（《荀子·富国》）

"迂说式"与形态式应该存在衍生关系，其语法化的方向与藏缅语平行。孙宏开（1998）提出"尽管藏缅语的使动语法范畴表达形式复杂，但在不同表达形式之间存在着历史联系"，其历史演变过程为粘着

→屈折(不典型)→分析。有其他语言也显示了类似的现象,如在Mixtec语中,存在独立的使役动词 sá à 和使动前缀 sá-、s-,“后二者与前者可能存在历时的相关性”(Song,2001:278)。

派生旁格标记后缀 $*-s_3$ 还包括了使动化功能,除“走”类动词的施用化及物性扩展外,非宾格动词“沉”(“沉没”义)、“生”(“生育”义)也通过它使动化为及物动词。如:

(37) 乘舟,舟漏而弗塞,则**舟沉矣**。(《战国策·韩二》)

(38) 施氏逆诸河,**沈其二子**。(《左传·成公十一年》)

(39) **简公生五年**,奉而立之。(《左传·襄公七年》)

(40) 反自祲祥,宿于薳氏,**生懿子及南宫敬叔**。(《左传·昭公十一年》)

例(38)《释文》注音为“沉,直荫反,注同。一音如字”。《广韵》“沈,没也。直深切,又直禁切”。拟音为 * l'um、* l'ums。在今天的温州方言中“沉”之自动义读为平声、使动义读为去声。例(40)中的“生”,杜预注:“似双生。”《释文》:“生,如字,或所敬切。”《群经音辨》中有“生,育也,所庚切。谓育子曰生,色庆切,郑康成说《礼》貉吏掌兽谓不生乳于圈槛”。拟音为 * shleeŋ、* sreŋs。

Song(1996)将使成结构的类型分为 COMPACT、PURP(目的关系小句结构)和 AND(并列关系小句结构)三种类型,将 Comrie(1989)中的词汇型和形态型使成式都归入 COMPACT 类型中。根据“今天的形态是昨天的句法”原则,她认为使动词缀与包括 PURP 的非使动成分间存在并非偶然的关联,后者应该是使动词缀派生的形式来源。我们可以设想派生旁格标记后缀 $*-s_3$ 的形式来源也当是某种更早期的句法形式。藏缅语表示使动范畴的前缀 * s-和后缀 * -s 之间普遍认为后缀 * -s 是后起的,在先秦汉语的使动态前缀 * s-和表示使动语法意义的后缀

$*\text{-}s_3$ 之间，前缀 * s-也应该是更古老的层次。

6. 先秦汉语的语言类型指向

6.1 藏语为语义作格型语言

藏语从语言类型上为作格型语言，因为形式上在及物动词的施事后有作格标记 gis，宾语和不及物动词的主语则为无标记的通格形式。如：

(41) me long	chag go/	tshe ring gis	me long	bcag go/
mirror	broke-FIN	Tshering-AG	mirror	broke-FIN
The mirror broke.		Tshering broke the mirror.		

（转 Vollmann，2008：140 引 Herforth，1989：79）

我们不能因为存在自动词和使动词的动词对就认为该语言是作格型语言，“语序可能是根据语用或语法功能而安排的，不能仅根据成分顺序来认为一种语言是‘作格’的”（Dixon 1994：52）。比如英语中的非宾格动词 break 与藏语中的上述情形很相似，但英语是典型的“主格/宾格”语言：

(42) Pat broke the window.　The window broke.

实际上，所有的语言都有区分使动和结果动词形式的词汇。德语中甚至有形态结构区分使动和结果范畴的动词对，如 fallen—fällen（fall—chop），sehen—ansehen（see—look at），sitzen—setzen（sit—put），liegen—legen（lie—put）。但英语、德语中的这些现象只是词汇现象，是在某些情形下动词前缀意义的副产品，不具有系统地位。判断的依据有两点，一是作为一种形态规则明确地表达这种不同的动词对的数量；

二是在句法中，是否具有中心的和系统性的地位（上述观点据 Vollmann，2008：288）。

在所有的藏语方言中，许多动词存在使役动词和结果动词的形态对立（主要是送气/不送气和浊/清的对立）。这些动词形式都带有作格标记的参与者，意愿由动词形式和助动词来表达（Vollmann，2008：233）。显然，藏语具有区分这两类动词的形态机制，这就是使动态前缀 ＊s-。上面例句中自动词 chag 和使动词 bcag 相对[①]。有形态机制区分两类动词，而且与之相关的就是参与者带有作格标记，这是语法上具有区别性的重要指标，也是藏语归为作格型语言的形式标志。

但是藏语的作格现象异常复杂：在格标记和作格标记的使用上，方言间存在不同；在有些语境中，作格标记是任意的（流动的 S 标记）；作格标记与体相关；在某些情形下，作格标记也用于“不及物”动词，如 go；在有些语境中是一种意志性表达；作格标记可以大范围地用于非施事角色，如感事主语；在有些语境中，它是一个强调标记；在作格和动词间不存在语法上的一致，但是主语为第一人称，有意志性的动词范畴语义上与作格互相影响。从作格标记的使用来看，藏语从整体上是一种语义作格型语言，而不是句法作格型语言，也就是作格标记的使用与主语的语义有关，而不是所有的主语均可以无条件地带上作格标记。

藏语中的格标记也显示了共同性：所有的方言都有标记具有意愿性施事的作格标记。历时地，指向 AG 和指向 PAT 的动词形式两分的形态标记范畴看起来在作格标记中扮演了一个主要角色，同动词形式的复杂性相比，格标记看起来是一种相当次要的现象（Vollmann，2008：

---

① 现代的中部藏语中，自动词 chag 和使动词 bcag 的对立在语音上为不送气/送气，而与之对应的书面藏语中是 sgrol/grol。

249）。前面说过，在所有的藏语方言中，许多动词存在使役动词和结果动词的形态对立（主要是送气/不送气和浊/清的对立）。这些动词形式都带有作格标记的参与者，意愿由动词形式和助动词来表达。在藏语有“使动功能”的句子中，可以发现相似的 S = O 的省略。也就是 CAU/RESL 的动词系统最终对藏语的作格标记起了决定作用，因为使动词明显表现了施事的意愿性以及动作的可控性。

6.2 更早期的汉语是语义作格型语言

名词性成分特别是主语在句法上为非强制性出现；及物性扩展带来了宾语语义的复杂化，无法用西方语言的及物性范畴来给动词归类；有词汇－形态型的及物扩展模式，在早期用 s-前缀来区分自动和使动，无被动态，有类似反被动态的去宾格化，这表明汉藏之间不仅仅可以找到对应的同源词，而且在句法－形态的面貌上也具有共同性，两种语言间有着非偶然的联系。这些共同之处并不能从语言的普遍性角度来加以说明，决定这些句法－形态现象的最根本方面是动词范畴，这说明先秦汉语和藏语具有相同的动词范畴，均为自动和使动的对立。

实际上由于藏语作格现象非常复杂，语言学家转向探讨藏语的动词范畴。在对藏语的动词分类中常涉及如下区分：对行为或事件的自主性，施事的意图性或意愿性，动词指向施事还是受事。Vollmann（2008）将藏语动词分类为 CAUS/RES（使动/结果），也可称为自主和非自主动词（Bielmeier & Zeisler，2004）两类。

Tsunoda（1985）曾用及物性来给藏语动词分类，并与作格标记相联。藏语中带有作格标记的是高及物动词（kill，break，bend，hit，shook，kick，eat），感知动词也可以带有作格标记（look，listen），即使非意愿性的感知动词也可以（see，hear），与之类似的还有追求义动词（search， pursuit)和知识动词(know,understand remember forget),但感觉动词、关系动词和能力动词不带作格标记。但这种分类面临的问题是:藏语中的作格标记是流动性的,比如可以省略掉;对作格和通格的选择还依赖于体(分裂的作格);动词可以在作格和通格模式之间转换(区分CAUS/RES);而且藏语中还有表示意愿性和非意愿性的助动词,从而意愿性动词与非意愿性动词之间也可以互相转换。也就是藏语的动词分类无法建立在句法标准上。

本文的探讨表明,先秦汉语的动词范畴不能用及物性来观照,动词均可以通过形态或句法模式获得及物性,及物动词的直接宾语还可以降格为旁格宾语。尽管有关先秦的语音状况很多都没有记录下来,但从现有的音注材料以及句法使动的广泛性来看,在早期用使动形态来区分自动和使动的动词对数量应该不少。在先秦汉语的更早期,动词范畴应该是"自动"和"使动"之别。

CAU/RESL的动词系统最终决定了藏语作格标记的使用,这说明先秦汉语的更早期也应该是一种语义作格型语言,这有两种可能:一种是语言并没有形态标记来反映所谓的作格和通格之别;另一种是与藏语类似,主语带有作格标记,但受到语义的限制,与动词的语义有关,并不是严格的句法格。更早期的汉语很有可能属于后一种,这是因为趋向动词内部句法表现不一致,具有非宾格性的趋向动词出现在意愿性弱的存现句中;从跨语言的角度,先秦时期作为非宾格动词的存现动词具有独特个性,这就是可以有对应的使动交替形式,可以通过句法运作增加一个使事论元,而使事总是[+意愿性]的,很有可能强意愿性的主语带有作格标记。

施通格论元组配类型的逻辑及分析*

金立鑫

1. 引言

国内学界普遍认为施[作]通格语言与主宾格语言是两种截然不同的语言类型,两者之间似乎没有通约性(commensurability),无论从任何角度来看,汉语都不能算是施格类型语言(罗天华,2017)。这种观点已经或正在影响我们对汉语以及其他一些相关语言的研究,一些学者不认为汉语中存在施通格句法结构现象(如张伯江,2014;罗天华,2017 等),或者仅承认汉语中存在施通格动词(如黄正德,1990 等)。国外有学者认为多数语言中或多或少存在施通格与主宾格混合并存的现象,只是程度不同而已(如 Halliday,1985;Langacker,1991;Dixon,1994 等)。但如果仅仅指出语言具有混合性,而不阐释混合的程度和动因,也不说明某种论元配置在某种语言中引起的一系列语法后果,那也只能算是一句"正确的废话"。

有鉴于此,本文将从人类语言句法结构发展的角度入手,探讨施通格句法配置和主宾格论元配置的起源和逻辑解释,论述这两种句法结构模式之间的相互影响,并在此过程中梳理相关问题的研究成果,如施

* 原载《北京第二外国语学院学报》2020 年第 6 期。

格和通格结构各自在句法功能上的价值、逆被动句句法操作的动因等。文章最后还将阐述施通格语言演化的逻辑路径。希望本文有助于学界对汉语句法结构做更进一步的观察和分析，最终揭示汉语（以及其他语言或方言）的真实面貌。

2. 论元组配的缘起和逻辑解释

要讨论人类语言论元组配的类型问题，我们需要从源头上说起。

人类语言应该是从叫喊声发展而来的。一个最容易接受的假设是：与其他动物的叫声一样，人类语言除了表达情绪之外，很多叫声还都表达了“事件”。所有灵长类动物甚至其他动物的叫声，都是要么表达一种情绪，要么表达一个事件。表达情绪的形式类似现代语言中的叹词，这几乎在所有语言中都存在。表达事件的结构则类似现代汉语中常听到的独词句“车子！”“火！”“蛇！”之类。这些“词”不能简单说是动词还是名词，因为它们表达的是事件。

根据 Hengeveld（2013）有关词类类型学的研究，人类语言中首先出现的应该是动词，然后依次为名词、形容词、副词及其他功能词。这个理论符合上面的假设——人类语言除了宣泄情绪，首先要满足的是表达事件的需要，而动词是最能表达事件的词并作为句法结构的核心。因此，动词是最先需要的词类。由此可见，上面的“火”“车子”等尽管表面看来好像是名词，但实际上却是表达事件的词。很多语言动词的词干看起来像是名词，但其形态变化却属于动词（Vollmann，2008：15）。梵语中一切词都可归结为一些动作或状态——词根（dhaatu，意为“放置的”）。也就是说，世上一切看得见摸得着的东西归根结底都是些动作或状态。闪语的名词也同样通过动词派生而来。埃及象形文字里连

"父"一词都是从动词构成的。梵语和闪语都是迄今尚存的能够从文献中检索到并可确定的人类最古老的语言之一。即使是现代英语中，也存在许多名词直接用作动词的现象(例如 address、chain、hand、rain、fish、book、foot 等名词都可以用作动词)。还有一些语言的名词则是从动词演变或派生出来的，例如，在土耳其语中，动词 sor"问"加上词缀 un 变成"问题"，动词 çık"出去"加上词缀 ış 变成"出口"。阿拉伯语中的很多名词也有类似的现象(Khoja,2001)。动词词根加词缀构成名词的方式在很多语言中都存在。

当人类语言从表达事件的"独词句"发展为由两个成分构成的有"结构"的"句子"时，最有可能出现的两个成分只能是动词和名词。那么问题来了，这两个词如何构成一个句子？是动词在前还是名词在前？我们知道，基础名词表达的首先是物质的、可见的、具体的、可识别度高的对象，而动词表达的则是非物质的、抽象的、可识别度较低的概念。从认知逻辑上看，具象的东西最容易被识别，也会被最先反映在大脑语言机制中，抽象的东西则在其后。此外，从信息结构的角度看，一个句子总要包含主题(theme)和述题(rheme)两个部分。从具体到抽象，从主题到述题，这样的结构更符合人类的认知加工策略。主题一般对应名词(或名词短语)，述题则对应动词(或动词短语)。

由此，一个可以自然得出的推论就是：人类语言最初始的基本结构大概率上应该是"名词 + 动词"。但这个结构中的名词与动词之间在语义角色上是什么关系？在原始时代，人类的思维尚未发展到一定程度，表达概念有限，交际内容简单，结构中无需区分语义角色，或者这些语义角色是不确定的(严辰松、刘虹,2019)。无论名词与动词之间是什么语义角色关系，名词一律放在动词之前，作为句子的主题，如"张三走了""李四睡了"等等。即使名词是现代 SVO 语言中的宾语，如

"吃饭",也一定会说成是"饭吃"。这些都是"自足"的结构,完全能满足当时交际的需要。在今天的儿童语言以及聋哑人的自然手语中依然可以观察到这些结构,它们应该是人类语言最底层的形式,也是迄今为止人类使用最多的语言模式,即所谓"OV 语言"。

但是,仅仅拥有最简单的"名词 + 动词"的句法结构,这种局面所能持续的时间不会太长。随着人类思维的发展,也出于交际的需要,句子结构的复杂化不可避免。在"名词 + 动词"的基础上,最有可能出现的第三个句法成分只能是第二个名词,因为一个名词和一个动词组成的结构只能表达一个不及物事件或一个不完整的及物性事件。若要表达一个完整的及物性事件,依据前文所述的人类认知策略以及信息结构安排的原则,第二个名词依旧要安排在动词之前。由此,结构形式只能是"名词 + 名词 + 动词"。

但此时这两个名词与动词之间的语义角色如何确定？例如"张三/李四/打",如果这个句子中的"张三"和"李四"上没有任何标记,如何判定谁打了谁？由此,这种结构模式的语言不得不衍生出区分名词与动词之间语义角色的句法标记。这也是几乎所有的 SOV 语言都有比较丰富的句法标记的原因。SOV 型句法模式中罕见有孤立语。

如果"名词 + 名词 + 动词"这个结构需要用句法标记来区分两个不同名词的句法语义角色,那么接下来需解决的问题即这两个名词与动词之间可能有哪些句法角色？这些句法角色又该如何标记？

理论上,名词与动词之间的句法语义角色可能有很多。这是由于一个完整的事件可能要包含 N 个参与者或条件要素,例如事件发生的时间、场所、行为者与相关参与者、所涉及的对象、产生的结果、使用的工具、需要的材料等。所有这些参与者或条件要素都跟动词有直接的语义和句法关系。我们可以形象地将它们描绘成动词的"卫星",如图

1所示。

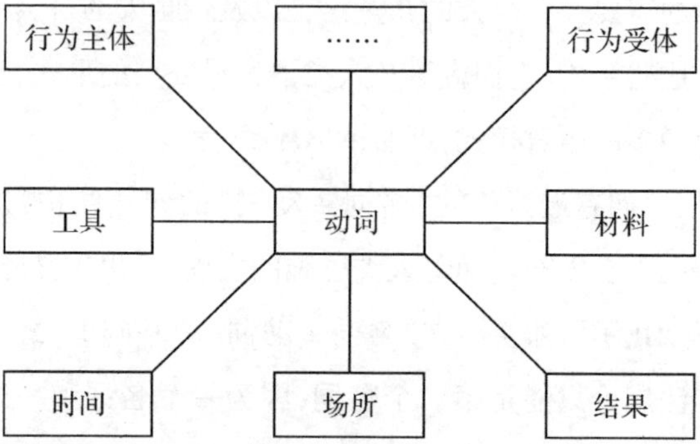

图1　动词与论元

由于人类“言语”受到时间的限制，所有这些成分都不得不在时间上表现为“一维”的“线性结构”。而且，句法结构的“资源”是有限的，当说话人只能选择极其简单的句法结构时（一个句法结构只能有一个或两个名词），这种情况便更加明显。因此，对于说话人而言，这些语义角色孰轻孰重，存在一个取舍的问题。

如果一个结构只能由一个动词与一个名词构成，那么这个名词的语义角色在理论上可以是任何语义角色。但是从名词对限定动词语义的价值角度来看，内论元规定了动词的语义，其他论元对确定动词的语义没有贡献，因此首选的必然是其内论元。因为如果单独一个动词（尤其是使用频率高的动词）出现，很多情况下我们无法确定该动词的意义，如汉语中的“打”到底是什么意思：“打球”“打电话”“打报告”“打官司”“打人”“打猎”“打饭”“打水”“打酱油”“打伞”“打游戏”“打款”“打车”？……无法确定。在图1的七个语义角色中，很多都无助于动词语义的确定，如“张三打”“昨天打”“在学校打”“用手机打”，这些结构中“打”的意义无法确定（可能是“打游戏”，也可能是“打电话”,甚至有可能是“打报告”“打车”“打款”等)。在这些语义角色中,对确定动词语义贡献最大的是“行为受体”,语言学上一般称为“受事”。上面“打球”等例子中“打”后的名词都是受事。受事是最能决定动词语义的名词。因此,一个“名词 + 动词”的句子结构,首选的语义模式便是“受事 + 动词”,其次是“行为主体 + 动词”。

因此,在以上所列举的直接句法语义角色中,有三个角色是需要被首选并标记的,因为只有它们才能体现并构成一个相对完整的信息结构。这些需要标记的成分是:(1)及物动词表示的动作行为的直接受影响者,即一般语法学所说的“宾语”(用 O 表示,例如“橋本が田中を襲った”这个日语句子中的を表示它前面的名词是宾语);(2)不及物动词的当事者(用 S 表示,例如“张三走了”中的“张三”),其动作行为不涉及或无必要涉及其他对象;(3)及物动词的实施者,即一般语法学所说的“施事”(用 A 表示,例如上面日语例子中的が表示它前面的名词是施事)。

然而“名词 + 名词 + 动词”结构虽然只有两个名词,但有可能表达三个句法语义角色,这种情况在逻辑上共有五种(可分为三类)可能(不包括在核心成分上标注的情况)。它们分别是:

(1)三分标记。三个角色分别采用三个不同的标记,即 S(主格标记)、A(施格标记)、O(宾格标记)。因为一个句子每次最多只有两个名词出现,所以每个句子只能有两个句法语义角色得以标记,剩下一个必须隐去。三个角色各自有独立的标记,可表示为:S / A / O + V。这样的语言并不多见,在 WALS(The World Atlas of Language Structures Online, https://wals.info)所收集的 190 种语言样本中,只有 4 种这样的语言。

(2)二分标记。三个角色中有两个共用一个标记,剩下的一个独立标记。这个“二分”法可以分为三种模式：

① S 主格和 A 施格共用一个标记，O 宾格单独用一个标记，语言类型学一般称之为“主宾格”模式，可表示为：S/A + O + V。采用这种模式的语言有日语、高丽语等，WALS 所列的 190 种语言样本中共有 53 种主宾格配置的语言。

② S 主格和 O 宾格共用一个标记，A 施格单用一个标记，一般称为“施通格”模式，可表示为：S/O + A + V。采用这种标记模式的语言有迪尔巴尔语（Dyirbal）、楚科奇语（Chukchi）、爱斯基摩语（Eskimo）等。这类语言在 WALS 所列 190 种样本中共有 39 种。

③ A 施格和 O 宾格共用一个标记，S 主格单用一个标记，可表示为：A/O + S + V。这种论元配置模式的语言在实际样本中并不多见。

（3）一分标记（或不分标记）。三个角色共用一个标记，称为“中性模式”，可表示为：A/O/S + V。

本文怀疑“不分标记/中性模式”在逻辑语义中存在的真实性。说这三个句法语义角色共用一个标记，理论上很难说得通。Comrie（1978）认为汉语属于这种模式，但这其实是一个莫大的误会。从严格的传统形态学角度来考察汉语，汉语中的这三个语义角色确实都“不带任何标记”。由于“不带标记”本身可以算是一种标记，那么汉语似乎就是使用这种“同一标记”的中性模式配置的语言。然而，这种解释是有严重问题的。语法形态除了屈折和黏着形式这些标记之外，还有句法分布。句法分布不是狭义的形态，但句法位置本身具有特定的语法意义。在“广义形态学”（方光焘，1939/1986）理论中，句法分布位置就是一种语法形态，动词前和动词后的句法位置是不同的语法形态。

正因为如此,所有以汉语为母语的人都能明确区分“张三打了李四”和“李四打了张三”两句中,谁是施动者,谁是受动者。因此,汉语并不是所谓的中性模式,而是一种二分标记模式,即动词前和动词后两种标记模式。其他语言中也有这种以句法分布位置作为句法形态的现象,例如英语和西班牙语(Vázquez,1996)。在 WALS 收集的 190 种语言样本中(Comrie,2013a),这类语言共 98 种。

逻辑上可能的在现实中并不一定存在;逻辑上不可能的在现实中却可能出现。例如,所谓{A,Sa},{Sp,P}这种“活动—非活动”(active-inactive)或称为“活动—状态”(active-stative)的配置模式,其中的主语有可能是施事,也有可能是受事。该模式的 S 可以按照施事性强弱分为 Sa、Sp 两类,其中 Sa 的标志与 A 一致,Sp 的标志与 P 一致,这也可以看作一种分裂施格。该模式的另一种情形是,S 不整齐地分为 Sa、Sp 两类,二者有交集,S 根据具体语境归为 Sa 或者 Sp。这种现象不会是语言的初始状态,而只可能是语言演化过程中的过渡性现象。

表 1 是 WALS 列出的数据(Comrie,2013a)。

表 1　不同论元配置模式及语言数量

类型模式	语言数量(190)
中性	98
主格 - 宾格(标准)	46
主格 - 宾格(主格有标记)	6
作格 - 通格	32
三分	4
活动 - 非活动	4

3. 施通格类型的逻辑解释

我们有充分的理由可以假设施通格组配类型是人类语言最底层、最原始的论元组配模式。理由如下：

假定人类最简单的能表达“主题＋述题”的句法结构只能是“名词＋动词”。该名词的第一功能是主题或话题，如 Shipibo 语：

(1) a. Joni-bo-ra teet-ai; Rosa-ra bewa-ke.

person-PL-PRT work-IMPF Rosa-PRT sing-PRF

'The people are working.' 'Rosa sang.'

b. Kokoti-ra joshin-ke; Maria-ra mawa-ke.

fruit-PRT ripen-PRF Maria-PRF die-PRF

'The fruit ripened.' 'Maria died.' (Baker, 2014)

下面是楚科奇语的例子：

(2) ott-ə-l ɣən mle-ɣλ-Ø.

stick-E-ABS. SG break-3SG. SB-PAST

The stick was broke. (Tokusu 2012)

这种名词在前的结构不仅符合主题在前、述题在后的信息结构配置原则，也符合具象在前、抽象在后的认知心理原则。

下面是藏语的例子（王双成教授提供）：

(3) skam sha zos.

牛肉:通格 吃:过去'吃了牛肉'

sil tog nyos.

水果:通格 买:过去'买了水果'

下面是巴斯克语（Basque）的例子：

(4) Okela	jatea.	Fruta	jatea.
牛肉	吃'吃牛肉'	水果	吃'吃水果'
Saskibaloi	jolasa.	Tenis	jolasa.
篮球	打'打篮球'	网球	打'打网球'

与之前的例句不同,例(4)中的"牛肉""水果""篮球""网球"都是动词的内论元,是比较典型的受事,但是它们与动词也能自然地构成一个自足的信息结构。在这样的结构中,施事并不是必需的。由于智力水平和语言系统简陋的局限,人类早期语言必然会更重视经济原则,即一个结构只要能提供足够的信息,就没有必要再增加其他的成分。类似的"最简结构"应该是人类早期语言普遍存在的形式。

上述无论是当事(不及物动词主语)、受事还是施事,名词一律放在动词之前,构成一个自足的"名词 + 动词"的信息结构,这是极其自然合理的。

根据上一小节讨论过的论元对动词语义限定的功能,在当事、施事和受事三个论元成分中,最需要与动词构成最简结构的只能是当事和受事,施事是候选的,只有必要时才出现。以汉语为例:

(5) a. 老虎打死了。　　b. 刀丢了。

这两个例子从传递信息的角度来说,已经自足。如果换成:

(6) a. 张三打死了(老虎)。　　b. 李四丢了(刀)。

从信息量的角度来看,若没有括号中的成分,例(6)的信息量明显少于例(5)。因此,例(5)的结构是首选的语义角色配置。换句话说,例(1)—(5)应该是最优选的结构形式。总结这两类结构内部名词与动词的语义关系可知,施通格语言中最基本、最基础的结构模式是:通格成分(当事/受事) + 动词。

由于通格与动词最早构成最基础的原始句法结构,因此它们也是最“无标记”的句法结构。这就是世界上多数施通格语言中的通格成分为无标记成分的原因。有理由相信,这是人类历史上出现得最早的句法结构。这一现象至今依旧在幼儿语言以及聋哑人手语中广泛存在。

出于提供准确信息的需要,只有当说话人不得不提供施事者信息时,施事才会进入句法结构。顺理成章的做法应是在“通格 + 动词”的基础上直接添加施格成分。受认知心理原则的驱动,该名词倾向置于动词之前,最多可能有两种结构,分别为“施格 + 通格 + 动词”或者“通格 + 施格 + 动词”。

不过,这两种结构在形式上都表现为“名词 + 名词 + 动词”,动词前有两个名词短语,说话人/听话人又该如何区分施格与通格?直接附加句法标记是语言中最常用的标记句法关系的方法。如果采用句法标记,标记加在通格上还是加在施格上?最合乎逻辑的做法是附加在后进入句法结构的成分上。于是,几乎所有施通格语言的施格成分都带有句法标记,在所有已收集的施通格语言样本中还没有发现施格无标记的情况。这也是“若通格有标记,则施格也有标记”这一蕴含共性的论断最合理的解释。例如:

(7)楚科奇语

ŋinqej	ats-ə-ɣʔe-Ø.
boy(ABS. SG)	hide-E-3SG. S-PAST

‘The boy hid.’(Tokusu,2012)

(8)迪尔巴尔语

ŋuma-Ø	banaga-ny u.
father-ABS	return-Nfut

‘Father returned.’(Dixon,1994:160)

(9)巴斯克语

Hura	hil	zen.
father-ABS	die/kill	3sA-PRET

'He died.' (Holmer,2001)

上面三种施通格语言中的通格都无标记,如果要指出施事者,则需要插入施格成分;有些在通格成分之后(例10—11;比较例7—8),有些在通格成分之前(例12;比较例9)。

(10)楚科奇语

ŋinqej	t-ə-r-ats-ə-ŋat-ɣʔan-Ø.
boy(ABS. SG)	1SG. S-E-TR-hide-E-TR-3SG. O-PAST

'I made the boy hide.' (Tokusu,2012)

(11)迪尔巴尔语

ŋuma-Ø	yabu-ŋgu	bura-n	banaga-nyu.
father-ABS	mother-ERG	see-Nfut	returen-Nfut

'Mother saw father and (* mother/father) returned.' (Dixon,1994)

(12)巴斯克语

Zu-k	hura	hil	zenuen.
2s-ERG	3s-(ABS)	die/kill	2sE-3sA-PRET

'You killed him.' (Holmer,2001)

从形式上看,施格结构与通格结构的区别在于由不及物变为及物,增加了结构的"及物性"。这样导致的结果就是结构可以表达主动性或能动性(日语和高丽语中,ergative 就被译为"能格"),突出了特定的施动者。由此产生的另一个后果是结构可表达"意志性""使因性"或者"受影响性",乃至受事对象的"确定性",同时也比较容易推导出事件的"完整性"或"完结性"。这或许就是 Van Valin(1990)所指出的施格结构具有“意志性”和“完结性”的理据。也正因如此，施格结构在时体特征上多倾向于完成体或完整体，而通格结构则多倾向于未完成体或非完整体，后者还表现为受事对象的不确定性。

形态施通格语言由于形态比较丰富，通格与施格之间的语序比较自由，但以所有论元出现在动词前为强势语序。如楚科奇语：

(13) a. ətlʔəg-ən ret-gʔe.

man-ABS arrive-AOR. 3SG

b. ətlʔəg-ə keyŋ-ən təm-nen.

man-ERG bear-ABS kill-AOR. 3SG:3SG

c. ətlʔəg-ən keyŋ-ə təm-nen.

man-ABS bear-ERG kill-AOR. 3SG:3SG (Polinsky, 2007)

如果出于交际的需要，听话人需要说话人提供事件中的施事信息，但事件本身并不含“完结性”或“意志性”，或者“使因性”也不凸显，甚至受事对象或者结果并不确定，这种意思该如何表达？例如：

(14) a. The hunter shot the bear. (含使因性、完整性，可以推导出“熊”被打死了)

b. The hunter shot at the bear. (不能推导出“熊”被打死了，熊甚至未受到影响)

施通格语言中有一种逆被动操作可以用来表达例(14b)的意义。这一操作就是：施格成分变为通格(施格标记改为通格标记，如果通格无标记，则直接删除施格标记)，通格变为旁格(例如与格或工具格等)。这种操作在句法上的直接后果就是将原来的及物句变成了不及物句，由此大大降低了句子的“及物性”，并且受事也可能由定指变为不定指。如楚科奇语：

(15) tum ɣ-e　　rəlwen-nin-Ø　　nel ɣ-ə-n.

friend-ERG　　burn-3SG. S/3SG. O-PAST　　skin-E-ABS. SG

'The friend burned the skin.'

(16) tum ɣətum　　ine-nlwet-ɣ ƛ-Ø　　nel ɣ-e.（逆被动）

friend(ABS. SG)　　AP-burn-3SG. S-PAST　　skin-INSTR

'The friend burned a skin.'

逆被动操作使得定指的通格变为不定指,由及物变为不及物:

(17) əll ɣ-ə　　kənʔu-nin-Ø　　peswaaq.

father-ERG　　catch-3SG. S/3SG. O-PAST　　female reindeer(ABS. SG)

'The father caught the female reindeer.'

(18) əll ɣ-ə-n　　ine-kənʔu-ɣ ƛ-Ø　　peswaaq-ə-k.（逆被动）

father-E-ABS. S　　AP-catch-3SG-PAST　　female reindeer-E-LOC

'The father caught a female reindeer.'

再看:

(19) ʔəttʔ-e　　penr-ə-nen-Ø　　melota-lɣən.

dog-E-ERG　　rush-E-3SG. S/3SG. O-PAST　　hare-ABS. SG

'The dog rushed the hare.'

(20) ʔəttʔ-ə-n　　penr-ə-tko-ɣ ƛe-Ø　　melota-ɣtə.（逆被动）

dog-E-ABS. SG　　rush-E-3SG. S. PAST　　hare-DAT

'The dog rushed to a hare.'（Tokusu,2012）

以上三组句子的命题意义一致,但含义不同。施格的及物句比逆被动的不及物句有更高的确定性、意志性,受动作行为影响的对象也更为明确。这些表征方式属于使动态。而逆被动句则相反,倾向于附带表达通格的不确定、不明确、无指涉(non-referential)或非个体(Givón,1984:163)乃至事件的无意识、非完整(持续、反复等)的意义(Tasaku,

1981;Tchekhoff,1987;Dowty,1991;Cooreman,1994;Dixon,1994;Spreng,2010),语态上属于"自动态"。再看 Kuku Yalanji 语的例子:

(21) nyulu dingkar-angka minya-Ø nuka-ny.

3SG. NOM man-ERG meat-ABS eat-PAST

'The man ate meat.' (Patz,2002:152)

施格句(21)表示行为的完整/完成,逆被动句表达未实现、未完成、非完整事件。比较逆被动句(22):

(22) nyulu dingkar-Ø minya-nga nuka-ji-ny.

3SG. NOM man-ABS meat-LOC eat-ITR-PAST

'The man had a good feed of meat (he wasted nothing).'

施格语言逆被动操作除了将使动态变为自动态以外,另一个功能驱动可能来自话题的变换或表达焦点的需要。话题是所有语言普遍存在的语用成分。施格语言的原始结构为"通格+动词",因此通格兼表话题也就顺理成章。这种现象在通格成分居首的语言中("通格+施格+动词")尤为凸显。所谓的 absolutive 也有"绝对的"意思,因此通格作为话题表达是最常见的用法。如楚科奇语:

(23) əʔtvʔet jərʔen-nin miml-e

boat. ABS fill-3SG/3SG water-ERG

'Water filled the boat.' (Nedjalkov,1976:195)

楚科奇语语序非常自由,句子开头的名词性成分有较多的话题性。迪尔巴尔语的基本语序是"通格+施格+动词",也是通格居首。在这种语言中,如果施格要获得话题属性,那么最简便的句法操作便是将施格变为通格,通格变为旁格,话题的焦点由通格转移到施格上,原来的施格变为通格后承担了话题功能而非使因者功能,句子的及物性因此降低,由及物结构变为不及物结构。

最后一个问题,施通格语言为什么没有被动句?这是因为在施通格语言中受事天然由通格表征,或者通俗一些说,受事充当句子的话题,是陈述的对象,这在施通格语言中是默认的句法配置。因此,施通格语言没有被动操作就有了逻辑上合理的解释。然而这一点不适用于施通格和主宾格混合的情形。

4. 从施通格到主宾格若干现象的逻辑假设

施通格语言可能是人类语言起源最早的结构模式,或论元与动词之间最原始的配置模式。一个名词短语和动词短语直接组合就能满足表达基本信息的需求,这个名词可以是受事也可以是当事,施事在必要时才添加,在初期结构简单的条件下有其信息组配的优势。

但施通格语言在现代语言中并不占多数。究其原因,我们的基本假设是,早期大量的施通格语言都已经演变为以主宾格配置为主的语言,另有一些正处在演变过程中。在已经演变成主宾格为主要结构模式的语言中,有些还保留了施通格句法配置的部分痕迹。正在演变过程中的语言,在结构模式上则表现为较典型的分裂配置,即施通格与主宾格混合的模式。

那么,人类语言为什么要从施通格向主宾格演化?演化的动因或逻辑是什么?本文的回答是:语言结构标记模式与人类生产力发展水平相关,即可以从生产力发展水平变化的角度进行解释。

当生产力水平处于较低阶段时,人类绝大部分时间都在被动地适应自然规律,此时人类以被动接受自然为主要生存方式。在此阶段,人类征服自然或对除自身之外的对象施加影响的能动性或机会很低。因此,通格作为绝对的语法范畴能够涵盖受事和当事两个语义角色,这恰恰反映了人类较为被动地适应自然条件的生产和生活方式。现在所认为的“受事作主语”的结构实际上是一种用主宾格眼光看到的“被动”现象,如例(3)—(5)所示。而这种所谓的“被动”配置实际上是人类早期生存方式在语言中的反映,也是人类语言早期默认(或绝对)的结构模式。

随着人类文明的发展和生产力水平的提高,人类征服自然的能力越来越强,在与自然共处的过程中表现出更多的主动性和积极性,对自然的征服欲也越来越强,征服者与被征服者的角色越来越清晰,主动性与被动性的概念得到强化,人类在自然社会中的角色开始占据主导地位。物质和精神文明的高度发展必然带来思维的高度发展。这些因素使得人类逐渐抛弃了难以表达积极、主动行为的施通格句法配置,发展出或转向主宾格句法配置。例如,早期文明程度较高的拉丁语就是单纯的主宾格语言,既没有施格属性,也没有通格属性。

人类主动积极的思想或概念必然要通过语言结构表现出来。在通格结构中要表达主动性或意志性最初或许会发生选择性困难,因为“通格 + 动词”除了表征行为和被动者(内论元)以外,还可以表征行为者及其自然行为。但如果有必要表征行为者具有某种程度的主动性时,就可能发生选择要求。当行为者的主动性不太凸显时,用通格还是施格可能两难或两可,唯有动词所表现的动作具有明显的主动性或意志性时,才必须使用施格标记。在某些施通格语言中,单论元也可能使用施格标记,这主要取决于动词所表现的行为类型。以 Hindi 语为例:

(24) a. Kuttõ-ne　　　　bhəkaa.

　　dogs-ERG　　　　bark(PERF)

　　'The dogs barked.'

b. Kutte-Ø　　　　　bhəkee.

dogs-ABS　　　　　bark(PERF)

'The dogs barked.' (Mahajan,1997:46)

"狗大声叫",使用通格或者施格标记都是可以的。但如果是下面Georgian语例子:

(25)a. Lekv-ma　　　　　itoka.

puppy-ERG　　　　　jerk(AOR)

'The puppy jerked.'

b. *Lekv-i　　　　　ʃetokada

puppy-ABS　　　　　jerk(AOR)

'The puppy jerked.' (Holisky,1980:163)

"小狗猛地抽动"中,"小狗"要用施格标记,用通格则不合格;因为"猛地抽动"是一种主动的行为,主动性和意志性比例(24)中的"大声叫"要强。相反的例子如Hindi语:

(26)a. *laRkii-ne　　　　sootii　　　　hai

girl-ERG　　　　sleep(IMP)　　AUX

'The girl is sleeping.'

b. laRkii-Ø　　　　sootii　　　　hai

gril-ABS　　　　sleep(IMP)　　AUX

'The girl is sleeping.' (Comrie,1984:858)

"女孩在睡觉"是一种状态,应使用通格形式,如果采用施格形式就不是合格句。同样的情况如Hindi语(Mahajan,1997:46):

(27) Raam-Ø/*-ne　　　　gir gɔyaa.

Ram-ABS/-ERG　　　　fall(PERF)

'Ram fell down.'

“某人摔倒”是非自主的行为，只能用通格，不能用施格。相反的情况如：

(28) a. Raam-Ø/-ne jor-se cillaayaa.

Raam-ABS/-ERG loudly shout(PERF)

'Ram shouted loudly.'

b. Raam *-Ø/-ne jaan buujkar cillaayaa.

Raam-ABS/-ERG deliberately shout(PERF)

'Ram shouted deliberately.' (Mohanan, 1994: 71—72)

“某人粗鲁地大声叫喊”，使用通格和施格都可以；但如果“某人故意大声叫喊”，由于“故意”具有很明显的主动性和意志性，就必须使用施格标记，而不能用通格标记。

人类这种主动被动的概念得到发展强化，必将产生另一种原来施通格配置中很难表达的意思，即行为对象完全处于弱势或被动状态。这种概念在施通格语言中无法表达出来。由于思维的发展和表达的需要，施通格语言中就产生了一种新的句法配置，采用句法结构和标记来表征被动接受的对象，这就是宾格形式。如 Nez Perce 语例句：

(29) Yūlngu-Tu taykka-Na puyan

man-ERG woman-ACC hit

'Man hit woman.' (Schebeck, 1976)

当动作的施事表现出强烈的主动性、意志性时，依旧保留施格标记。但当动作行为的对象有显著受到影响的特征，却因原先的“通格”表征当事而不足以表达受动意义时，就发展出了宾格标记，如例(29)。

在某些语言中，如果是一种攻击行为，含强烈的意志性和主动性，内论元因此采用受格形式；而如果是正常、习惯性的自然行为，内论元则采用通格形式。这种差别体现了受格和通格在意志性和主动性上的差异。

语言的句法角色在从简单向复杂的演化（即句法角色的细化）过程中，最初可能出现直接格涵盖旁格的现象。例如，施通格语言在向主宾格语言演化的过程中会出现对象格包含与格的用法，如 Nez Perce 语例句：

(30) Ergative-Objective-Accusative

ʔάayato-m	pée-ʔni-ye	tíim'es-Ø	hάama-na
woman-ERG	3/3-give-past	book-ACC	man-OBJ

'The woman gave the man a book.' (Schebeck, 1976)

施通格语言在向主宾格语言演变的过程中不可避免地会出现明显的分裂现象，施通格和主宾格标记同时存在，它们在不同语言中有不同的分工。有的语言根据生命度区分主宾格和施通格，如迪尔巴尔语，生命度高的（如人称代词）使用主宾格，而普通名词则用施通格。语言在生命度和事件语义角色上的默认组配一般为高生命度与施事（主动行为者）正相关，低生命度与受事（行为被动者）正相关。因此，"施事—动作—受事"结构如果对应"高生命度 + 动词 + 低生命度"，就无需标记；如果二者颠倒，则需要标记。具体而言，就是低生命度名词（或第三人称代词）充任施格成分，必须标记其为施格；相反，高生命度名词（第一、二人称代词）充任受事，则需要标记其为受格。迪尔巴尔语比较典型，可以用表 2 展示（Coon & Preminger, 2017）。

表 2　生命度与格的配对倾向

	第 1/2 人称代词	第 3 人称代词	其他名词
A	Ø	-ŋ*gu*（'ERG'）	-ŋ*gu*（'ERG'）
S	Ø	Ø	Ø
P	-*na*（'ACC'）	-*na*（'ACC'）	Ø

表2中的Ø表示无格标记。另一些语言的格配置分裂表现为体范畴上的差别，如例(31)Hindi语，完整体采用施通格，非完整体采用主宾格；而例(32)Georgian语过去不定时(或简单过去时)用施通格，现在时则用主宾格(Singh,1994)。

(31) a. Sheer-ne　aadmii-Ø　khaayaa　(Hindi)
lion-ERG　man-ABS　eat(PERF)　[Perfect]
'The lion ate the man.'
b. Sheer-Ø　aadmii-ko　khaataa　hai
lion-NOM　man-ACC　eat(IMP)　AUX[Imperfect]
'The lion eats the man.' (Singh,1994:93—94)

(32) a. Student-ma　ceril-I　dacera.　(Georgian)
student-ERG　letter-ABS　write(AOR)　[Aorist]
'The student wrote the letter.'
b. Student-i　ceril-s　cers.
student-NOM　letter-ACC　write(PRES)　[Present]
'The student writes the letter.' (Comrie,1978:351—352)

也有语言用分裂形式区分内论元的定指与不定指，如Hindi语：

(33) a. Ilaa-ne　rotii-Ø　utaaii.
Ila-ERG　bread-ABS　lift(PERF. F)
'Ila picked up the/a break.'
b. Ilaa-ne　rotii-ko　utaayaa.
Ila-ERG　bread-ACC　lift(PERF. M)
'Ila picked up the/ * a break.' (Mohanan,1994:90)

如果是通格，内论元既可以是定指也可以是不定指，但如果使用受格，则内论元必须是定指而不能是不定指。也就是说，受格可以体现更高的定指性。

随着生产力水平和文明程度的不断提高以及人类对事件结构理解的发展,施通格语言还会不断向主宾格语言演变。论元配置存在四种可能,有学者从逻辑上认为存在四种模式。这些模式得到语言事实的支持,见表3(Deal,2015)。

表3 施格与通格的四分模式

	有施格属性	无施格属性
有通格属性	Warlpiri	汉语
无通格属性	Nez Perce	拉丁语

较为典型的施通格语言是兼具施格和通格属性的语言,如 Warlpiri 语;汉语属于有通格属性而无施格属性的语言,本文大致赞同这一分类,但细节上还需讨论(金立鑫、崔圭钵,2019);此外,有些语言具备施格属性但没有通格属性(如 Nez Perce 语);最后,也存在既没有施格又没有通格属性的语言(如拉丁语),这种语言往往很早就发展为与高度发达的文明相匹配的语言。

最后一个问题,随着生产力水平的提高,人类战胜自然的能力越来越强,为什么还有不少语言仍然是施通格语言?根据对施通格语言在地理分布上的观察,本文发现,施通格语言目前主要分布在两类地区,生产和生活方式决定或影响了这些地区的语言结构模式。

一类是自然条件极其艰苦的地区,另一类是自然条件过分优渥的地区。在自然条件艰苦的地区,人类改造自然的能力微乎其微,绝大多数情况下只能依赖或顺应自然,在强大的自然力面前无奈被动承受或只能做出适应自然条件的选择。这种自然条件下的语言比较容易形成施通格结构。相反,如果自然条件过于优越,当地人常年不必付出过多的努力就能从自然获得食物，满足生存需要，在这种条件下人类也会形成依赖自然的习惯，生产的主动性和积极性便不会太高，这也会影响到语言的结构配置。即便已发展到现代社会，我们仍可以从施通格语言在地理上的分布窥见自然条件与语言结构相关的蛛丝马迹，详见图2（Comrie，2013a）。

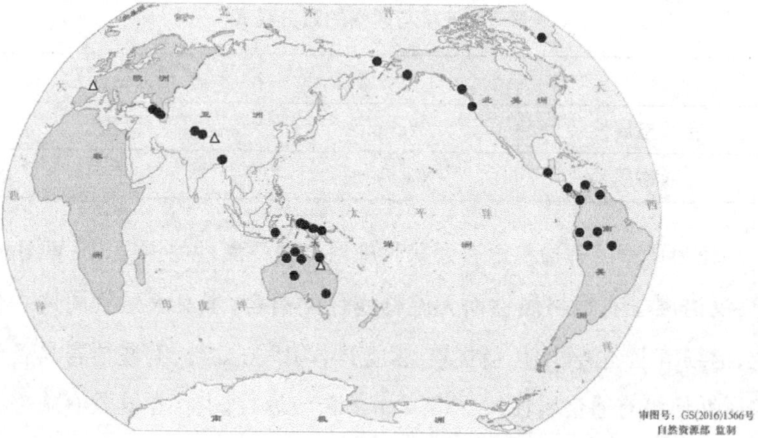

图2　世界施通格语言的地理分布

图2中，实心圆点为WALS标注的施通格语言，空心三角形为本文添加的三个施通格语言。图2顶部中间两个圆点代表施通格语言，左边的是楚科奇语，位于俄罗斯北部的西伯利亚、楚科奇海边，右边是位于北美的阿拉斯加安克雷奇地区（Anchorage）的尤皮克语（Yup'ik）。两者所在的地域都是冰天雪地、自然条件极其恶劣的地区。东边的Eskimo-Aleut（一种爱斯基摩语）位于格陵兰岛，该岛绝大部分地区常年被冰雪覆盖。在用圆点标示的其他25种施通格语言中，有16种在沿海地区，沿海地区生产生活的一大特色是以海为生，看风出海，生产和生活依赖自然的特征明显；另外9种处于内陆的施通格语言则主要分

布在图2的中下部:(1)西澳大利亚和南澳大利亚的山区,基本干旱无水,实景地图显示有大片的赤裸土地,环境恶劣;(2)西部圆点标示的施通格语言分布在阿富汗的山丘干旱地区,环境也同样恶劣;(3)右下角圆点标示的施通格语言分布于巴西内陆、玻利维亚和秘鲁,这些地方覆盖着大片的植被,自然条件优渥(详细介绍参见金立鑫、于秀金,2020)。

从地理和气候条件上看,现存的施通格语言主要分布在自然条件极其恶劣和十分优渥的两种较为极端的地区。这可以解释为外部自然条件对人类语言结构的影响。这两种自然条件对施通格语言分布的影响分别体现为人类对自然的敬畏和依赖,二者共同反映了人类生产生活与语言结构之间的相关性。人类默认或认可自然的安排,主动性处于次要位置,因此在语言结构上还保留了施通格的句法配置。

5. 结　语

本文从人类语言起源以及句法结构论元配置的逻辑可能性出发,论述了语言与动词相联系的三个句法语义角色(施事、受事和当事)的组配顺序以及各种逻辑可能性。文章讨论了不为多数学者所关注的施通格语言的内在结构及其语义和语用价值,兼而讨论了施通格语言中常见的逆被动句法操作的句法功能动因,梳理了施动句与逆被动句各自的句法功能。施动结构一般表征使动态,体现施格成分的使因性、使役性和意志性,行为本身体现完整性或完成性。逆被动则表征自动态,主要动因在于降低施格成分的使因性和意志性等特征,取消及物性,行为本身体现非完整或未完成特征。

本文假设人类语言在论元配置模式上表现为从施通格向主宾格逐

渐演化的过程，该过程与人类生活的自然环境、生产力水平和文明程度正相关。在语言演化过程中逐渐发展出了主宾格模式，除了典型的施通格语言和典型的主宾格语言之外，也产生了很多主宾格与施通格混合的句法组配现象（有学者称其为分裂施通格），多数语言中都或多或少存在主宾格与施通格的交互现象。

作格语言的语序*

罗天华

1. 引言："自由语序语言"

作格语言在一些文献中常被称为"无基本语序语言""自由语序语言"（参看 Jelinek，1984；Bobaljik，1993；Laughren，2002）。这种标签是缺乏根据的，因为语序类型学研究极少讨论作格语言的语序情况（如 Greenberg，1966；Hawkins，1983；Siewierska，1998；Song，2011，2012），同时，作格研究也未对该类语言的语序整体面貌做过说明（如 Plank，1979；Dixon，1994；Manning，1996）。

本文不认为作格语言的语序无章可循。"自由语序"的论断显然有违常识，若一种语言的语序毫无规律，将无法实现交际和思维的功能，也难以为母语人所习得。同时，这种论断也不符合对作格语言的实际观察。例如，南岛语系 Papuan 语族语言的基本语序是 SOV（Li & Lang，1979）；澳大利亚 Pama-Nyungan 语族多为作格语言，其最常见的语序为 SOV 和 SV（Blake，1979）。下面是三种澳大利亚语言（Jiwarli、Warlpiri、Ngarla）的情况：

据 Austin（2001）对 Jiwarli 语（澳大利亚西部语言，于 20 世纪 80 年

* 原载《外国语》2016 年第 4 期，题为"施格语言的语序"。

代消亡）一则长篇语料的统计，该语言的小句语序情况如表1（“完整/不完整”指及物小句是否同时有主宾语两个论元，表中数字是小句数量或比例；下同）：

表1　Jiwarli 语小句语序（Austin，2001）

不及物（35）	及物（完整，11）		及物（不完整，18）	
SV 25	SVO 5	OSV 3	OV 6	VS 1
VS 10	SOV 2	OVS 1	VO 10	SV 1

Warlpiri 语（澳大利亚中部语言）的情况与此类似。据 Swartz（1988：158）对一项口语语料的统计，该语言的小句语序如表2（参看 Simpson，2007）：

表2　Warlpiri 语小句语序（Swartz，1988：158）

不及物（112）	及物（完整，34）			及物（不完整，82）	
SV 73	SVO 16	VSO 2	OSV 0	OV 16	VS 5
VS 39	SOV 3	VOS 3	OVS 7	VO 38	SV 3

Ngarla 语（澳大利亚西部濒危语言）的语序稍有差异。据 Westerlund（2007）的研究，不及物陈述句 82% 以上是 SV 语序；对于单及物结构，小句语序的出现频率由高到低是：SOV、SVO、VSO、VOS、OSV、OVS。如表3：

表3　Ngarla 语小句语序（Westerlund，2007）

不及物	及物		
SV 82%	SOV 36%	VSO 19.5%	OSV 11%
	SVO 19.5%	VOS 11%	OVS 3%

可以看到，Jiwarli、Warlpiri、Ngarla 三种作格语言的小句语序较为

自由,但有一些共同特征:(i)不及物小句以SV语序居多(这印证了Dixon[1994:10—11、49]的观点:不及物小句中,通格[absolutive]成分S往往前置于V,并最有可能出现在句首位置)。(ii)及物小句中SOV、(S)VO语序较为常见。

这两条特征是不是作格语言语序的一般特征?是否还有其他特征?下文即以78种语言为样本,尝试理清作格语言语序的基本面貌,发掘语序特征之间的关联,并与一般语言的语序作比较,在此基础上得出作格语言的一些语序共性。

2. 本文作格语言样本

作格格局指及物动词的施事论元(A)独用一个标志(作格),不及物动词的当事论元(S)与及物动词的受事论元(P)合用一个标志(通格,常为零形式)。这种标记模式与宾格语言刚好相对:在宾格语言中,P独用一个标志(宾格),A、S合用一个标志(主格,常为零形式)(Dixon,1994:8—18;Comrie,2013)。

与作格格局密切相关的一种语法标记模式是"活动"格局(active alignment),指一些语言的S按照施事性的强弱有Sa、Sp之分,在标记模式上Sa与A相同(作格)、Sp与P相同(通格)。一般地,S是无标记的,这是作格语言的重要形态特征,但"活动"语言的特殊之处在于:S有一部分(Sa)可以取作格标记。作格格局和"活动"格局的比较如图1(虚线表示标记模式相同):

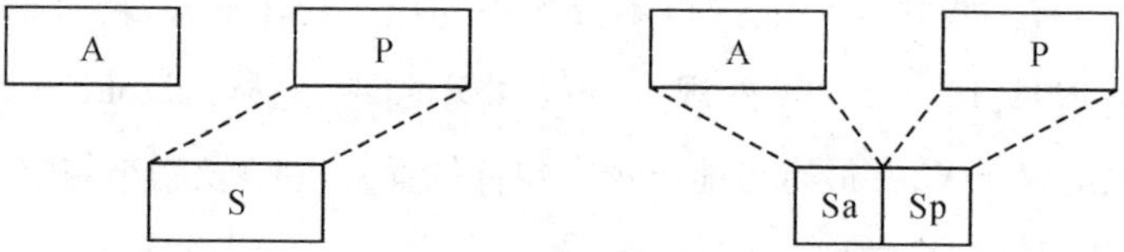

图 1　作格格局和“活动”格局

考虑到典型、彻底的作格语言极少(Silverstein 1976;Dixon 1994:14),而“活动”语言有部分作格—通格特征,本文在选取作格语言时也把“活动”语言考虑在内。即判断一种语言是不是作格语言,我们的标准是:语法标记模式为作格或“活动”格局。需要说明,作格标记主要有两种,一是依附于名词/代词的格标志、小词,二是附着于动词上的人称指示标志(verbal person marking)。分别举例如下:

(1) Hunzib 语(van den Berg,1995:122,引自 Comrie,2013)

a. kid	yut'-ur	b. oždi-l	kid	hehe-r
女孩	睡-过去时	男孩-作格	女孩	打-过去时
‘女孩睡了’		‘男孩打了女孩’		

(2) Konjo 语(Friberg,1996: 141, 140; 引自 Siewierska,2013)

a. na-peppe'-i	Amir	asung-ku	b. a'-lampa-i	Amir
3. A-打-3. P	Amir	狗-1	不及物-走-3. S	Amir
‘Amir 打了我的狗’		‘Amir 走了’		

例(1)是名词作格标记,作格标志-l 附着于“男孩”;例(2)是动词人称作格标记,动词前缀 na-为 A 独用的作格标志,区别于 S、P 合用的动词后缀-i。

按上述标准,无论是名词/代词标记还是动词一致形式,都需要显性的形式标志以识别动词与 A、S、P 的语法关系,因此这是一条形态标准。需要注意,类型学研究以形态标准判断作格格局,与形式语法、系统功能语法等学派按动词语义(致使性、及物性)认定“作格(非宾格)”有根本不同(参看 Dixon,1994:18—22;Comrie,2013;Siewierska,2013)。

按照这条标准,我们在《世界语言结构地图集》(Dryer & Haspelmath,2013)中选取作格语言 75 种(参看 Comrie, 2013; Siewierska,2013),并补充了 3 种已经为学界所广泛认同的作格语言作为本文讨论的样本:Dyirbal(一种澳大利亚语言)、Kham(一种尼泊尔藏缅语)、藏语,共得作格语言 78 种。总体上看,这些语言的谱系来源广泛(分属 43 个语系)、地域分布较广、语法结构类型也较为多样,是一个合适的语言样本(对该样本语法标记模式、小句结构的详细讨论,参看罗天华,2015)①。

---

① 这些语言包括(括号内斜体字为所属语系):Acehnese, Atayal 泰雅语, Chamorro, Drehu, Konjo, Kapampangan, Larike, Taba, Tsou 邹语, Tukang Besi, Uma (*Austronesian*); Dyirbal, Gooniyandi, Ngiyambaa, Pitjantjatjara, Wambaya, Wardaman, Yidiny (*Australian*); Amuesha, Apurinã, Arawak, Campa (Axininca), Warekena (*Arawakan*); Ingush, Hunzib, Lak, Lezgian (Nakh-Daghestanian); Bawm, Kham, Ladakhi, Tibetan 藏语 (*Sino-Tibetan*); Dani (Lower Grand Valley), Kewa, Suena, Una (*Trans-New Guinea*); Carib, Macushi (*Cariban*); Bribri, Ika (*Chibchan*); Greenlandic (West), Yup'ik (Central) (*Eskimo-Aleut*); Mohawk, Oneida (*Iroquoian*); Jakaltek, Tzutujil (*Mayan*); Tsimshian (Coast) (*Penutian*); Araona, Cavineña (*Tacanan*); Guaraní, Karitiâna (*Tupian*); Paumarí (*Arauan*), Basque (*Basque*), Imonda (*Border*), Burushaski (*Burushaski*), Wichita (*Caddoan*), Epena Pedee (*Choco*), Chukchi (*Chukotko-Kamchatkan*), Nasioi (*East Bougainville*), Georgian (*Kartvelian*), Acoma (*Keresan*), Canela-Krahô (*Macro-Ge*), Zoque (Copainalá) (*Mixe-Zoque*), Koasati (*Muskogean*), Tlingit (*Na-Dene*), Päri (*Nilo-Saharan*), Abkhaz (*Northwest Caucasian*), Coos (Hanis) (*Oregon Coast*), Shipibo-Konibo (*Panoan*), Yagua (*Peba-Yaguan*), Lakhota (*Siouan*), Tonkawa (*Tonkawa*), Arapesh (*Torricelli*), Trumai (*Trumai*), Tunica (*Tunica*), Nadëb (*Vaupés-Japurá*), Sanuma (*Yanomam*), Ket (*Yeniseian*), Yuchi (*Yuchi*)。

3. 作格语言的语序

本文主要考察作格语言的三方面语序特征：小句语序（clause order, word order at the clause level），即主谓宾的顺序；名词短语修饰语语序，即领属语、形容词、指别词、数词、关系小句等修饰语与核心名词的顺序；以及附置词的位置，即附置词与名词短语的顺序。

3.1 小句语序

样本语言的小句语序如表4所示，包括三项特征：（i）S、V、O三者语序，（ii）S、V二者语序，（iii）V、O二者语序。

表4 作格语言的小句语序

S. V. O	SOV 31	SVO 7	VSO 5	VOS 2	OSV 1	OVS 1	无定 20	不明 11
S. V	SV 49	VS 12	无定 11	不明 6				
V. O	OV 44	VO 19	无定 9	不明 6				

可以看到，作格语言的小句结构并非缺乏基本语序：有基本语序的语言（47种）远比无基本语序的语言（20种）常见；S、V、O的6种基本语序排列均有发现，并且SOV语序较为常见。

按S、V、O三者的语序排列，SV语言仅有39种（SVO 31种、SVO 7种、OSV 1种）；而按S、V二者的语序排列，SV语言为49种；前者的数量少于后者。导致这两组数字差异的原因是：一些S、V、O三者语序无定、不明的语言，其S、V二者语序是确定的，因为S、V两项的语序显然比S、V、O三项更容易确定。

类似的情形也见于V、O二者的语序。按S、V、O三者的语序，得到 OV 语言 33 种(SOV 31 种、OSV 1 种、OVS 1 种);而按 O、V 二者的语序,得到 OV 语言 44 种;前者的数量少于后者。这同样是因为一些 S、V、O 三项语序无定、不明的语言,其 V、O 两项的语序较为明确。

需要说明,样本语言中没有非 SOV、OSV、OVS 语言使用 OV 语序的情况,也没有非 SVO、SOV、OSV 语言使用 SV 语序。

在谱系分布上,Trans-New Guinea$_{(4/4)}$、Chibchan$_{(2/2)}$、汉藏语系$_{(4/4)}$语言均为 SOV 语序,Nakh-Daghestanian$_{(3/4)}$语系语言多为 SOV 语序,Arawakan$_{(3/5)}$语系语言多为 SVO 语序①。

3.2 名词短语修饰语语序

样本语言中,核心名词与领属语、形容词、指别词、数词、关系小句等修饰语的语序情况如表 5②:

表 5　作格语言的名词短语修饰语语序

名词与领属语(N. G)	GN 50, NG 12, N|G 6, 不明 10
名词与形容词(N. Adj)	NAdj 38, AdjN 20, N|Adj 9, 不明 11
名词与指别词(N. D)	DN 42, ND 16, 混合 5, 不明 15
名词与数词(N. Num)	NumN 35, NNum 20, N|Num 4, 不明 19
名词与关系小句(N. R)	NR 20, RN 10, 混合 12, 内置 3, 不明 33

据表 5,作格语言名词短语的修饰语中,领属语、指别词、数词倾向于置前,形容词、关系小句倾向于置后。如何解释这种语序分布差异?

① 下标数字中,分子为某项特征的实证语言数量,分母为该语系的语言总数。下同。

② 术语缩写:N 名词(短语),Adj 形容词,R 关系小句,G 领属语,D 指别词,Num 数词;Adp 附置词,Pr 前置词,Po 后置词,Inpo 中置词。另外,"A|B"指 A、B 语序可互换,"混合"指兼用多种语序、不以某一种为常式,"内置"指中心名词位于修饰性关系小句内部。下同。

Hawkins(1983:88—114)提出两条语序原则以解释跨语言名词修饰语语序的差异:"重度原则"(the Heaviness Serialization Principle)和"移动原则"(the Mobility Principle)。重度原则的表述:关系小句>领属语>形容词>指别词/数词,该序列按重度(heaviness)从左至右递减,后置于名词的可能性也在递减。移动原则的表述:形容词/指别词/数词> 关系小句/领属语,左边三种成分比右边两种成分的可移动性更大,更容易靠近核心名词。这是相互竞争的两条语序动因(competing motivations):一方面,重度越大的修饰语越倾向后置于中心名词,而重度小的成分倾向于前置;另一方面,一些修饰语比另一些修饰语有更大的可移动性,更容易偏离原来的位置。

样本中,形容词、指别词、数词、关系小句与名词的语序均符合重度原则,而形容词、数词、指别词和名词之间的语序有较多变体,可由移动原则解释。但是,领属语前置于核心名词不符合 Hawkins 的两条动因,其原因尚待深究。一种可能的解释是领属语的定指程度较高,具有前置倾向,且 GN 是核心居后语序,与(S)OV 语序有和谐关系(样本语言多为 OV 语序)。当然,也可能是这两条语序规则对作格语言不完全适用。

另外,在谱系分布上,作格语言的名词修饰语语序有如下特点:

领属语:Mayan 语言$_{(2/2)}$均为 NG 语序,南岛语$_{(6/11)}$多为 NG;Chibchan$_{(2/2)}$、Iroquoian$_{(2/2)}$、Trans-New Guinea$_{(4/4)}$、汉藏$_{(4/4)}$语言均为 GN,Arawakan$_{(3/5)}$语言也多为 GN。

形容词:Chibchan 语言$_{(2/2)}$均为 NAdj 语序,Arawakan$_{(3/5)}$、汉藏$_{(3/4)}$、澳大利亚$_{(5/7)}$语言也多为 NAdj;Nakh-Daghestanian$_{(4/4)}$语言均为 AdjN。

指别词:南岛语言$_{(6/11)}$多为 ND 语序;Cariban$_{(2/2)}$、Iroquoian$_{(2/2)}$语

言均为 DN, $Arawakan_{(3/5)}$、$Australia_{n(5/7)}$、$Nakh\text{-}Daghestanian_{(3/4)}$ 语言也多为 DN。

数词：$Trans\text{-}New\ Guinea_{(3/4)}$、$汉藏_{(3/4)}$ 语言多为 NNum 语序；$Cariban_{(2/2)}$、$Mayan_{(2/2)}$ 语言均为 NumN，$Nakh\text{-}Daghestanian_{(3/4)}$、$Arawakan_{(3/5)}$、$南岛_{(6/11)}$ 语言也多为 NumN。

关系小句：$Mayan_{(2/2)}$ 语言均为 NR 语序；$Nakh\text{-}Daghestanian_{(3/4)}$ 语言多为 RN。

3.3 附置词位置

样本中，附置词相对于名词短语的位置及实证语言数量如表6。

表6 作格语言的附置词位置

后置词	前置词	中置词	无附置词	不明
47	14	1	7	9

作格语言以后置词居多，这不难从小句语序类型推断出来。因为样本语言的小句语序以 SOV（或 OV）居多，根据语序"和谐"原则（word order harmony，参看 Greenberg，1966；Hawkins，1983），后置词与 SOV 均为核心居后类型，是和谐的语序关系。

在谱系分布上，样本中 $Cariban_{(2/2)}$、$Chibchan_{(2/2)}$、$Nakh\text{-}Daghestanian_{(4/4)}$、$Trans\text{-}New\ Guinea_{(4/4)}$、$汉藏_{(4/4)}$ 语系语言均用后置词，Mayan $语言_{(2/2)}$ 均用前置词，$南岛语_{(7/11)}$ 也多用前置词。

4. 作格语言语序的内部关联

样本语言中，小句语序、名词短语修饰语语序和附置词位置三者之间的关联如表7。

表7　作格语言的语序关联

小句	名词短语修饰语	附置词
SOV 31	GN 29, N|G 2;NAdj 18, AdjN 9, N|Adj 3, 不明1;ND 7, DN 19, 混合3, 不明2;NNum 13, NumN 12, N|Num 2, 不明4;NR 3, RN 10, 混合5, 内置3, 不明10	Po 30, 无1
SVO 7	NG 2, GN 4, N|G 1;NAdj 5, AdjN 2;ND 2, DN 5;NNum 1, NumN 6;NR 3, 混合1, 不明3	Po 3, Pr 4
VSO 5	NG 5;AdjN 5;ND 3, DN 2;NumN 5;NR 3, 不明2	Pr 5
VOS 2	NG 1, GN 1;NAdj 1, AdjN 1;ND 1, DN 1;NNum 1, 不明1;(N. R)混合1, 不明1	Pr 1, 无1
OSV 1	GN	Po
OVS 1	NG;NAdj;NNum;NR	Pr
无定20	NG 2, GN 12, N|G 3, 不明3;NAdj 11, AdjN 2, N|Adj 4, 不明3;ND 2, DN 13, 混合2, 不明3;NNum 3, NumN 11, N|Num 1, 不明5;NR 8, RN 0, 混合3, 不明9	Po 10, Pr 2, Inpo 1, 无4, 不明3
不明11	NG 1, GN 3, 不明7;NAdj 2, AdjN 1, N|Adj 2, 不明6;ND 1, DN 2, 不明8;NNum 1, NumN 1, N|Num 1, 不明8; NR 2, RN 0, 混合2, 不明7	Po 3, Pr 1, 无1, 不明6

SOV语言(31种)以GN、NAdj、DN、RN语序居多,数词前置/后置数量相当,后置词占绝对优势。关系小句作为名词短语的修饰语因为重度较大往往后置,SOV语言的小句修饰语却以关系小句前置居多,一个重要的原因是为了避免“中心嵌套”(center-embedding)导致句子结构复杂,即论元成分与核心动词之间因为线性距离过大而增加句子理解的难度(参看Comrie 1989:145—153)。

SVO语言(7种)以GN、NAdj、DN、NumN、NR居多,前置词比后置

词略多。

VSO 语言(5 种)均为 NG、AdjN、NumN、NR、Pr。语序在整体上较为一致、领属语后置,这是 VSO 语言的两个突出特点。

此外,VOS 语言(2 种)的各种语序很不一致,OSV 语言(1 种)的语序是 GN、Po,OVS 语言(1 种)的语序是 NG、NAdj、NNum、NR、Pr。

在小句语序无定的语言中(20 种),SV-VS、VO-OV 语序数量相当,但 GN、NAdj、DN、NumN、NR、Po 占绝对优势。SV-VS、VO-OV 数量相当,可能是这类语言的小句语序难以确定的真正原因。

这些语序分布与以往的一些研究结论不尽相同。例如,类型学研究先驱 Gabelentz(1894)指出,"作格语言的领属定语和形容词定语语序往往相反,且领属语前置于名词,形容词后置于名词;反之,若有领属语前置、形容词后置语序,则往往有作格格局(但概率稍低)"①,即作格格局蕴含领属语 - 名词(GN)和名词 - 形容词(NAdj)语序。作格格局与名词的领属语、形容词修饰语语序的关联如表 8(引自 Plank,2005):

表 8 作格格局与名词 - 形容词/领属语语序的关联(Gabelentz,1894)

作格格局	形容词、领属语分置名词两侧	实证语言
+	+	Basque, Eskimo, 藏语 [Hurrian, Papuan, Urartean, 澳大利亚语言]
+	–	澳大利亚语言
–	+	
–	–	[德语、古希腊语……]

---

① 参看 Plank(2000)"语言共性库"(The Universals Archive)第 240 条。下文 Klimov(1973)、Trask(1979)两条蕴含共性在共性库中的编号为 258、1267。

这种观察不完全准确。本文样本中(见表9),领属语和形容词分置核心名词两端的语言有34种$_{(29+5)}$,而在同一侧有17种$_{(5+12)}$,虽然前者的实证语言数量是后者的两倍,但后者的数量也较为可观。

表9　作格格局与名词－形容词/领属语语序的关联(本文样本)

	NAdj	AdjN	N|Adj	不明
NG	5	5	2	0
GN	29	12	5	4
N|G	3	2	1	0
不明	1	1	1	7

又如,Klimov(1973:79)提出"作格语言的主语和动词分置句子两端:主语居首、动词居末,宾语倾向于无形态标志,主语往往有形态标志"。亦即作格语言的小句语序是S(O)V,作格成分有标记,通格成分无标记。该共性的前半部分与本文样本相悖:样本中有不少语言的小句语序并非S(O)V,例如有SVO语言7种、VSO 5种、VOS 2种。

再如,Trask(1979)认为"作格系统多见于SOV语言,较少见于VSO语言,不见于SVO语言"。该论断与Klimov(1973)部分相悖,因为Klimov排除了语序为VSO的作格语言,也不符合本文样本的语序分布。本文样本语言中虽然SOV语序最为常见,但除SOV、VSO语序之外,作格格局也见于其他四种语序排列,其中SVO语言7种(约占作格语言总数的9%)。

上述几项研究与本文之所以存在某些不一致之处,原因可能有多方面,其中一个可能因素是语言样本的使用与否以及样本覆盖语言数量的多寡。

5. 作格语言与一般语言语序比较

以往的语序类型学研究极少注意到作格、宾格语言的区分，因而语言取样常有所失衡。覆盖面是样本代表性的重要参数，语序类型研究长期以来对作格语言缺乏起码的考虑，这是一个值得注意的问题。这一节将比较作格语言与一般语言[1]语序特征（Dryer，2013a-i）的共性与差异，并检验已有研究的一些语序共性（Greenberg，1966）是否也适用于作格语言。

5.1 Dryer（2013a-i）的语序研究

Dryer（2013a-i）对一般语言的小句语序、名词短语修饰语语序以及附置词的位置做了大规模考察。表10比较了本文样本与Dryer的研究（n = 语言总数）。

表10 作格语言与一般语言语序比较

语序	作格语言（n = 78）	一般语言（Dryer 2013a-i）
S. V. O	SOV 31，SVO 7，VSO 5，VOS 2，OVS 1，OSV 1，无定 20，不明 11	SOV 565，SVO 488，VSO 95，VOS 25，OVS 11，OSV 4，无定 189（n = 1377）
S. V	SV 49，VS 12，无定 11，不明 6	SV 1193，VS 194，SV|VS 110（n = 1497）
V. O	OV 44，VO 19，无定 9，不明 6	OV 713，VO 705，OV|VO 101（n = 1519）

① “一般语言”指不特别区分作格、宾格等标记模式语言。

续 表

语序	作格语言（n = 78）	一般语言（Dryer 2013a-i）
N. G	GN 50，NG 12，N|G 6，不明 10	GN 685，NG 468，GN|NG 96（n = 1249）
N. Adj	NAdj 38，AdjN 20，N|Adj 9，不明 11	AdjN 373，NAdj 878，N|Adj 110，其他 5（n = 1366）
N. D	DN 42，ND 16，混合 5，不明 15	DN 542，ND 561，其他 121（n = 1224）
N. Num	NumN 35，NNum 20，N|Num 4，不明 19	NumN 479，NNum 607，N|Num 65，其他 2（n = 1153）
N. R	NR 20，RN 10，内置 3，混合 12，不明 33	NR 579，RN 141，内置 24，混合 64，其他 16（n = 824）
N. Adp	Po 47，Pr 14，Inpo 1，无 7，不明 9	Po 576，Pr 511，Inpo 8，无 30，其他 58（n = 1183）

可以看到，作格语言的 SVO、VO 语序比例远低于一般语言，而 GN、DN、Po 比例大大高于一般语言。一般认为，核心论元标记的主要功用在于识别施受关系（Comrie，1989：127），SVO 语序是无标记的施事—动作—受事语序，因而较少需要作格标志来指明施事。一个相关事实是，与 SOV 语言相比，SVO 语言不仅作格格局较少，宾格格局也大为少见。此外，样本语言以（S）OV 语序居多，按照语序和谐原则，GN、DN、Po 语序较多也不难预计。

上表反映作格语言的 SVO、VO 语序较少。VO 包括了 SVO、VSO、VOS 三种语序，SVO 语序较少已经得到明确，但 VSO、VOS 的情形尚不清楚，需要与更多的一般语言作比较。表 11 收集了一些已有的小句语序研究[①](为方便比较,这里列入了表10 Dryer[2013a]的数据;参看Lu,1998)。

表11 作格语言与一般语言小句语序比较

	语言数	小句语序						其他/不明
		SOV	SVO	VSO	VOS	OVS	OSV	
Greenberg 1966	30	37.00	43.00	20.0	0.00	0.00	0.00	
Ruhlen 1975	427	51.50	35.60	10.50	2.10	0.00	0.20	
Ultan 1978	79	44.00	34.60	18.70	2.70	0.00	0.00	
Mallinson & Blake 1981	100	41.00	35.00	9.00	2.00	1.00	1.00	11.00
Tomlin 1986	1063	44.78	41.79	9.20	2.99	1.24	0.00	
Dryer 2013a	1377	41.03	35.44	6.90	1.82	0.80	0.29	13.73
作格语言	78	39.74	8.97	6.41	2.56	1.28	1.28	39.74

表11进一步印证了作格语言与一般语言相比SVO语序比例较低;此外,VSO语序比例也较低,而VOS语序比例大致相当。

5.2 Greenberg(1966)的语序共性

Greenberg(1966)的样本包括30种语言,对作格、宾格格局没有特别偏好,在这方面是一个随机的样本,其中有3种语言与本文样本重合:Basque, Burushaski, Guaraní。

我们用78种作格语言的材料检验了Greenberg(1966)的一些语序

① 含小数的数字为百分比。"其他/不明"一类在各项研究中差异较大,可能是有些研究剔除了语序无定、不明的语言或者仅记录倾向性语序,例如Ultan(1978)在统计各语序比例时未计入4种语序不明的语言。

共性,发现其中有些是基本可靠的(共性1、2、3、4、18),有些是部分可靠的(共性10、27、41),还有一些是不可靠的(共性9、12、17、20)和暂不明确的(共性5、11、24)。

总体情形是,Greenberg的整体共性预测常常是可靠的(例如共性1关于主宾语序、共性2—4关于附置词位置),但涉及具体结构特征时,有些共性并不适用于作格语言(例如共性9关于附置词和疑问小词/词缀位置的关系、共性12关于小句语序和特指疑问词位置的关系)。这反映出作格语言作为一个有别于一般语言的群体,有其相对特殊的形态、句法结构特征。

在作格语言中寻求这些语序共性的反例并非本文的目标。不过,以上讨论显示,作格语言有其固有的语序特征,类型学研究(特别是形态句法研究)不应忽视作格语言的存在,需要在语言取样时有适当的反映。只有在充分考虑语言多样性的基础上建立起来的语言共性才更为可靠。

6. 结语:作格语言的语序共性

作格格局的本质是动词与核心论元之间语法关系的形态编码方式。语序也是一种编码,是更高层面的信息组织方式,可看作是一种"广义形态"①。从形态看语序、从狭义形态看广义形态,这是本文的基本视角。

这里列出前文提及的作格语言的一些语序共性(见下)。这些共

① 有学者提出句法配置也是一种广义形态,并认为许多语言都或多或少地具备"句法施通格"现象。例如,金立鑫、王红卫(2014)指出,汉语的句法问题中有相当一部分都与句法的施通格配置相关并可从中获得解释。

性以倾向性居多,但这些倾向性绝非源于偶然,因为其内部关联有着相当的广度和深度。事实上,倾向性往往是受到了干扰的共性——"纯"共性、无例外的共性只是一种理想状态,因为任何语言语法系统的演变,其内部子系统不可能完全同步,而语言群体中的各成员(单个语言)的演变也不可能完全同步。正是因为语言内部和外部都存在差异,特征就表现为规律和例外,共性常表现为倾向性。

这些共性主要限于小句语序、名词短语修饰语语序、附置词位置以及三者之间的关联,较少涉及其他,例如5.2节提及的语序与疑问表达方式之间的关联(Greenberg共性9—12)。毫无疑问,本文只触及作格语言形态-句法关联这个课题的冰山一角,至于形态-句法关联的其他方面,我们将另文讨论。

[附]作格语言的语序共性(部分):

共性1. 作格语言中,各种小句语序类型都有发现并以SOV最为常见;作格语言使用SOV语序的比例远高于一般语言,SVO、VSO语序比例远低于一般语言。

共性2. 作格语言中,SV比VS常见,OV比VO常见;SV、VO语序比例远低于一般语言,OV语序比例远高于一般语言。

共性3. 作格语言的主语(包括及物/不及物动词主语)多位于句首,且常常无标记。

共性4. 作格语言名词短语的修饰语中,领属语、指别词、数词倾向于前置,形容词、关系小句倾向于后置;领属语、指别词、关系小句前置的比例远高于一般语言。

共性5. 作格语言以后置词居多,使用后置词的比例远高于一般语言。

共性6. 作格语言的小句语序与其他语序参项有如下关联:SOV语言以GN、NAdj、DN、RN居多,NNum、NNum数量相当,Po占绝对优势;SVO语言以GN、NAdj、DN、NumN、NR居多,Pr、Po相当;VSO语言均为NG、AdjN、NumN、Pr,ND、DN相当。

共性7. 如果一种作格语言是非问句的疑问小词位于句首或句末,那么其小句语序多为SOV、SVO、VSO之一;如果位于句子第二位置,那么其小句语序为SOV。

共性8. 如果一种作格语言有VO语序,那么其特指疑问词的位置无法预测;如果有OV语序,那么其特指疑问词往往不出现于句首。

类型学的作格格局*

罗天华

1. 引言

类型学“作格”与形式语法“非宾格(作格)”两个概念的混乱由来已久。

作格研究主要肇源于当代语言类型学,较早的作格研究大都是形态-句法类型学研究(Blake,1976;Comrie,1973;Klimov,1973,1974)。至20世纪70年代末,相关研究在类型学中已趋于成熟,作格格局被广泛看作是表达动词与论元之间语法关系的形态手段(Dixon,1979;Plank,1979)。①

关系语法研究(relational grammar)打乱了刚刚建立起来的概念和术语系统。Perlmutter(1978)提出,按照及物性的不同,动词有“非作格”(unergative)和“非宾格”(unaccusative)之分;其研究内容与类型学迥异,却使用了形似的术语(参看第3节)。关系语法虽早已式微,但以生成语法为主的形式学派继续使用了这套术语。动词及物性是语法理论的一个基本问题,也是生成语法的重要研究对象,因而这种“误用”不断得到加强,以至于和类型学作格研究相混淆。例如,

---

* 原载《外国语》2017年第4期,题为“类型学的施格格局”,略有修改。

① 本文“形态”指狭义层面,形态手段主要包括表达语法关系的词形变化和小词。

Grewendorf(1989)一书虽然讨论的是德语非宾格现象，却题为 *Ergativity in German*，使读者误以为德语也有作格特征(Butt，2006：154)。

国内的有关研究也较为芜杂，绝大部分源于和形式语法相关概念的纠缠不清。仅就 ergative 的译名看，就有“作格”“施(事)格”“做格”“唯作格”“唯(被)动格”“动(者)格”“夺格”等多个，反映出相关研究尚不成熟(罗天华，2011，2012)[①]。近年来，学界陆续有把类型学作格理论应用于汉语研究的尝试(例如曾立英、杨小卫，2005；曾立英，2009；金立鑫、王红卫，2014)，但由于汉语不是类型学意义上的作格语言，这些研究本质上是讨论形式学派的非宾格现象，而非类型学的作格格局。[②]

本文将厘清类型学、形式语法中与作格相关、相似以及似是而非的一些概念，认为作格的本质是动词与核心论元之间语法关系的形态编码方式(第2节)。在此基础上，指出汉语动词及物性、“把”字句等语法问题的本质是形式语法的“非宾格”现象，而非类型学的作格格局(第3节)。此外，文章也尝试提出一条鉴别作格语言的标准，并以此标准对作格语言的语法关系标记模式进行取样分析(第4、5节)。

---

① 这种术语区分或许值得提倡：“非宾格”用于形式语法，“施格”用于类型学。不过，“施格”新近已经被用于一些形式框架的动词分类研究(如金立鑫、王红卫，2014；金立鑫，2019；杜丹、吴春相，2019)。

② 曾立英、杨小卫(2005)、曾立英(2009：311—344)认为汉语属于“变动的主语系统”(fluid-S system；Dixon 1994：78—83)，因为(i)许多动词可以自由选择施事或受事主语，(ii)小句合并综合了作格转换和宾格转换。其中，(i)属于非宾格问题，见第3节；(ii)虽与作格格局相关，但对问题的理解不同(参看罗天华，2021)。

2. 类型学的“作格”

要讲清类型学的作格，需要引入三个术语：A（及物动词的施事论元）、S（不及物动词的当事论元）、P（及物动词的受事论元，也记为O）。在作格格局中，核心论元与动词之间语法关系的编码方式表现出：（i）用于A的标志不同于S、P；（ii）A独用一个标志，多为显性形式；S、P合用一个标志，多为零形式（Dixon，1979，1994：1—22）。

在宾格语言中，语法关系有两种落实方式，一是在代词、名词上添加格标志，二是在动词上添加与主宾语相一致的标志（动词一致）。例如，英语He loves her中的宾语she用宾格her，动词love用第三人称单数现在时标志-s。与此类似，作格格局也有这两种落实方式：或在名词、代词上添加格标志，或在动词上添加人称标志。

澳大利亚的Dyirbal语是一种作格语言：

（1）Dyirbal语（Dixon，1994：10）

a.	ŋuma	banaga-nʸu	
	父亲.通格.S	回来-非将来时	（父亲回来了）
b.	ŋuma	yabu-ŋgu	bura-n
	父亲.通格.P	母亲-作格.A	看见-非将来时 （母亲看见了父亲）

例(1)中，A独用一个作格标志-ŋgu，S与P均为通格（absolutive，这里为零形式）。在形态标志上，S与P相同，而A不同，即有A/{SP}的对立。

除了通过名词格标记表达作格格局，一些语言也在动词上添加与主宾语一致的人称标志，例如 Konjo 语（一种 Western Malayo-Polynesian 语言）：

（2） Konjo 语（Siewierska，2013；“1/2/3”指第 1/2/3 人称，下同）

a. na-peppe'-i	Amir	asung-ku
3. A-打-3. P	阿米尔	狗-1（阿米尔打了我的狗）
b. a'-lampa-i	Amir	
通格-走-3. S	阿米尔	（阿米尔走了）

例(2)中，动词上附着的第三人称标志表现为作格格局：如果指涉 A 则使用 na-，如果指涉 S、P 则都用-i。

可以看到，作格格局的 A/{SP} 对立与宾格格局的{AS}/P 对立完全不同。在宾格格局中，例如英语 He loves her、He talks 二句，及物/不及物动词的主语都用主格（零形式），及物动词的宾语用宾格；在动词一致关系上，动词与及物/不及物动词的主语一致，而不与及物动词的宾语一致。

3. 形式语法“非宾格”和汉语语法现象

本文篇首提到，非宾格（unaccusative）现象的研究始于关系语法，后来成为形式学派特别是生成语法理论的重要论题。

unaccusative 是相对 accusative 而言的：unaccusative verbs 是不及物动词，accusative verbs 是及物动词。据关系语法的“非宾格假说”（the Unaccusative Hypothesis），不及物动词主要有两个次类：动作动词（例如：哭、笑、飞、跳）和存现动词（例如：是、有、来、去），为了区分，前者被称为非作格动词（unergative verb），后者被称为非宾格动词

(unaccusative verbs = ergative verbs 作格动词)。

按生成语法的分析,非作格动词句的实质是一个无宾句,例如“张三笑了 * [e]”([e]标示宾语空位),论元不能在宾语空位上出现;而非宾格动词句的实质是一个无主句,例如“张三来了”的“张三”是表层主语,来源于从宾语到主语的移位,其深层结构是“来了张三”(黄正德,2007)。

除了不及物动词(带一个论元的动词,“一元动词”),Burzio(1986)指出二元动词也可相应地分为及物和致使两类(分别对应非作格、非宾格),黄正德(2007)则进一步提出三元动词也有非作格、非宾格之分。我们把非作格、非宾格动词与其相应的论元结构整理为表1:

表1 非作格、非宾格动词与相应论元结构

动词类型	一元	二元		三元		
非作格动词(动作)	施事 doer	施事	受事	施事	受事	蒙事 affectee
非宾格动词(状态)	受事 patient	致事 causer	受事	致事	受事	历事 experiencer

非作格动词强调动作,施事是必不可少的论元成分:一个论元为(深层)施事本身,两个论元则增加受事,三个论元则增加蒙事(动作遭受者);非宾格动词指涉状态,受事是必不可少的论元成分:一个论元为受事本身,两个论元则增加致事,三个论元则增加历事(动作经历者)。语义上的动作、状态之分,是这两类动词的根本差别。

动词语义的动作、状态之分,或者说动词的非作格、非宾格之分,导致了所谓作格现象。例如英语 John $_{A}$ broke the window $_{P}$和 The window $_{S}$ broke,其中 window 既是及物动词的宾语,又是不及物动词的主语,即 S = P(参看金立鑫、王红卫,2014)。按生成语法的分析,无非因为 break

是一个状态动词(非宾格动词、作格动词),The window broke 的深层结构是 break the window,the window 只是移到了表层主语的位置,该句实质上是一个无主句。类似及物/不及物结构的差异在许多语言中都普遍存在,例如汉语"死诸葛走生仲达""仲达走了","(司马)仲达"与上例英语 the window 的角色完全一样。

形式语法对非宾格问题的成果被直接应用于汉语研究并取得许多成果(相关的讨论和文献,参看黄正德[2007])。这里仅讨论与作格相关、相似以及似是而非的一些问题,具体涉及作格动词、主语问题以及"把"字句。

首先看作格动词和动词分类问题。曾立英(2009:33)认为动词类型决定语言类型,即作格动词的有无与多寡决定语言类型。曾(2009:101—118)提出了确定现代汉语作格动词的三条标准:(i)有"NP_1 + V + NP_2"和"NP_2 + V"句式的同义转换,(ii)能出现在"使 + NP + V"句式,(iii)能受"自己"修饰,出现在"NP_2 + 自己 + V 了"句式;在此基础上,确定了现代汉语的 160 个作格动词,并认为汉语具有作格语言的特征。

曾立英(2009)"作格语言""宾格语言"指语法关系的标记类型,"作格动词"指动词的一个小类(即"非宾格动词"),虽然曾都冠以"作格"之名,但此作格非彼作格,其内部体系是清晰的。问题在于,"作格动词"从来都不是鉴别"作格语言"的标志,换言之,形式语法的非宾格动词不能用于鉴别作格语言类型,因为几乎所有的语言都有非宾格动词,但毫无疑问,大多数语言并不是作格语言。

金立鑫、王红卫(2014)提出了汉语一元、二元动词的四分格局,他们不使用"非宾格动词""作格动词",而使用术语"(非)施格动词",其动词分类如表 2:

表 2　一元、二元动词的四分格局(金立鑫、王红卫,2014)

动词类型	及物性	对应论元
通格动词	不及物	通语(通格成分)
施格动词	及物	施语(作格成分)
及物动词	及物	宾语
不及物动词	不及物	主语

这种分类将一元非宾格动词(作格动词)称为"通格动词",将双元非作格动词称为"施格动词",与黄正德(2007)的分类在根本上并无二致。虽然金、王认为该分类是"基于不同理论诠释以及对施通格语言句法配置和主宾格语言句法配置的理论思考",但似乎并未超出黄正德(2007)的范围:金、王的分类不能涵盖三元及物动词,而黄文的主要贡献之一即在于把非宾格 - 非作格的对立从 Perlmutter 的一元动词、Burzio 的二元动词拓展到三元动词。相反,这种分类可能带来术语使用的混乱:其一,"施格动词"是及物的,"通格动词"是不及物的,在名称上并未与及物、不及物动词区分开来;其二,"施[作]格动词"(ergative verb)不见于类型学文献、只用于形式语法,"通格动词"(absolutive verb)尚未见于任何语言学文献。正如金、王所指出的,与作格相关的研究有着严重的术语使用混乱问题,此种背景下,将术语"施格"用于形式语法恐有不妥,亦无必要创制新术语。

再看"把"字句。"把"字句的研究主要涉及三类:普通把字句、"把个"句、保留宾语的把字句,分别举例如下。

(3)a. 张三把工作干完了。←　b. 张三干完了工作。

(4)a. 把个晴雯姐姐也没了。　b. 把个老张给病倒了。

(5)a. 张三把橘子剥了皮。　b. 张三把纸门踢了个洞。

金立鑫、王红卫(2014)对(3)(4)的处理是:例(3)的动词“干”是“施格动词”,名词“工作”是“通语”(通格成分),因为它既可出现在动词前、也可出现在动词后;例(4)的动词“没”“病”是“通格动词”,名词“晴雯姐姐”“老张”是“通语”。黄正德(2007)对(5a)的解释是:“把”是一个轻动词,语义成分是“加之于”(do to);“皮”“橘子”都是宾语,“皮”是内宾语,“橘子”是外宾语,外宾语的角色是蒙受者(affectee)(例5b的分析类此)。

这两种处理看似不同,其实一样。二者都认为动词决定结构,所不同的只是名目:前文已经指出,“施格动词”(3a)就是“双元非作格动词”(5a-b),“通格动词”(4a)就是“一元非宾格动词”(作格动词)。

真正的类型学比况是将“把”字句中的“把”看作通格标志,认为诸如例(6)中的“把”标记的是通格成分“我”:

(6)a. 他把我气死了。　b. 把我气死了。

对此,Li & Yip(1979)已有反驳分析,认为“把”标记的是宾语而不是主语,并指出官话“把”字句、粤语“将”字句都不是作格格局,汉语从任何角度来说都不是作格语言。这种分析是有道理的,因为通格成分通常比作格成分无标记,如果“把”是汉语的通格标记,那么汉语的作格标记是什么?如果说是零形式,显然是缺乏说服力的。

我们认为,要一揽子解决这里的“把”字句问题,不妨将“把”看作宾语标记。如此一来,上述对例(3—6)分析所涉及的论元成分全都是宾语,因为使用标记“把”而使得位置较为自由。跨语言的考察表明,宾语添加识别标记而使得位置更为自由是一个普遍现象,符合标记-语序的互动模式(参看罗天华[2009]及引用文献)。

总之,汉语有形式语法的种种非宾格表现,但不是类型学意义上的作格语言。非宾格研究与作格研究界限分明,我们不能不注意汉语研究中把二者混为一谈的一些情况,也不能不谨慎对待将类型学作格分析直接应用于汉语的一些做法。正如吕叔湘(1987)所指出的,“区别作格语言和宾格语言必须要有形态或类似形态的手段做依据。汉语没有这种形态手段,要说它是这种类型或那种类型的语言都只能是一种比况的说法”。①

4. 作格语言的判断标准

作格语言的判定是一个较难的问题,原因在于语法关系的标记模式较为复杂,主要表现在两个方面:

一是有“分裂作格”的存在。分裂作格指作格格局不纯、不典型,标记系统有时采用通格-作格,有时采用主格-宾格等其他格局。事实上,典型的作格格局只是一种理想状态,尚未见实证语言。换言之,绝大多数作格语言都是分裂作格语言,分裂是作格格局的内在属性,是作格概念本身的一部分(Silverstein,1976;Nichols,1992:65)。

以 Dyirbal 语为例,其普通名词采用通格-作格标记(上文例 1),而人称代词采用主格-宾格标记(Dixon,1979;1994:14—15):

(7) Dyirbal 语(Dixon,1994:14—15)

a. ŋama　　banaga-n^{y}u

我们.主格　回来-非将来时(我们回来了)

---

① 《外国语》审稿人指出,考虑到不少中性和宾格语言也有类似作格的句法配置,可不拘泥于狭义的屈折形态,而将分布这种广义形态纳入作格现象中进行考察。这是一种将作格与非宾格(作格)研究打通的思路,是一个富有启发性但较大较难的问题,我们将再作探索。

b. n^{y}urra　　ŋana-na　bura-n

你们.主格　我们-宾格　看见-非将来时(你们看见了我们)

分裂有多种,最常见的是生命度(包括人称)分裂和时、体分裂。例如 Jiwarli 语(一种已消亡的澳大利亚语言)第一人称单数代词使用主格-宾格屈折形态(第二人称代词可使用主格-宾格形态,也可不用),无生命名词、代词使用作格-通格屈折形态,而其他有生命名词、代词不取作格格局。又如,Yidin^{y} 语(一种澳大利亚语言)的代词使用宾格格局,但普通名词使用作格格局。再如,Lak、Ritharngu 等东北高加索语言的宾格格局多见于代词系统,作格格局多见于名词系统(Comrie,1989:131;Dixon,1994:14—15)。

分裂不仅见于作格格局,也见于宾格格局。例如,英语普通名词不用主宾格标记,第一、第三人称代词有主宾格之分,第二人称代词没有主宾格之分。虽然英语可勉强算作宾格语言,但其标记系统是不齐整的。

二是有"活动"(active)格局的存在。"活动"指一些语言的 S 按照施事性的强弱有 Sa、Sp 之分,在格标记系统中 Sa 与 A 同格、Sp 与 P 同格,或在动词一致关系上 Sa 与 A 等同、Sp 与 P 等同(参看第 3 节)。如 Koasati 语(一种美国 Muskogean 语系语言):

(8) Koasati 语(Siewierska,2013)

a. okolcá　　hóhca-li-halpí:s

井　　挖-1 单数.A-能力(我会挖井)

b. tálwa-li-mp

唱-1 单数.S-听说　([他说]我在唱歌)

c. ca-pa:-batápli-t

1 单数.P-处所-打-过去时　(他打了我的后背)

d. ca-o:w-ílli-laho-V

1 单数. S-处所-死-非现实 （我会淹死）

上例中,第一人称单数标志-li 在(8a)里标示的是 A,在(8b)里标示的是 S;第一人称单数标志 ca-在(8c)里标示的是 P,在(8d)里标示的是 S;这是动词人称标记上的“活动”模式。

此外,还有一种“三分”(tripartite)格局,用于 A、S、P 三者的格标志均不相同(动词人称标记为三分格局的语言尚无报道)。在下例 Hindi 语中,(9a)S“男孩”没有标记,(9b)A“男孩”使用后置词 ne、P“女孩”使用宾格后置词 ko。

(9) Hindi 语(Comrie,2013ab)

a. laRkaa kal aay-aa

男孩 昨天 来-单数. 阳性 (那男孩昨天来了)

b. laRke ne laRkii ko dekh-aa

男孩 作格 女孩 宾格 看-单数. 阳性 (男孩看见了女孩)

在这种“三分”格局中,虽然 A 独用一个显性标志,但没有 A 与 S、P 的对立,因此我们暂且把这种标记模式排除在作格格局之外。这种“三分”格局极为罕见,仅见于 Hindi、Marathi、Nez Perce、Semelai 等少数几种语言(Comrie,2013a)。

要言之,**确定作格语言的标准是:名词格标记、代词格标记或动词人称标记三者至少有一种采用“作格”或“活动”格局。**

这是一个广义的标准。首先,标记位置较为宽泛,不要求名词、代词、动词三者的语法标记模式均为作格,三者之一即可视为作格格局。其次,标记模式较为宽泛,“活动”模式也被视为作格格局,所包含的语言更广泛。

广义标准带来的一个问题是标记系统的典型性问题。假使一种语言的名词为作格标记，代词为宾格标记，如何认识这种语言的基本标记类型？是作格、宾格还是兼类？对此我们有两点解释。其一，这里有一个蕴含关系。前文曾提及，代词有取宾格格局的倾向，如果代词为作格标记，则名词必定也取作格标记。这可能是一条语言共性，我们尚未发现代词取作格、名词取宾格/中性的语言。换言之，在一种语言内部，代词作格标记蕴含名词作格标记。如果一种语言的代词使用作格格局，那么其作格性更为显著、彻底。其二，典型的、彻头彻尾的作格语言尚无实证。事实上，宾格格局也有类似的典型性问题，宾格语言内部也有许多标记性差异，例如有些宾格语言的主格有标记、宾格无标记（marked nominative；参看 Comrie，2013ab；Handschuh，2014）。因此，作格格局、宾格格局都是理想化的语法标记模式，在作为原型存在的性质上并无不同。

5. 一个作格语言样本

根据上述标准，我们选取了78种作格语言作为样本①，以此讨论这些语言的语法标记模式。大体上，这些语言作为一个随机的样本是合适的。首先，这些语言分属42个语系，具有较广泛的发生学代表性，地域分布也较广。其次，各语系的代表语言数量与其所涵盖的语言总数成比例，语言数量较多的语系其代表语言也较多，语言数量较少的语系其代表语言相应减少。这些语言的语法标记模式如表3（表中数字为实证语言数量）：

---

① 这78种语言是（括号内斜体字为各语言所属语系）：Acehnese, Atayal（泰雅语），Chamorro, Drehu, Konjo, Kapampangan, Larike, Taba, Tsou（邹语），Tukang Besi, Uma (*Austronesian*); Dyirbal, Gooniyandi, Ngiyambaa, Pitjantjatjara, Wambaya, Wardaman, Yidin[y] (*Australian*); Amuesha, Apurinã, Arawak, Campa (Axininca), Warekena (*Arawakan*); Ingush, Hunzib, Lak, Lezgian (*Nakh-Daghestanian*); Bawm, Kham, Ladakhi, Tibetan（藏语）(*Sino-Tibetan*); Dani (Lower Grand Valley), Kewa, Suena, Una (*Trans-New Guinea*); Carib, Macushi (*Cariban*); Bribri, Ika (*Chibchan*); Greenlandic (West), Yup'ik (Central) (*Eskimo-Aleut*); Mohawk, Oneida (*Iroquoian*); Jakaltek, Tzutujil (*Mayan*); Tsimshian (Coast) (*Penutian*); Araona, Cavineña (*Tacanan*); Guaraní, Karitiâna (*Tupian*); Paumarí (*Arauan*), Basque (*Basque*), Imonda (*Border*), Burushaski (*Burushaski*), Wichita (*Caddoan*), Epena Pedee (*Choco*), Chukchi (*Chukotko-Kamchatkan*), Nasioi (*East Bougainville*), Georgian (*Kartvelian*), Acoma (*Keresan*), Canela-Krahô (*Macro-Ge*), Zoque (Copainalá) (*Mixe-Zoque*), Koasati (*Muskogean*), Tlingit (*Na-Dene*), Päri (*Nilo-Saharan*), Abkhaz (*Northwest Caucasian*), Coos (Hanis) (*Oregon Coast*), Shipibo-Konibo (*Panoan*), Yagua (*Peba-Yaguan*), Lakhota (*Siouan*), Tonkawa (*Tonkawa*), Arapesh (*Torricelli*), Trumai (*Trumai*), Tunica (*Tunica*), Nadëb (*Vaupés-Japurá*), Sanuma (*Yanomam*), Ket (*Yeniseian*), Yuchi (*Yuchi*)。

表 3　78 种作格语言的语法标记模式

标记模式	名词格标记	代词格标记	动词一致
作格	34	21	19
活动	6	5	26
宾格	2	7	13
中性	14	16	13
不明/其他	22	29	7

不难看到，一些作格语言可以同时使用宾格、中性格局。例如前文多次提到的澳大利亚语言 Dyirbal、Yidin^{y}，名词格标记为作格，代词格标记为宾格，动词人称标记为中性；又如藏语，名词、代词格标记为“活动”，动词人称标记为中性。

又如 Kham 语（即藏语康方言，原作者的调查区域位于尼泊尔），作格标志仅见于及物小句的第三人称主语：

(10) Kham 语（Watters，2002：66—67）

a. la：-Ø　　si-ke
　豹-通格　　死-完成（那只豹死了）

b. tipəlkya-e　　la：-Ø　　səih-ke-o
　Tipalkya-作格　　豹-通格　　杀-完成-3 单数（Tipalkya 杀了那只豹）

c. no：-ye　　la：-Ø　　səih-ke-o
　他-作格　　豹-通格　　杀-完成-3 单数（他杀了一只豹）

d. ŋa：　　la：-Ø　　ŋa-səih-ke
　我　　豹-通格　　1 单数-杀-完成（我杀了一只豹）

e. * ŋa：-ye　　la：-Ø　　ŋa-səih-ke
　我-作格　　豹-通格　　1 单数-杀-完成

上例只有第三人称主语（10b-c）使用作格标志-e/-ye；无人称

(10a)、第一人称单数(10d)均不使用作格标志,如果使用则不合语法(10e)。

这些都反映了作格标记系统的复杂性。作格特征常常见于自然语言的一部分结构和语法范畴,这也是我们在判定作格语言时倾向于采用上述广义标准的主要原因。

6. 结语:作格的本质

类型学里的作格格局,其本质是动词与论元之间语法关系的编码落实方式,也是识别语法关系的标志,或附着于名词论元(格标记),或附着于核心动词(动词一致),具体表现为形态上 A 与 S、P 之间的对立。判断一种语言是不是作格语言,广义的标准是:名词格标记、代词格标记或动词人称标记三者至少有一种采用"作格"或"活动"格局。作格语言是人类语言中的少数派,例如,据 Dixon(1994:224)估计,约有 25% 的语言使用作格格局。而形式语法的非宾格(作格)现象,其本质是动词在语义上的动作、状态之分以及由此带来的及物性差异,几乎所有的自然语言都存在这种动词语义差异。

简言之,作格讲语法关系的形态表现,而非宾格(作格)讲动词语义的句法表现,这是二者的根本差别。此外,作格格局与宾格格局对立,非宾格(作格)现象与非作格现象对立,二者的研究内容完全不同,从来就不在一个层次上(表 4 斜线表示无关)。

表 4　作格、宾格格局与非宾格、非作格现象

	作格	宾格	非宾格(作格)	非作格
A 与 S、P 形态对立	+	−	/	/
A、S 与 P 形态对立	−	+	/	/
动作动词	/	/	−	+
状态动词	/	/	+	−

动词与核心论元之间语法关系的标记模式往往十分复杂。作格语言的内部远非匀质一片,要想把一种语言从整体上划定是否属于作格语言往往是行不通的。可取的做法应该是确定一种语言在什么程度上、在哪些结构上属于作格语言。作格语言如此,宾格语言亦然。

汉语是作格语言吗?*

——作格格局是什么和不是什么

罗天华

1. 引言

汉语是不是一种作格①类型语言?这是一个颇有争议的问题,正反双方都提出了一些证据。

一种观点是,汉语具备作格格局的一些特征,是一种作格语言或者分裂作格(split ergative)语言。例如,曾立英、杨小卫(2005)提出汉语的主语系统有作格语言的特点;曾立英(2009)提出作格动词的有无和多寡是判定作格语言的条件,现代汉语存在作格现象。吴卸耀(2006:132)认为"存现句能体现汉语的作格语言特征";杜丹、吴春相(2019)也认为汉语存现句有分裂作格表现。金立鑫、王红卫(2014),金立鑫(2019:32)指出汉语的论元配置兼有主宾格与施(作)通格模式。叶狂、潘海华(2012:604)指出现代汉语"(作格、宾格)两种结构都有,很

---

* 原载《当代语言学》2021 年第 1 期。

① 作格相关术语的无序使用由来已久。Perlmutter(1978)较早借用 unergative 表示动词类型,Burzio(1986)、Grewendorf(1989)将 ergativity 表示 unaccusativity,都是术语混乱之源(Butt,2006:154;Dixon,2010b:155—156)。Ergative 的汉译名也相当芜杂,有十余个之多,其中"作格"使用最广,"施格"最新(原指作格语言/标记类型,但新近有用于动词分类等)。为讨论方便和避免术语混乱,本文使用"作格",指作格语言/标记类型。

难确定它属于哪种语言;有人提到汉语的'作格化'等说法,我们持保留态度",但又认为"把"字句与作格语言"逆(被)动句"(antipassive)在句法语义方面有平行性;叶狂、潘海华(2017:526)进一步明确提出"汉语在六个方面表现出作格性,因而具有分裂作格语特征,不是单纯的宾格语言"。

另一种观点是,汉语不是作格语言,讨论汉语的作格性是一种比附。例如,Li 和 Yip(1979)较早提出官话"把"字句、粤语"将"字句都不是作格格局,"从任何角度来说,汉语都不是一种作格语言"。吕叔湘(1987:4)指出,"区别作格语言和宾格语言必须要有形态或类似形态的手段做依据。汉语没有这种形态手段,要说它是这种类型或那种类型的语言都只能是一种比况的说法"。张伯江(2014)在吕文的基础上提出进一步的句法证据,论述汉语不是作格语言。沈家煊(2019:55)也认为讨论汉语是作格型还是宾格型语言是一种比附。

孰是孰非,我们认为需要从源头理清类型学作格格局的实质(第2节),分辨与作格相关的一些概念,并区分相似以及似是而非的术语(第3节),在此基础上考察汉语的形态-句法特征(第4—5节)。

2. 作格是什么

2.1 典型作格

类型学对作格格局的定义是一贯的,从早期文献到新近研究都认为,作格是语法关系的一种标记模式,与宾格模式相对。具体地,在作格语言中，作为核心论元的名词短语 A、S、P① 三者与动词之间语法关系的编码方式呈现出如下特征：(1)用于 A 的标志不同于 S、P；(2)A 独用一个标志，多为显性形式；S、P 共用一个标志，多为零形式(Klimov，1973；Comrie，1978，2013；Plank，1979；Siewierska，2013)。

作格格局有两种落实方式：一是名词和代词，主要通过在名词/代词上添加格标志、附置词等语法形式，是一种从属语标记方式(dependent-marking；如下例 1)；二是动词，主要通过在动词上添加表示论元人称信息的标志，是一种核心标记方式(head-marking)(Nichols，1986)，如下例(2)。无论采用何种标记方式，都是动词与论元之间语法关系的形式标志。

Hunzib 语(一种高加索语言)是一种作格语言，其名词格标记有 S、P 等同，区别于 A。(1b)中，"男孩$_A$"使用作格标志-l，标识其为动作发出者；而(1a)"女孩$_S$"与(1b)"女孩$_P$"均无标记。

(1) Hunzib 语(Comrie，2013)

a. kid	y-ut'-ur		
女孩 S	CL2-睡-PST		'女孩睡着了'
b. oždi-l	kid	hehe-r	
男孩 A-ERG	女孩 P	打-PST	'男孩打了女孩'

与此不同的是，有些语言动词上附着的人称标记也呈现出作格格局，如 Konjo 语(一种印尼语言)也是 S、P 同格，区别于 A。(2)中，第三

① 术语和缩写：A 及物动词的施事论元，ACC 宾格(受格)，AOR 不定过去时，CL 名词类别，ERG 作格，FOC 焦点，HEARSAY 听说，INTR 不及物，IRR 非现实，LOC 处所格，M 阳性，OBL 旁格，P 及物动词的受事论元，PHR. TERM 短语终结标记，PRT 小词，PST 过去时，S 不及物动词的唯一当事论元，Sa 施事性较强的 S，SG 单数，Sp 施事性较弱的 S，1/3 第一/三人称；以上按《世界语言结构地图集》(WALS；Dryer & Haspelmath 2013)和"莱比锡注释规范"。另外，在有些文献中，P 也被记为 O(object)，如 Dixon(1979，1994)，或者 U(undergoer)，如 Van Valin 和 LaPolla(1997)。

人称 A 独用一个标志 na-，前附于动词 peppe'（打），标识其为动作发出者；而第三人称的 S 和 P 则共用一个标志-i。

（2）Konjo 语（Siewierska，2013）

a. na-peppe'-i	Amir	asung-ku	
3. A-打-3. P	Amir	狗-1	'Amir 打了我的狗'
b. a'-lampa-i	Amir		
INTR-走-3. S	Amir		'Amir 走了'

名词/代词格标记与动词上人称标记的差别主要在于标记位置（locus of marking）不同，前者在从属语上添加标记，后者在动词核心上添加标记，前者远比后者常见（Nichols，1992：100—105；Dixon，1994：219）。

2.2 广义作格

在典型的作格格局之外，还有一种不典型的作格格局：活动格局（active alignment）①。

---

① 有些文献提及了另外两种不大常见的语法关系标记类型：三分（tripartite）和层级（hierarchical），均不是作格格局（分别参看 Comrie，2013；Siewierska，2013）。

"三分"指用于 A、S、P 三者的标志均不相同，如 Hindi 语（动词上的人称标记为三分格局的语言尚无实证）。例（i）中，（a）"男孩 S"没有标记，（b）"男孩 A"使用后置词 ne、"女孩 P"使用宾格后置词 ko。在三分格局中，虽然 A 独用一个显性标志，但没有 S、P 的归并及与 A 对立，因此这种标记模式被排除在作格格局之外。

Hindi 语（Comrie，2013）

a. laRkaa	kal	aay-aa		
男孩 S	昨天	来. AOR-SG. M		'那男孩昨天来了'
b. laRke	ne	laRkii	ko	dekh-aa
男孩 A. OBL	ERG	女孩 P	ACC	看-SG. M '男孩看见了女孩'

有些语言动词上的人称标记为"层级"格局，使用何种标志标识 A、S、P 取决于论元的指称性/实体性层级。例如 Plains Cree 语（一种加拿大语言）按第二 > 第一 > 第三人称的顺序使用不同的标记策略，其第二人称无论充当 A 或 P 都使用不变的标记形式，而第一、第三人称则另有变化。这种标记模式以人称层级为导向，不关心 A、S、P 三者的归并关系，因而也不属于作格格局。

"活动"格局指一些语言不及物动词的当事论元 S 按照施事性或自控度的强弱有 Sa、Sp 之分，在名词/代词格标记系统中 Sa 与 A 同格、Sp 与 P 同格，或者动词上的人称标记有 Sa 与 A 等同、Sp 与 P 等同，如 Koasati 语（一种美国语言）。

(3) Koasati 语（Siewierska，2013）

a. okolcá　　　hóhca-li-halpí：s
　 井　　　　　挖-1SG. A-能力　'我会挖井'

b. tálwa-li-mp
　 唱-1SG. S-HEARSAY　'（他说）我在唱歌'

c. ca-pa：-batápli-t
　 1SG. P-LOC-打-PST　'他打了我的后背'

d. ca-o：w-ílli-laho-V
　 1SG. S-LOC-死-IRR-PHR. TERM　'我会淹死'

(3)中，第一人称单数标志-li 在(3a)标识的是 A，在(3b)标识的是 S（= Sa，施事性较强）；第一人称单数标志 ca-在(3c)标识的是 P，在(3d)标识的是 S（= Sp，施事性较弱）。这是一种动词上人称标记的"活动"模式，名词、代词也存在类似的格局。

在这种"活动"标记类型中，若 Sp 与 P 等同而区别于 A，即存在作格现象，可以视为一种广义的作格格局。

2.3 作格分裂

作格分裂现象（split ergativity，或译"分裂作格"）指有些语言的作格格局不纯、不典型，某些情形用作格格局，另一些情形用宾格或其他格局。例如，Dyirbal 语（一种澳大利亚语言）的普通名词采用通格 - 作格标记系统，而人称代词采用主格 - 宾格标记系统；类似的名词 - 代词分裂现象也见于 Ritharngu、Yidin^y 等其他一些澳大利亚语言以及 Lak 语等高加索语言（Comrie，1989：131；Dixon，1994：14—15）。此外，动词上的人称标记也有作格分裂现象，如 Trumai 语（一种巴西语言）。

（4）Trumai 语（Siewierska，2013）

a.	iyi	waţkan-e		
	PRT	哭-3SG. S	‘她哭了’	
b.	hai-ts	ka-in	iyi	midoxos-e
	1SG-ERG	PST-FOC	PRT	叫-3SG. P ‘我叫了他’
c.	ha	pita	ka-in	
	1SG	走. 出	PST-FOC	‘我走了出去’
d.	ka’natl-ek	ha	midoxos	
	那-ERG	1SG	叫	‘那人叫了我’

Trumai 语第三人称使用作格格局（4a-b），而第一人称（和第二人称）不用（4c-d）。因此，作格分裂现象中有一部分属于作格格局。

至此，可以将作格格局做一个小结。除典型作格格局外，“活动”格局也可以视为一种广义的作格，而“三分”“层级”格局不是作格。照此标准，我们将 WALS 中 190 种语言的名词标记模式、172 种语言的代词标记模式（Comrie，2013）以及 380 种语言动词的人称标记模式（Siewierska，2013）合并为表 1。

表 1　各类标记模式与作格性

I 名词标记 190①	II 代词标记 172	III 动词人称标记 380	作格性
作格－通格 32	作格－通格 20	作格－通格 19	强（典型作格）
活动－非活动 4	活动－非活动 3	活动 26［分裂 28］	弱（广义作格）
三分 4	三分 3	层级 11	无（不是作格）
主格－宾格 52	主格－宾格 64	主格－宾格 212	
中性 98	中性 79	中性 84	
/	无关 3	/	

表 1 第 III 列“动词人称标记”中有一类“分裂”。作格分裂现象实际上不是作格格局的一种次类，并无一种标记模式称作 split ergative（分裂作格），其实际是作格格局的表现不彻底（Coon & Preminger，2017）。因为典型的作格格局只是一种理想状态，尚无实证语言，分裂是作格的内在属性。换言之，“作格性”是一个原型范畴，绝大多数作格语言都存在分裂现象，分裂是作格格局的特征，是作格概念本身的一部分（Silverstein，1976；Nichols，1992：65）。因此，我们将广义作格的范围扩大到“活动”格局，无需特别说明将“分裂”包括在内。

要言之，典型的作格格局指名词格标记、代词格标记、动词上的人称标记三者至少有一种采用作格格局，广义的作格格局还包括“活动”。

---

① 表中数字为语言数量。第 I－II 列“中性”（neutral）指 A、S、P 标记方式相同（或全无标记），第 III 列“中性”指动词上无人称标记，如现代汉语；第 II 列“无关”（none）指有些语言的代词不能作 A、S、P（或三者之一）。

3. 作格不是什么

3.1 作格不是非宾格

形式学派的非宾格现象指涉动词的语义性质，相关研究始于关系语法（Relational Grammar）。Perlmutter（1978）较早提出，按照及物性的不同，不及物动词有“非宾格”（unaccusative）和“非作格”（unergative）之分。以生成语法为主的形式学派后来也使用了这套术语。

“宾格”与“非宾格”是一对反义词：宾格动词有能力赋宾格、是及物动词，非宾格动词无能力赋宾格、是不及物动词。按关系语法“非宾格假说”，不及物动词又可分为两个次类：动作动词（例如：哭、笑、飞、跳）和存现动词（例如：是、有、来、去），为了区分，前者被称为非作格动词，后者被称为非宾格动词，即作格动词（黄正德，2007）①。

类型学作格格局与形式语法非宾格（作格）现象的区别主要有三个方面：（1）研究问题不同，前者关注动词与核心论元之间的语法关系，后者关注动词的语义性质。（2）观察对象不同，前者考察语法关系的落实方式，即动词与论元的关系通过何种形式手段表达；后者考察动词的及物性和语义差别（如动作、状态之分）。（3）术语系统不同，例如类型学有“作格标记”“作格格局”“作格语言”，但并不关心“非宾格/作格动词”；形式句法有“非宾格/作格动词”“非作格动词”“非宾格性”（unaccusativity）。因此，二者除了（un）ergative、ergativity 这两个形

① 《当代语言学》审稿人指出：宾格和非宾格动词的本质区别在于是否有能力赋宾格，不完全对应于及物不及物。非作格动词也有能力赋宾格，比如可以接同源宾语（如 dance a beautiful dance），在有些语言中还能做非人称被动化。

似的术语之外，并无其他交集，如表2（参看罗天华，2017）。

表2 类型学作格与形式语法非宾格之比较

	类型学作格	形式语法非宾格（作格）
研究问题	动词和论元的语法关系	动词的语义性质
观察对象	名词、代词、动词上的形式标记	动词、主宾语的语义和位置
术语系统	作格标记、作格格局、作格语言	非宾格/作格/非作格动词、非宾格性

3.2 句法作格不是句法学中的作格

句法作格（syntactic ergativity）不是句法学中的作格（ergativity/unaccusativity in syntax）。

所谓"句法作格"，指两个小句在合并（并列、从属）时，若有S、P等同，即为句法作格语言；若有S、A等同，则为句法宾格语言（Dixon，1994：143—145）。以下是英语与Dyirbal语的比较：

(5) 英语（Dixon，1994：155）

[Mother A saw father P] and [Ø S returned].

'Mother saw father and she returned.'

'母亲看到了父亲并且**她**回来了'

可以看到，(5)中英语小句合并是S、A等同，是句法宾格。而下例(6)Dyirbal语是S、P等同，是句法作格。

(6) Dyirbal语（Dixon，1994：155）

[ŋuma P	yabu-ŋgu A	buran]	[Ø S banaganyu]
父亲.ABS	母亲-ERG	看见	回来

'Mother saw father and he returned.'

'母亲看到了父亲并且**他**回来了'

在 Dixon 的作格理论中，句法作格限于小句合并操作。因此，严格说来是一种"合并作格"，而不是指诸如(7)中由动词的及物性差异导致的语序变换。

(7)a. 我$_A$ 写了信$_P$。我$_S$ 写了。(S = A，区别于 P)

b. 我$_A$ 写了信$_P$。信$_S$ 写了。(S = P，区别于 A；叶狂、潘海华，2012)

动词兼表及物不及物，是相当普遍的语法现象(这也是形式语法非宾格分析能广泛应用于各种语言的原因)。例如，英语一般被认为是一种句法宾格语言，但也大量存在 S、P 等同而区别于 A 的情况，如 John $_A$ broke the window $_P$ / The window $_S$ broke。

"句法作格"这个概念本身也存在一些问题。首先，句法作格语言是形态作格语言的次类，是一种罕见的句法现象，实证语言非常之少(Dixon，1994：177—181；Longenbaugh & Polinsky，2017)，影响了其作为类型学参项的理论价值。其次，其核心是小句合并(并列、从属)操作的 S、P 等同并区别于 A；但 Dixon 未说明仅限于小句合并的深层次理据，即为何是小句合并而不是其他句法操作。出于这些原因，该概念自提出之后类型学界反响寥寥，专门讨论跨语言标记类型的文献(Comrie，2013；Siewierska，2013)以及整部 WALS(Dryer & Haspelmath，2013)均未谈及，甚至 Dixon 本人(2010a：123—128；2010b：116—123，147—156)在其个人总结性著作中讨论作格问题时也只字不提"句法作格"。

4. 现代汉语不是作格语言

现代汉语不是作格语言，WALS 已有整体定性：名词、代词标记模式是“中性”（neutral），A/S/P 全无标记（Comrie，2013）；动词上的人称标记模式也是“中性”，即动词上无人称标记（Siewierska，2013）。

不过，不少研究认为汉语有作格特征，是一种作格语言或分裂作格语言。这一节讨论文献中提及较多的四个问题：作格动词、主语系统、存现句以及各式“把”字句。

首先看作格动词。曾立英（2009：33）提出，“汉语是属于作格语言、宾格语言还是混合型语言呢？……要确定这一问题，首先涉及一个语言中作格动词的多少和动词分类的问题。如果一种语言的动词都是作格－通格动词，该语言无疑属于作格语言；反之，如果动词都是主格－宾格动词，该语言属于宾格语言。”也就是说，作格语言的判定要依据作格动词的有无和多寡。曾立英（2009：101—118）在确定 160 个作格动词的基础上认为现代汉语存在作格现象。

作格格局指按语法关系标记模式进行的分类，作格动词或非宾格动词指动词的一个次类，二者在概念上并不相关；作格语言并不关心作格（非宾格）动词的数量和性质，作格动词也从来不是判断作格或其他语言类型的标准。换言之，形式语法的非宾格动词不适用于判断作格语言类型，因为几乎所有的语言都有非宾格动词，是普遍的语法现象；但大多数语言并不是作格语言，作格作为一种语言类型是相对少见的现象。

其次看主语问题。曾立英、杨小卫（2005：30）参照作格格局对汉语的主语系统作了分析，指出：（1）“汉语的作格动词以及很多及物动词在主语的选择上呈现变动的局面”;(2)“汉语综合了(句法)作格、宾格两种转换方式……不是典型的作格、宾格转换”。类似的观点也见于叶狂、潘海华(2017)。

(1)主语“变动的局面”是指,汉语不及物动词的当事论元S有“变动”特征(fluid-S,又译“流动-S”)(Dixon,1994:79)。叶狂、潘海华(2017)也认同汉语是主语变动型语言,“不及物动词有两种安排S的可能,当S能控制动作行为时,与A相同;没有控制时,与O(P)相同”。汉语S可以是控制性较强的Sa(如例8a的“水手”),也可以是控制性较弱的Sp(如8b的“船”)。

(8)a. 水手们沉了船。b. 船沉了。(曾立英、杨小卫,2005:26)

不过,一种语言不及物动词的当事主语S是否可分为Sa、Sp两个次类是论元自身的特征,与动词没有直接关系。汉语的当事主语可以按语境选取Sa或Sp,不过是论元S在施事性/自控性上有强弱之分,这是自然语言的普遍特征,并不足奇。

在作格格局中,当事论元S可分为Sa和Sp是因为:作格语言的S通常带通格标志,但在一些语言中有施事性的S可以带作格标志,没有施事性的S只能带通格标志;这是一种作格分裂现象(参看2.3节),是语法关系的形态落实方式,与主语范畴原本并不相涉。

(2)“汉语综合了(句法)作格、宾格两种转换方式”,指汉语小句合并可以有S、A等同(例9a),也可以有S、P等同(9b)。叶狂、潘海华(2017)也持相同观点。例如:

(9)a. 宝玉$_S$没趣,$Ø_A$只得又来找黛玉(S=A;张伯江,2014:593)

b. 一位阿姨的长头发$_A$碰在我脸上$_P$,$Ø_S$怪痒痒的(S=P;叶狂、潘海华,2017:533)

我们的认识与此不同。第一,“有句法作格、而无形态作格的语言尚未发现”（Dixon 1994:172），句法作格语言是形态作格语言的次类（Longenbaugh & Polinsky,2017），即有句法作格必有形态作格。如果现代汉语有 S、P 等同，是句法作格语言的话，形态作格表现在哪里？第二，“句法作格”实证语言很少，且仅限于小句合并，而这种限制的深层次原因也不明朗（参看 3.2 节）。比较而言，汉语更可能与句法作格/宾格无关；小句合并既有 S、P 等同又有 S、A 等同的原因是汉语的零形回指不遵循句法作格/宾格的规则。汉语主语系统“兼有句法作格和句法宾格”一说，是直接把作格/宾格格局框架移用于汉语而显得格格不入的表现。汉语的事实是：论元 A、S、P 均无标记，既不是作格语言、也不是宾格语言，而是一种中性语言，形态上如此，句法上也如此；汉语的主语问题不能在作格/宾格框架下得到妥贴的解释。

再次看存现句。吴卸耀（2006:130）认为，在存现句中，不及物动词的主事（当事 S）和及物动词的受事 P 被同样处理，均为存现宾语，二者与通格相当；如（10a）中的“人$_S$”和（10b）的“杯子$_P$”，S 与 P 均出现在表层宾语位置。

（10）a. 桌子上坐着一个人。　b. 桌子上放着一个杯子。

杜丹、吴春相（2019）提出，汉语不及物动词的主语 S 因施动性的强弱可分为 Sa 和 Sp，是分裂作格，如（11）的“犯人$_{Sa}$”和“画$_{Sp}$”；存现动词兼具宾格和作格句法，也属分裂作格，如（12）（13）的“发现”。

（11）a. 监狱里跑了几个犯人。b. 墙上挂着一幅画。

（12）a. 李四发现了张三。b. 李四发现了。＊c. 张三发现了。（宾格句法）

（13）a. 湖里发现了宝藏。＊b. 湖里发现了。c. 宝藏发现了。（作格句法）

两项研究的视角有所不同，但均与作格类型无关。（10）涉及名词短语的施动性差异,但不涉及论元的区分或归并;(11)与(10)类似,而(12)(13)是形式语法的非宾格动词分析,不是 Dixon 范式下与小句合并相关的句法作格分析(参看 3.2 节及黄正德[2007])。

最后看各式"把"字句。从作格角度对"把"进行的分析繁多,如通格标志(Frei,1956—1957)、宾语标志(Li & Yip,1979)、逆(被)动语态(叶狂、潘海华,2012)、偏主观化表达的特殊语用句式(张伯江,2014)、作格标志(金立鑫、王红卫,2014;金立鑫,2019),等等,其中不乏截然相反的观点。

Frei(1956—1957)较早将"把"视为通格标志,认为其功能是标示及物动词的宾语 P 和不及物动词的主语 S。如(14),"把"标记的是通格成分"我":

(14)a. 他把我气死了。　b. 把我气死了。

Li & Yip(1979)的观点与此相反,认为"把"的主要功能是标记宾语而不是主语,因为"把"标示不及物动词的主语远不如标示宾语常见;并指出官话"把"字句、粤语"将"字句都不是作格格局,汉语不是作格语言。这种分析符合类型学的标记模式,因为通格成分通常比作格成分更无标记,如果"把"是通格标志,那么作格标志是什么?如果说是零形式,即通格有标记、作格却无标记,显然不符合作格格局的标记模式。

叶狂、潘海华(2012)指出,"把"字句与作格语言逆(被)动句(antipassive)在句法语义方面有许多平行表现,是同一种句法操作,即把动词的直接宾语变成间接宾语,是一种语态现象。对此,张伯江(2014)提出了不同看法,认为"把"字句的各种句法语义特征都与逆被动态无关,二者存在本质不同,如语法角色降级或提升、谓语的去及物化、语义的影响性等方面都有差别。此外,逆被动是作格语言常用的句法手段，但显然汉语并不是作格语言。

金立鑫（2019）认为，叶狂、潘海华（2012）将逆被动看作一种与“把”字句平行的句法操作解释了“把”字句的不及物性质，但未交代逆被动操作的动因。金文认为，“把”字句（15c）的生成方式，是在通格结构（15a-b）的基础上经引进“把”而得到，句法操作的动因是标记使役者“张三”（金立鑫、王红卫，2014）。

（15） a. 老婆气跑了　b. 张三老婆气跑了　c. 张三把老婆气跑了

与以往研究不同的是，金文认为“把”是作格成分的标志，（15c）的“把”将“张三”变为“施语”（作格成分）；具体地，“把”是一种“附从标记模式”，即附着于从属语上的作格标志，（15c）应该分析为“[张三$_{A}$把$_{ERG}$]老婆$_{P}$气跑了”。不过，这种分析难以解释“针对主语的把字句”，如“把你怕成那样”（张伯江 2014），也不能解释“把个”句，如“把个晴雯姐姐没了”；因为这两类把字句的“作格成分”可以不出现，也可以是无施事性的、生命度层级底端的事物，将“把”视为作格标志有违作格格局的标记模式。此外，（15c）“把”在韵律上与“老婆”近、与“张三”远，如果“把”是作格标志、标记的是“张三”，如何解释这种韵律与句法的不匹配现象？

“把”字句的次类极多，如一般把字句、“把个”句、保留宾语的“把”字句，等等；“把”字所标记的成分也相当复杂，如宾语、主语、领有者，等等（张伯江，2014）。我们认为，要一揽子解决这里的“把”字句问题，不妨聚焦问题的主要方面，将“把”看作宾语标志。即上例（14）（15）所涉及的论元成分都可分析为宾语，因为使用标志“把”而使得位置变化较为自由。跨语言的证据表明，宾语添加识别标志而使得其语序更为自由，是较为普遍的语法现象，符合标记与语序的互动模式（罗天华，2009）。

总之,作格动词的有无和多寡不是判断作格语言类型的标准。汉语名词/代词论元 A、S、P 上均无标记,动词上也不附着论元的人称信息,既不是作格语言、也不是宾格语言,而是一种中性语言,形态和句法上都是如此;汉语的主语问题不能在作格/宾格框架下得到妥贴的解释。存现动词属于非宾格(作格)动词问题。“把”字句也与作格格局无关,与其说“把”是通格或作格的标志,毋宁说是宾语的标志。现代汉语的标记模式整体上无作格表现,一些常被提及的“作格”现象也似是而非,实际与作格格局并不相涉,因而不是类型学意义上的作格语言,绝不能“把汉语推向作格语言的一边”。

5. 古代汉语也不是作格语言

现代汉语不是作格语言,古代汉语也不是。

古汉语与作格相关的研究大都以作格(非宾格)动词为焦点,考察动词的语义特征(参看宋亚云,2014;杨作玲,2014;蒋绍愚,2017;梅广,2018:286—288 及引用文献),与现代汉语相关讨论的差异主要是在语料方面。

不过,古汉语的动词变读现象与动词上人称标记的作格格局存在某些相似之处:二者都是在动词上添加标记,属于核心标记策略。

王月婷(2017)讨论了古汉语动词变读的三种方式:变读去声、清浊交替、增加 * s-前缀,认为与作格格局有关。孙玉文(2007:423)将前两种分别称之为变调、变声,我们将第三种称为“变形”。也就是说,古汉语变读有变调、变声、变形三类(变形也可视为一种变声)。

先看变调的例子。先秦汉语动词“走”有上声、去声两读。

(16)a. 田中有株,兔$_S$ 走$_{上声}$,触株折颈而死(《韩非子·五蠹》)

b. $_{[A]}$奉君以走$_{去声}$固宫$_{P}$，必无害也（《左传·襄公二十三年》；王月婷，2017:36）

孙玉文（2007:63）对“走”的音义作了系统的说明。上读为不及物动词，即“跑”或“逃跑”；《尔雅·释宫》：“门外谓之趋，中庭谓之走，大路谓之奔”，音义：“走，祖口反”，注上声（比较16a）。去读是及物动词，多带处所宾语，即“奔向/趋向目的地”；（16b）“奉君以走固宫，必无害也”，陆德明《经典释文》：“以走，如字，一音奏”，即“走”有上、去两读。

类似的变调构词还有很多，如“趋”“号”“争”“沈”“解”等（王月婷，2017）。这类变调动词相关的论元A是动作发出者，多为占据生命度层级顶端的指人名词，但也可以是动物甚至是无生命的事物，如（17a）中的“兽”和（17b）中的“水”（孙玉文，2007:66）。

（17）a. 民之归仁也，犹水之就下，兽之走圹也（《孟子·离娄上》）

b. 民者，在上所以牧之，趋利如水走下，四方亡择也（《汉书·食货志》）

再看变声的例子。“败”有並母去声、帮母去声两读（ ＊b-/＊p-）。並母去声一读（浊去）描述“败”的状态，是“败貌”（18a）；帮母去声一读（清去）有致使义，义为“使败”。如“公败宋师于菅”（18b），按《经典释文》：“败：必迈反，凡临佗曰败皆同此音”。类似的变声构词还有“坏”“施”“折”“解”等（金理新，2006:127；王月婷，2017）。

（18）a. 息师$_{S}$ 大败$_{浊去}$而还（《左传·隐公十一年》）

b. 公$_{A}$ 败$_{清去}$宋师$_{P}$ 于菅（《公羊传·隐公十年》）

最后看变形。上古汉语一些动词可添加＊s-前缀，表示致使、启动、持续等义，其中表致使是最常见的功能，如“顺”＊^{b}m-lun-s > zywinH和“驯”＊^{b}s-lun > zwin，“食”＊^{b}m-lɨk > zyik 和“饲”＊^{b}s-lɨk-s > ziH

（Sagart 1999：70），“燎” * rɯ < ** brɯ 和“烧” * s-phrɯ，“妥” * thor-ɦ 和“绥” * s-tor（下例 19，金理新，2006：127—130），等等。

（19）a. 北州$_S$ 以妥（《汉书·武五子传》）

b. $_{[A]}$惠此中国，以绥四方$_P$（《诗经·民劳》）

变读就是形态变化。周祖谟（1945）明确指出声调屈折是一种形态①。变读去声、清浊交替是内部屈折变化，加 * s-是在动词前添加附缀（affixation），都是典型的形态变换操作（对上古汉语形态的一般论述，参看 Sagart，1999；金理新，2006）。

动词变读与动词上的人称标记虽有相似之处，但更主要的是差异：动词变读不标识论元的人称信息，A/S/P 均无信息附着于动词之上，即从变读无从知晓 A/S/P 中的哪一个发出动作或是动作“加之于”（do to）的对象；而动词上的人称标记明确了动作发出者和/或接受者的身份。但是，古汉语动词变读在未进一步发展出人称信息之前，作为一种形态策略已经整体消亡了（变形比变调、变声消失更早）。现代汉语中，这种变读策略已不复存在，变读现象也已消失殆尽，相应的语义差别改用不同的词形表达、读音联系已经不易看出，如“燎—烧”“妥—绥”，或者干脆没有差别了，如“败”的胜、败两解（吕叔湘，1987）。

不过，王月婷（2017）提出，“走”是宾格句法，如“宣子$_S$ 走”“宣子$_A$ 走固宫$_P$”二句中，A、S 都是动作的发出者，因此有 A、S 等同（比较例 16）；而“败”是作格句法，如“晋$_S$ 败$_{浊去}$”“齐$_A$ 败$_{清去}$晋$_P$”二句中，“败”的都是“晋$_{S/P}$”（比较例 18，败的都是“师”），因此有 S、P 等同。

将古汉语动词变读分析为兼属作格与宾格句法，考虑的仍然是动

① 周祖谟（1945：85）指出，“夫古人创以声别义之法，其用有二：一在分辨文法之词性，一在分辨用字之意义。前者属于文法学之范畴，后者属于意义学之范畴。依其功用之不同，可分为两类：一因词性不同而变调者，一因意义不同而变调者”。

词的及物性，而事实上这种“（语义）等同”与句法作格的“（合并）等同”相去甚远。王文将增带致事主语的致使动词（如“败”）归为作格格局，将增带非受事宾语的（双）及物动词（如“走”“饮”）归为宾格格局；这种分析与将现代汉语分析为兼有作格和宾格格局并无实质区别（叶狂、潘海华，2012；金立鑫、王红卫，2014；金立鑫，2019）。

6. 结语

本文主要尝试解决两个问题：类型学作格格局是什么和不是什么、汉语是不是作格类型语言。由上文的讨论，我们得到以下一些基本认识。

作格格局的本质是动词与核心论元之间语法关系的编码方式。形式上表现为名词、代词上的标记，主要是格形态和附置词，是一种从属语标记（dependent-marking）；也可表现为动词上附着的人称标记，是一种核心标记（head-marking）。典型的作格指名词标记、代词标记、动词上的人称标记三者之中至少有一种采用作格格局，广义的作格还包括“活动”格局。

作格语言类型与非宾格（作格）现象无关，“句法作格”也不是“句法（学）中的作格”。作格格局关注语法关系的形式表达，是相对少见的形态句法现象，实证语言远不如宾格语言常见；而形式句法非宾格研究关注动词的语义差别，是普遍语法现象，广泛见于各种语言。

现代汉语和古代汉语的名词、代词、动词均不负载作格信息，不是任何意义上的作格类型语言，而是中性语言。古汉语的变读现象（变调、变声、变形）虽与动词上的人称标记都属于核心标记，但变读不负载人称信息，因而与作格格局有本质区别。文献中有关汉语动词性质及相关语法问题的讨论，大都属于形式语法非宾格（作格）现象，而不是类型学作格格局。

最后，在探讨作格与汉语相关形态－句法问题的过程中，我们深感恪守理论框架的重要性。类型学作格研究讨论标记模式，形式语法的非宾格（作格）研究讨论动词语义，二者的界限原本泾渭分明。但是，关于汉语"作格"特征的研究，大多从类型学的标记模式出发，转而讨论动词的语义性质；但后者不是类型学作格研究的论题，而是形式语法非宾格（作格）研究的关注对象。用非宾格（作格）现象证明作格语言类型，从汉语非宾格（作格）动词讨论汉语的"作格性"，这种理论框架的"跨界"现象并不鲜见。为此，我们不禁要大声疾呼：形式的归形式，类型的归类型！

汉语动结式在语言类型上的两面性*

——从藏缅语的自动和使动的对立谈起

石村广

1. 引言

本文试图通过藏缅语族语言(以下简称藏缅语)中的“自动—使动”(non-causative/ causative)的对立与交替这一观点来反观汉语动结式(也称使成式,以下略记为 VR),并指出:原始汉藏语的使动形式是在动词前面粘附前缀 * s-来表达的(带星号者表示构拟的古音)。现代汉语中的 VR(使动)也具有“在 R(自动)之前添加 V”的形成模式。虽然语法手段有所不同,但是在汉语语法体系之核心,自古至今都能见到与作格语言(ergative language,也称施格语言)的致使交替相同的机制。另一方面,汉语动结式的致使意义是通过致动用法,即 VR + O 的语序产生的。严格地说,它属于造句法,体现出宾格语言(accusative language,也称受格语言)的类型特点。很显然,汉语原本就具有语言类型学上的两面性。

藏缅语中的动词范畴有“自动—使动”“及物—不及物”“自主—非自主”等,其中最核心的是“自动—使动”的对立与交替。现代汉语也

---

* 原载《世界汉语教学》2019 年第 4 期,略有修改。

不应例外。如借鉴和利用藏缅语的研究成果，对汉语使动态的历时演变进行系统研究，不仅能弥补汉语语法研究领域的不足，而且有助于深化对汉藏语研究乃至语言类型学的认识。

2. 汉语与藏缅语的“自动—使动”系统对立

汉语和藏缅语之间在发生学上有亲缘关系，这是学术界的定论。徐通锵(1998:21)认为，印欧语的基本句式是主动和被动，而汉语的基本句式是自动和使动。这里所说的使动是一种与自动相对立的传统称呼。两者的语法对立属于语态范畴。下面将讨论，在藏缅语的使动词和现代汉语的动结式之间，是否有一个共同的内在机制在起作用。

藏缅语一般用形态手段(包括语音交替变异的方式)来表示动词态范畴。藏缅语动词的使动范畴虽然表现形式多种多样，但是可以构拟到语族层次，这已经是藏缅语族界学者形成的共识。其历史演变过程应为黏着 > 屈折 > 分析。戴庆厦(1990)、孙宏开(1998)、黄布凡(2004)等很多学者推断，原始藏缅语的使动形式是在动词前面粘附前缀 * s-来表达，而且前缀 * s-在历史演变(脱落)过程中，会使动词的词根由浊变清或变清送气。这一音变规则几乎可以涵盖整个藏缅语族数百种语言，如图 1 所示(转引自戴庆厦，2013:7；具体情况参看潘悟云，2018)：

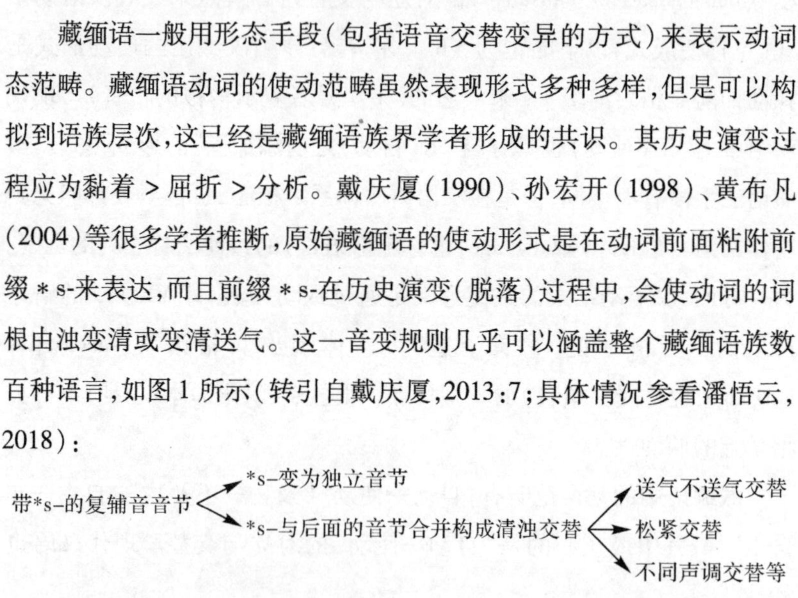

图 1　彝语、哈尼语、载瓦语等藏缅语族屈折式使动范畴的演变链

据马学良主编(2003:138—139)的记载,古藏语动词的使动式有两种构成方式:形态手段和句法手段。前者主要是在动词词根前附加前缀 s-或 b-/g-,使非使动词变为使动词。有时也用声母交替的方式。例如:

	非使动	使动		非使动	使动
s + v	laŋ 起	s-laŋ 使起	b + v	gug 弯	b-kug 使弯
	log 回	s-log 使回	g + v	thug 遇见	g-tugs 接触,会见
	gon 穿	s-kon 使穿	浊 ~ 清	bje 开	phje 打开

戴庆厦(1990:337—338)指出,"自动,就是动词的动作行为是由主动者自己发出的,不是外力使其产生的;使动就是动词的动作行为不是主动者发出的,而是由外力引起的"。因此,使动都是自主的、及物的。自动则有自主的,也有不自主的;有及物的,也有不及物的。

汉语学界较早关注到自动词与使动词配对的现象。王力(1965)指出:"凡与使动词配对的,叫作自动词。从前有人把不及物动词叫作自动词,及物动词叫作他动词。本文所谓自动词不是那个意思。无论及物不及物,只要它是与使动词配对的,都叫自动词。"Bodman(1980)受原始藏文非致使动词跟带 * s-前缀的致使动词配对的启发,认为上古汉语可能也有致使前缀 * s-。其后,梅祖麟(1988)、潘悟云(1991)、金理新(2006)等对此挖掘了一批有力的证据。[①]梅祖麟(2008)推断,在藏缅语族的诸多语支中都能看出原始汉藏语的致使前缀 * s-,它的清化作用产生了上古汉语的声母清浊交替,而致使后缀(包括声调交替)

① Bodman 的这一假设最早是在第五届国际汉藏语言学会议(1972 年 10 月,密歇根大学)提出的。很多学者曾讨论过上古汉语 * s-前缀的功能和演变。Sagart(1999/2004:79—81)指出 * s-前缀的派生动词功能有四种:使动化(causatives)、名谓化(denominatives)、指向(directives)、起始体(inchoatives)。

也是从前缀形式衍生出来的：

"败"　＊brads　自破　＊s-b > ＊s-p > ＊prads 破他

"断"　＊duanx　绝也　＊s-d > ＊s-t > ＊tuans 断绝

梅祖麟的推论极为重要。从形态类型上来看，藏缅语属于黏着型语言，远古汉语也用同样的方式来表达致使义（吴安其，1996，2002）。属于分析型语言的现代汉语也不应例外。据石村广（2016）分析，汉语动结式具有“给 R 添加 V”的形成模式，它是以表示结果的“自动”（不及物动词或形容词）为重心所形成的，例如（不符合语法的例句前加星号）：

（1）a. ＊孩子碎了水杯。　→　a′. 孩子打碎了水杯。

b. ＊弟弟断了绳子。　→　b′. 弟弟拉断了绳子。

c. ＊他亮了杯子。　→　c′. 他擦亮了杯子。

（2）a. ＊小宝宝醒了妈妈。→　a′. 小宝宝哭醒了妈妈。

b. ＊我破了鞋。　→　b′. 我跑破了鞋。

c. ＊小王坏了肚子。　→　c′. 小王吃坏了肚子。

从现代汉语的动词系统来看，“补语”是缺乏及物动词用法的一类（它通常是单音节词，偶用双音节词）。如果仅使用结果补语，句子会不通顺。上述“碎、断、亮”等词语如果要带对象宾语，必须在前边加上表示原因（方式）的“打、拉、擦”之类的动词。如以往研究所指出的，动结式的成立与第一动词是否及物没有必然的联系。比如说，例（2a′）中的第一动词“哭”是不及物性质的。尽管如此，这个句子是符合语法的，而“＊小宝宝醒了妈妈”是不能成立的。这说明 R（不及物）、VR（及物）是汉语动词的一对语法范畴（要注意，汉语动作动词基本没有完成（accomplishment）类，即它跟英语动作动词不同，“只管动作，不包含结果”）。余可类推。具有中立性意义的、代替性很高的虚动词之所以频繁地被作为第一动词来使用，原因大概正在于此。例如："弄坏、弄脏、弄死、弄清楚、搞碎、搞破、搞明白"等。"弄、搞"虽表示向对象物施加的影响，但那是怎么样的动作行为并不明确。这种动词是为了表达致使情景才被置于V的位置上的。基于上述观点，我们尝试在现代汉语中导入汉藏语系语言研究中的语态系统框架：

(3) R(自动)→ VR(使动)

VR中的V是不可或缺的语法成分，它在本质上表达引起状态变化的一种原因力量(外力)。例如，我们只能说"打破了球"，不能说成"＊破了球"，"打"这个力量使球破了。反之，没有"打"这个动作，就不会发生"球破了"这一结果。上面(3)的自动与使动交替属于不及物动词跟及物动词之间的转换关系。但是及物和不及物是就动词是否带宾语而言的，而使动和自动(即致使和非致使)是就动词的主体和客体关系而言的，两者并存，实质上并不矛盾(金理新，2006:59)。动结式的"使动"实际上是"致动"(后面详谈)。汉语的典型动结式是以"补语"为重心所形成的。"补语是补充、说明动作或形容词性谓语的句法成分"这一传统语法观念不符合汉语本身所具备的语法机制。

3. 使动与致动

上述观点正符合汉语动结式产生和发展的内在规律。典型的汉语动结式来自"致动用法"。王力(1958:403)认为，"由致动用法发展为使成式，是汉语的一大进步。因为致动只能表示使某事物得到某种结果，而不能表示用哪一种行为以达到此一结果。动结式的产生，使汉语语法更完善、更能表达复杂的思想"。他举了例子来说明致动用法和动结式的对应关系，例如："小之－削小它""正之－纠正它""死之－杀死他”“活之－救活他”等。

所谓致动用法，实际上是用动宾结构的形式来表达兼语式的内容（如“惊姜氏”），并比兼语式的句法（如“使姜氏惊”）更精炼，应属句法范畴（王力，1965，1999：346）。为避免与自动对立的“使动”和传统语法所说的“使动用法”的混淆，本文将这一语法手段叫作“致动”，跟“使动”区别开来。[①]据余健萍（1957/1992）的分析，使成式（即动结式）发展的主要程式是：B→A 而 B→AB（A 表示动结式的前一成分，B 表示后一成分）。蒋绍愚（1999：339）进一步指出，只有以因果关系为基础的并列式才能发展成为动结式，如：“倾覆我国家”（《左传·成公十三年》）、“射杀一鱼”（《史记·秦始皇本纪》）。他认为，到了南北朝时期，并列式的后一成分不用作致动，和后面的宾语不再构成述宾关系后，才发展成为动结式，如：“主人欲打死之”（《太平广记·卷第九十一》）。梅祖麟（1991）等很多学者也持有同样的看法。

对于中古以后大量的自动词来说，当它们在上古汉语时期带宾语时究竟哪些是形态上的使动，哪些是句法上的致动，在未做出被大家所公认的语音构拟的情况下，有时难以判断（参看太田辰夫，1958：205）。本文姑且不探讨与确定词性相关的问题。本文讨论的重点在于，无论是使动词还是致动用法，其多数在东汉到中古时期返回到了原来不带宾语的词法，当然其变化程度因各个动词而不同。比如，根据宋亚云（2014）的分析，“败”与“坏”等一部分词始于自动，在上古时期使动态的使用频率占优势，但其后再次转为自动。[②]

---

① 致动用法（或称使动用法）是陈承泽（1922/1982：73—75）正式提出的。但陈承泽原本并未重视造句法。他本人的研究最想阐明的是，古代汉语的“字类”，也就是词汇的分类及其用法。参看石村广（2016）。

② R 的不及物化至今还未彻底完成，比如“看懂、听烦、玩怕”等动结式中的补语仍用于及物用法，但这类补语数量有限，并且不是一种能产的类型。参看石村广（2016）。

古代的致动用法已经衰落、消失，这是学术界的共识。但是致动用法的“消失”给研究动结式带来了很大的困难，这导致我们无法说明其致使义之所在。这是在以往的研究中未深入探讨的课题。如上面例(1)和例(2)所示，“＊孩子碎了水杯”等说法都不能成立。石村广(2016)针对这一本质性的问题提出了新的看法，即“致动用法的双音化”。该文主张：古代汉语基本上是“一字＝一音节＝一词”，但是中古汉语之后这种情况改变很大，很多词汇都变成了双音节。致动用法也不应例外。无论是单音节还是双音节，致动用法都是利用“动＋宾”这一语序来表示致使义的。例如：

(4) a. [孩子打水杯]致使[水杯碎了]　→ 孩子打碎了水杯

b. [老张刷墙壁]致使[墙壁白了]　→ 老张刷白了墙壁

“水杯－碎”“墙壁－白”的语序被颠倒了过来，结果形成了符合上述语法的句子。[①]也就是说，在北京官话中，动结式的这种无标记的致使义是由V和R结合后构成的动宾结构(即VR＋O)的语序所致的，因此，在整体结构上，具有“使得宾语产生某种结果”这一符合致使概念的意义。表示结果的R即使在VR结构的内部也并未改变其词性。这样一来，VR就涉及词和短语两个层面：从结构上看，它是短语，属于语言类型学所说的一种“动词连用结构”(serial verb construction)；从功能上看，它在句中起着一种致使动词的作用。因此可认为，带宾语的是

① 本文这样分析，只是为了便于了解动结式致使义的出处，不是说动结式是由兼语式(所谓的隔开式)改造过来的，其实是相反的。施春宏(2008：323—331)认为，隔开式的出现，只是在不同的句法配位方式的可能性之间的一种选择。它只能出现在双动共宾的V2自动词化以及致动用法衰弱之后，而不能出现在此前。梁银峰(2006)也持有类似看法。中古时期隔开式的出现是一种过渡性语法现象，这一途径并非主流。

VR 整体。[①]如上所述，使动和致动是两个不同语法层面上的概念，前者是相对于自动而言的，本来属于形态构词法。而后者则属于造句法，即它是（狭义的）使动用法，两者不能混为一谈。

在此做补充说明，语序和致使程度之间存在很密切的联系，这在很大程度上是现代汉语的共时特征。[②]石村广（2018）对南方方言的 VRO（动补宾）语序和 VOR（动宾补）语序的并存现象进行了调查，结果发现汉语南方方言中能否构成 VOR 语序的实质就在于致使性（或及物性）程度，即致使性越低，分离式语序就越容易出现。比如说，在 VRO 为优势语序的情形下，VOR 语序运用起来很受限制，多用于非现实情态或未然用法，它的能产性较低，如：宁波话"压其扁"（压扁它）。[③]分离型能性动补结构，特别是它的否定式至今仍被广泛地使用着，如：广州话"点都打佢唔烂"（怎么也打不破它）、绍兴话"别人家打诺勿倒咯"（人家打不倒你的）等，究其原因正在于此。要注意的是，南方少数民族和汉族交界地区存在一些特殊情况。广西、海南岛部分汉语方言是在壮侗语的包围和影响下形成的，它们使用高度能产的 VOR 语序。这意味

---

① 以往研究已指出，北京官话中 V 和 R 结合得很紧，除了"得"和"不"外，几乎插不进别的字，因此使人觉得好像是一个词。要是 R 是双音节词，我们就明显地意识到它的分离性，不会有一个词的感觉。如："洗干净""说明白"等。另外，本文匿名审稿专家指出，在现代汉语中，受事主语句中的 VR 同样具有致使意义，比如"打碎了杯子"和"杯子打碎了"两句话中的"打碎"都表示致使意义。本文认为，后者相当于无标记被动句，它是通过致使者（动作者）的降级（demotion）派生出来的。

② 石村广（2016:344）指出，北京官话中的兼语式所具备的致使性比动结式的低。它们的最大区别在于兼语式中的受使者为施事者，它保留着较高的自控度，如："他逼我打扫房间"等。

③ 汉语的致使表达方式在各个方言，特别是南方方言中会有地域特点和差异。尽管如此，从宏观的角度来看，现代汉语的 VOR 基本上是不能产的。例如，吴语温州话 VOR 可以描写已然情景，但宾语必须带数量修饰语。宾语由不定名词短语充当这一语言事实表明，温州话 VOR 的致使性程度比 VR 结构略低（石村广，2018:200）。有趣的是，温州话在构成 VR 时，受事必须前置，这个问题还有待具体考察。

着汉语动结式以 VR 结构为基本,即它的根本语序不是核心在前的结构,而是核心在后的结构。

综上所述,作格性是藏缅语和汉语的一个本体特点,藏缅语现在仍保留着“自动-使动”的形态变换,上古汉语也曾用 * s-前缀来表示使动,也可通过音变来表示自动和使动。汉语使动范畴(动结式)的历史演变过程大致为黏着<屈折<分析(孤立)。具体如下:

形态变化(以前缀 * s-为代表)>语音变化(清浊交替、声调交替[①])>单音节致动(1)(传统的致动用法)>单音节致动(2)(并列式的后一成分)>双音节致动(动结式)

动结式的“使动”实际上也是“致动”。汉语具有语言类型上的两面性,但是各个时代有所侧重。比如,上古汉语的单音节致动用法、中古汉语的隔开式(新兼语式)等表达法,相对来说,宾格语言特征似乎更加突出一些。尽管如此,从总体上看,我们可以认定汉语和藏缅语的自动是原型的,使动是后来派生出来的,作格性是“自动-使动”态系统的本源。[②]

4. 汉语是一种混合型语言

4.1 “自动-使动”态系统与作格语言的关系

上述内容可以归纳为如下两点:(1)R(自动)、VR(使动)是汉语态

① 迟于清浊交替而出现的声调交替是由“非去声-去声”的对立而形成的交替现象。这一对立被认为主要是由后缀 * -s 的作用诱发了去声化而形成的。参看金理新(2006:291—293)。

② 汉语和藏缅语的使动范畴的历史演变过程基本上一致,但是它们的内涵不一定是一致的。这一方面还有待进一步研究。参看潘悟云(2018)。

系统中的一对语法范畴。汉语具备“在 R 之前加上 V”的结合定式。从功能上,VR 可视为一个词。这表现出动结式的词汇层面的特点。(2)从语义上看,从语义上看,动结式的致使义是由 V 和 R 结合之后所构成的动宾结构(即 VR + O)的语序所致的。无论是单音节还是双音节,致动用法都是利用“动 + 宾”这一语序来表示致使的。这表现出动结式的句法层面的特点。① 下面将对这两个类型特点的来历进一步加以说明:

首先看第一个特点。藏缅语大多是作格语言或部分具有作格性的语言(长野泰彦,1986)。藏缅祖语也被认为是作格语言(DeLancey,1987)。在藏缅语中有标记的使动态很发达,这无疑是与作格系统有着密切联系。Dixon(1994:9)用及物动词的两个论元(A 和 O)以及不及物动词的唯一论元(S)这三个句法要素分析了语言特点,并以此为出发点,分出宾格语言和作格语言(下表中的 A 为及物动词的主语;S 为不及物动词的主语;O 为及物动词的宾语):

表 1　宾格、作格语言的格系统

	A	S	O
宾格语言	主格		宾格
作格语言	作格	通格	

从格标记的角度来理解,宾格语言中的 S 和 A 具有相同的格标记,而 O 具有不同的格标记;作格语言中 S 和 O 具有相同的格标记,A 具有不同的格标记。即宾格语言的 A 和 S 都带主格(nominative),O 带宾格(accusative);作格语言的 S 和 O 都带通格(absolutive),A 带作格

① 梁银峰(2006:10)认为,这类动补结构具有短语和复合词的特征。就其内部可扩张而言,它们是短语;就其语法功能而言,它们是复合词。

(ergative)。Dixon(1994:16)称其为形态作格。从语序的角度理解,凡是O容易转换为S的语法现象为作格性;凡是O不容易转换为S的语法现象为宾格性(Lyons,1968:352;松本克己,1986;金立鑫、王红卫,2014;叶狂、潘海华,2017等)。

在作格语言中的通格,常常是无标记的,通格和谓语动词构成组合关系(syntagmatic relation),动词的种类由加不加有标记的作格成分决定。比如说,藏语的形态标记系统比较保守,强意愿性的主语带有作格标记(下面的书面藏语的例句转引自长野泰彦,1986:123):

(5)	stag-Ø	shi-pa-red.(老虎死了)	
	tiger-Ø	die-PFT-AUX	
(6)	kho-s	stag-gcig-Ø	gsad-pa-red.(他杀死了老虎)
	he-ERG	tiger-one-Ø	kill-PFT-AUX

在藏语中,通格动词的主语(例5)和作格动词的宾语(例6)采用同一形态标记(无标记)。作格动词的主语用另一个标记,在此采用作格标记-s(例6)。① 在藏缅语中,有标记的使动态非常发达。可见,虽然汉语缺乏格形态系统,但动结式的形成机制跟作格语言格系统的内在规律是平行的:自动是基本结构,使动是衍生结构。藏缅语和汉语均出自西北地区或者黄河中上游地区的古羌语。这种看法使汉藏语系的成立顺理成章(江荻,2002:12)。②

---

① Trask(1979:388)指出,藏语是一种分裂作格语言,它的作通格系统常常出现在过去时或完成体中,而主宾格系统出现在非完成体中。"分裂作格"是Dixon(1994:70)的说法。他认为影响分裂作格性的因素有四个:核心动词语义、核心名词语义、小句的主从地位及时体语气。有的语言表达涉及单一因素,有的受多个因素的共同影响。

② 关于汉藏语系在何时何地诞生,一直以来都众说纷纭。Zhang等人(2019)通过系统发生学(phylogenesis)方法重构了汉藏语系下各个分支的亲缘关系,推算出汉藏语系起源于新石器时期的中国北部,大约5900年前的黄河上游,并且与马家窑文化和仰韶文化的出现有关。

值得一提的是，自动的本质是反身态（孙宏开，2007：158）。在现代汉语中，如“吃饭、穿衣服、打扫房间、写毛笔、走累了、跑了一个小时、洗了一身汗”等所表达的，不是使别的事物产生某种情况，而是使自己产生某种情况。结果都是主体内部自我产生的。本文把它看作自动。据项开喜（2010）的分析，像“我吃西瓜吃撑了”那样的重动句（也称“动词拷贝句”）表示一种自作性致使义，句子的主语，即事件的主体既是使因行为的实施者，同时也是致使结果的承受者。吴为善（2010）也持有类似观点。徐通锵（1998）似乎没有注意到这一点。虽然在形式上发生了变化，但是其中仍保持着汉语自身的结构原理。汉语的语法系统自古至今以自动、使动的配对为核心，如表2：

表2 汉语、藏缅语中不及物、及物和自动、使动的对应关系

不及物动词	及物动词
自动态	使动态
反身语义（－外力）	状态变化（＋外力）

关键在于，自动，是动词的动作行为是由主动者自己发出的；使动则是由外力引起的。本文认为，受事主语句、“把”字句等句式实际上是“使动”的一种历史变异。这一领域的研究还有待进一步开拓。[①]

正如很多学者所指出的，在各种语言中，主格－宾格句法比作格－通格句法用得更广泛。这是为什么呢？Comrie（1989/2010：140）对此解释为：“施事和话题之间有一种自然的相互联系：在其他条件相同的情形下，可以预期施事跟话题重合。可见主语的概念只是反映这种预

① 从本文的分析角度来讲，汉语介词“把”可以看作一种作格标记，其主要功能是引进致使者（或使因者）。但是作格标记附加在宾语上，而不是作格成分上（金立鑫、崔圭钵，2019）。这个问题可以从本文提出的汉语语法类型的两面性来解释。

料之中的重合的语法化。”松本克己(1986:182)也指出,作格性本质上基于动词论元的语义功能,而宾格性则基于话语的信息结构,世界上各种语言的类型可分为宾格性系统和作格性系统两大类,而在多数语言中,都同时存在两种模式,只是程度不同而已。如图2所示:

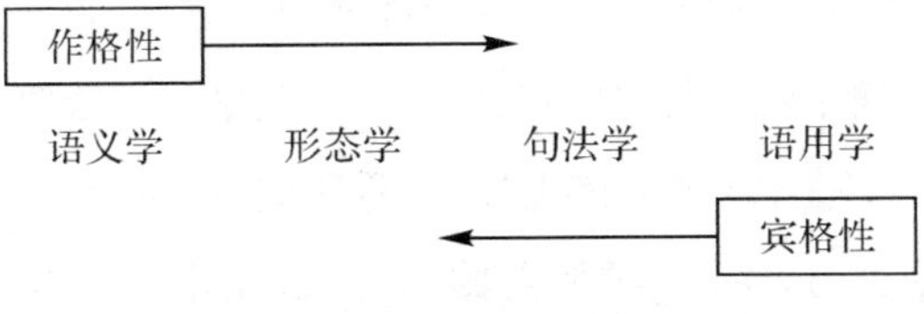

图2　语言结构中的作格性和宾格性的显现序列

除了少数几个例外,描述汉语之作格性的研究几乎没有引起汉语学者瞩目。20世纪80年代,吕叔湘(1987)敏锐地指出了汉语的作格性,[①]但是汉语学界似乎一直没有停息地向西方借鉴语言理论和研究方法,把汉语看作一种单纯的宾格语言。随着中国境内的语言类型学的普及和进展,情况才发生了变化。近来有不少学者讨论汉语的作格性问题。杨作玲(2014)主张,在语言类型上,远古汉语与藏语一致,均为语义作格型语言。到了先秦时期,形态变化已经不是能产的语法手段了,因为此时通过句法运作形成使动句法结构更为常见。金立鑫(2016),叶狂、潘海华(2017)等人讨论汉语中的分裂作格现象。他们认为现代汉语处于从作格语言演变为宾格语言的中间状态。

4.2 致动用法和语言类型的关系

上面我们看到“自动－使动”对立跟作格语言的格系统有着密切联系。但是新的问题出现了。以往的研究表明,作格语言基本上是

① 依笔者管见,最早提出汉语的作格性并公开发表的是Frei(1957)。

SOV,也有 VSO,在严格的 SVO 语言中,几乎没有作格语言(Trask,1979:385;松本克己,1986:185)。藏缅语基本上是 SOV 型语言(某些名词和动词短语的语序与典型的 SOV 型不和谐),而汉语则是以 SVO 为基本语序的,而且形态上几乎没有格标记功能。如上所述,致动用法利用动宾结构。这该如何解释?这个问题跟上述第二个特点有关系。

关于汉语属于哪一类,学界向来有不同的意见。依笔者管见,目前学界的看法大多是,汉语大体上属于 SVO 型,但不是典型的 SVO 型。根据以往的研究,产生出"类型上的不一致"是由于动词语序的变化,即动词的位置从句末变为句中。Greenberg(1966)提出的共性之一表述为:"如果在一种语言里占主导地位的语序是动词位于名词主语和名词宾语之后,那么这种语言几乎一定有一种格系统"(第 41 项共性)。在这样的 SOV 语言中,区别主语和宾语的格系统的消失会导致动词居尾的语言出现更多的歧义,但如果这个动词不是位于句子末尾而是置于主语和宾语之间,从而形成 SVO 语序,就可以防止产生这种歧义。也许在语言总体的历史上,一直存在这种侵蚀形态系统的倾向。①

汉语的基本语序也是如此演变的,即汉语经历了一个从形态手段丰富到形态手段逐渐简化的过程,从而发生汉语的 SVO 语序。吴安其(2002:9—10)认为:"汉语、侗台语和苗瑶语是典型的分析形成的语言。但原始汉语的形态可能与原始藏缅语相近,具有黏着的特征,从《诗经》中还可以看到汉语的动词、名词和形容词带前缀音,战国之后就很少见了。汉语用不同的声调区别动词和名词,动词和形容词,说明

① 匿名审稿专家指出,所有的修饰语在核心之前,随着人类思维的发展,表达精确化的需要,这种语序在心理加工上也缺乏优势,难度加大。这也是分化为 SVO 语序的动因之一。

声调发生以前用 * -s 后缀或别的什么手段来表示这一类的区别。上古汉语的前缀 * s-、* p-、* k-后来凝固在一些字音中。从商代的甲骨文卜辞和西周时代的金文句式、用词来看，商周时代汉语已开始出现分析形态的特征，到了汉代更为典型。"[①]到上古晚期，基本只有声母清浊和去声还有能产性，其他本来是用不同形态手段表达的字也专用清浊和去声，特别是专用去声来区别（毕谦琦，2014：271）。刘丹青（2003：102）也指出："汉语的 SVO 可能来自汉藏祖语的 SOV，它遗留 SOV 语言的部分特点是可以理解的。用这些特征无法反过来证明汉语现在是 SOV"。原始汉藏语的基本语序是 SOV（这个语序不一定是固定的），SVO 是后起的。

应该注意的是，上古汉语确有 VO 语序优势的倾向，但从总体上看 OV 和 VO 语序在上古时期就已经交融混合。桥本万太郎（1978/2008：28—33）把上古汉语看作是一种较严格的 VO 语言，然而 OV 语序在汉语的每个历史阶段都存在。如太田辰夫（1958：259）所指出的，处置句在古代汉语中也有，是用"以"来代替"把"的。例如：

（7）天子不能以天下与人。（《孟子·万章上》）

（8）齐侯以许让公。（《左传·隐公十一年》）

（9）复以弟子一人投河中。（《史记·滑稽列传》）

再则，太田辰夫（1984：77）指出，在《论语》中"动词 + 介宾词组"的数量占优势，但用于动词前边的介词也很发达。例如：

I. 介宾词组 + 动词　于、以、用、自、与、为、无

---

① Karlgren（1950/2010：53）曾经指出，汉语最初有一个"主—属格"的"吾"和一个"与—宾格"的"我"，如："如有复我者，则吾必在汶上矣"（《论语·雍也》）。可是在孔子的时代，这个系统已经开始改变了："吾"仍然限用于主格和属格，而"我"在保持它最初的与格和宾格的用法之外，也开始用作主格和属格了。

II. 动词 + 介宾词组　于、乎、以

据何乐士(1992:253—255)的统计调查,在《左传》中"介宾词组 + 动词"语序出现 2228 次,"动词 + 介宾词组"语序占 3570 次,出现比率为 1: 1.6。而在《史记》中这个比率为 1466 次和 469 次,即比率变为 1: 0.32,"介宾词组 + 动词"成为优势语序。

另外,我们可以发现上古汉语一句之中就有 OV 和 VO 两种语序的例子。例如:

(10)不患人之不己知,患不知人也。(《论语·学而》)

(11)子曰:"莫我知也夫!"子贡曰:"何为其莫知子也?"(《论语·宪问》)

在典型的文言句法中,疑问句、否定句的代词宾语是放在谓语动词前面的。这一现象或许也能说明当时的民族迁徙造成的语言接触产生了重大影响(详见吴安其,2002)。

本文设想北方阿尔泰语系的 OV 语序有可能对汉语原有的 OV 语序起到了加固作用。Dryer(2017:78—80)认为,如果由 OV 语序转变为 VO 语序的话,"关系小句 - 名词"(RelN)、"介宾词组 - 动词"(PP-V)两种语序也应该在很短时间内演变成"中心语 - 修饰语"(即"名词 - 关系小句""动词 - 介宾词组")的语序。虽然汉语自古以来以 VO 为优势语序,但是它仍保持着那种违背"和谐语序原则"的状态。究其原因在于原始汉藏语为 OV 语言。也就是说,这两种"修饰语 - 中心语"的语序可能是原始汉藏语时期的遗留形式。还应当注意,汉语在某些语序上与北方阿尔泰语系语言的相似程度超过了与藏缅语的相似程度,例如形容词和名词的语序。他的见解与我们的思路是相吻合的。

笔者再次强调,汉语的语言类型并不是非此即彼的问题,OV 语序与 VO 语序并存从古至今是汉语的常态。这种罕见现象有可能源于地域因素。当然,这个倾向在现代汉语中也能看到。金立鑫、于秀金(2012)讨论了普通话中的句法组配模式。他们的分析结果如下:

(1)OV 和 VO 大致均等:前后置词、附置词短语位置、方式状语的位置、比较句结构

(2)倾向于 OV:领有成分位置、关系从句、疑问标记

(3)倾向于 VO:冠词的位置、从属连词、want 类动词的位置

以上 10 种语序组合中,4 种组合是 OV 型和 VO 型兼而有之的,另外倾向于 VO 型的有 3 种,倾向于 OV 型的也有 3 种。就以上句法组配的模式倾向上来看,在普通话中,OV 和 VO 大致上均等,可以证明普通话属于一种较为典型的 VO 和 OV 语序类型共存的混合语。本文认为这一看法触及了汉语语序类型特点的核心。[①]

5. 结语

汉语动结式具有两个不同的类型特点:(1)汉语语法的核心是作格性。这是最重要的内在规律。VR(使动)也是由 R(自动)派生出来的。汉藏语的使动态起源于致使前缀 * s-。因此汉语和藏缅语之间存在着根源性类似的致使交替方式。这是它们所共有的一个不易摆脱的语法性质。[②]这体现出汉语的作格性、黏着型和 OV 语序的倾向。(2)汉语动结式是通过“致动用法的双音化”产生的。致动用法并没有衰

---

① 王力(1989:1)指出:“词序的固定是汉语语法稳定性的最突出的一种表现。主语在谓语前面,修饰语在被修饰语前面,动词在宾语前面,数千年如一日。有人分析过甲骨文的语法,发现它的词序和现代汉语的词序基本上是一致的。”

② Sapir(1921/1997:127)认为:“语言处在经常改变的过程中,但是有理由假定它们会把结构中最基本的东西保持得最长久。”

退、消失，反而通过双音化延续到现代。无论是单音节还是双音节，致动用法都是利用“动＋宾”这一语序来表示致使的。显然，它属于造句法。这体现出汉语的宾格性、孤立型和VO语序的倾向。

在现代汉语中，上述两个类型特点并非独立存在，而是互相关联的。动结式所具有的“亦词亦语”的特殊性来自于此。正如陈其光（1996：28）所述，“汉语在词汇方面比较接近藏缅语，而在语法语音方面则接近苗瑶语和侗台语”。他的见解很值得深思。汉语原本就具有语言类型上的两面性（而不单纯是含混性），而且通过上述分析可知，这一类型特点在动结式的语法结构中显现了出来。汉语形成的历史可归为民族交融与语言接触的历史。为了摆脱印欧语的研究框架，寻找汉语自身的语法特点，藏缅语（作格语言）研究中的“自动－使动”态系统可以提供一个新的参照系。

从分裂作格现象看汉语句法的混合性*

叶 狂 潘海华

1. 引言

吕叔湘先生很早就指出汉语不具备作格性,他(1987)通过对一系列动词如“胜”与“败”等的句法格局研究,并参考汉语缺乏形态手段的语法特点,认为“很难把汉语推向作格语言的一边”。张伯江(2014)在吕文的基础上也进行了相关研究,他通过对并置小句的相同成分的省略限制、主从句主语同指的隐含等现象的研究和测试,进一步发现汉语在总体上呈现出宾格语言特征,不具备作格性。本文的主旨并不是要否定前贤学者的观察和发现,而是将比照跨语言的分裂作格现象来考察汉语的更多的细节,以此来观察和论证汉语表现出的作格性。主要观点是认为汉语句法其实还是具有混合性,准确地说,具有分裂作格语特征,而不是单纯的宾格语言。如果这是对的,那么把字句的逆动化观(叶狂、潘海华,2012ab,2018)也有了类型学依据。

* 原载《外语教学与研究》2017 年第 4 期,略有修改。

2. 宾格现象、作格现象、分裂作格现象

在语言类型划分上，有两种方法，一是从语序上观察，可以分出SVO、SOV、VSO、VOS等语序语言；二是从动词论元的安排方式来观察，比如澳洲语言学家R. M. W. Dixon就是这样研究的，他以此为出发点，分出了宾格语言、作格语言。Dixon(1972,1979:61,1994:9)使用了三个句法成分来观察：A、O、S，其中A代表及物动词的主语论元，O代表及物动词的宾语论元，S代表不及物动词的主语论元，见表1(也见吕叔湘，1987)：

表1　宾格语言、作格语言

	A	S	O
宾格语言	主格		宾格
作格语言	作格	通格	

从表1可以看出，宾格语言在句法上把A和S作相同安排，而把O作另外的安排；作格语言在句法上把S和O作相同安排，而把A作另外的安排。表现在所带的格标记上，宾格语言的A和S都带主格标记，O带宾格标记；作格语言的S和O都带通格标记，A带作格标记。宾格语言、作格语言的这两种句法也可称为宾格性、作格性(相关研究也见Comrie, 1978; Johns et al., 2006; McGregor, 2009; Silverstein, 1976等)。

这里先补充一点。这里的作格性与邓思颖(2004)提出的“作格化”、沈阳和Sybesma(2012)提出的“作格结构”并不相同。邓思颖所说的作格化主要指一种让动词由及物动词转变为不及物动词的句法过程

（邓思颖，2004）。而沈阳和 Sybesma 所使用的作格结构是指在非宾格假设下的“谓语动词 + 补语小句”结构。本文所说的作格句法也与 Perlmutter（1978）提出的非宾格假设的研究对象不同。非宾格假设的主要研究对象是不及物动词（详见潘海华、韩景泉，2005）。另外，本文的作格性也与 Halliday（1967）、Lyons（1968：352）、Crystal（1991/2008）所讲的作格性不同，他们主要指致使 - 起始对，如：The man broke the window，The window broke。Comrie（1978：391）把这种句对称为“词汇作格性”，以区别于形态作格性。Dixon（1979：118；1994：20）、Matthews（2007）也都认为，这种句法对不应该看作判断某一种语言的作格句法的依据。

本文主要想介绍的是分裂作格（split-ergative）现象。分裂作格现象指：当某语言在某一层面表现出兼有作格性与宾格性的混合特征时，该语言就具有分裂作格性。或者说，当该语言在某个维度的某一方面表现出作格性，而在另一方面又表现出宾格性时，该语言就是一种分裂作格语，具有分裂作格性（Dixon，1979；1994：70—110；也见 Moravcsik，1978：237；DeLancey，1981；Guillauma，2006；Ura，2006；Li，2007；Coon，2013：7 等）。

从语言演变的角度看，分裂作格现象也不难理解，因为语言系统并非一直静止不动，而是处于不断的演变之中。Dixon（1994：186）指出语言演变有两种方式：（a）宾格语演变为作格语，（b）作格语演变为宾格语，如图 1 所示。处于两端的是相对单纯的宾格语和作格语，处于中间的是宾格性与作格性共存的阶段，我们可称之为分裂语 1、分裂语 2，二者显然不同，不是互为镜像。实际上，Dixon 是站在作格语言的角度观察，因此把处于中间的语言称为分裂作格语，这样，分裂语 1 和 2 其实就是分裂作格语 1 和 2。当然，我们还可以从宾格语言的角度观察，把处于中间的语言统称为分裂宾格语(split accusative),那么就得到分裂宾格语1和2。或者更准确地,把从宾格语演变为作格语的中间环节称为分裂宾格语,而把从作格语演变为宾格语的中间环节称为分裂作格语。这样就有三个观察角度。但本质上,这三个角度的观察结果是相同的,都是讲某语言在中间状态下,呈现出宾格性与作格性共存的混合状态。至于是以宾格性为主还是作格性为主,其实还需要更全面的调查才能确定(图示当然简单化了)。也就是说,把中间环节统称为分裂作格语或分裂宾格语或按照演变方向分别命名,其实并没有多少本质的区别。本文就沿用Dixon的说法,采用分裂作格语。

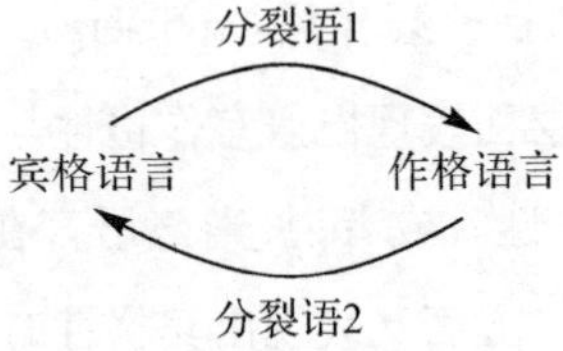

图1　语言演变模式

那么,判断分裂作格性,就首先涉及宾格性和作格性的认定。按照前人的研究,宾格性和作格性既可以在小句内观察,如名词性成分的格标记或介词(adposition)、动词所带的一致关系标记以及语序等;也可以超越小句,在小句之间观察。比如Polinsky(2016)认为作格性的核心特点是:带有空位的关系化(relativisation with a gap)的对象只能是通格语,不能是作格语。作格语在关系化时,必须使用回指代词。Bittner & Hale(1996)却采用两项参考指标,即关系化和话题链,前者与Polinsky相同,后者主要指并列小句的相同成分省略,与Dixon(1994)相同。

认定分裂作格性，则主要观察小句内、小句间表现出的宾格性与作格性的共存现象。比如 Warlpiri 语，形态上使用作格通格标记，有作格性，而在句法上却表现为宾格性：带作格的主语比带通格的宾语更显著，在关系化、辖域、相同成分省略等方面，都是作格成分优先（Ura，2006：116）。再如 Bidjara 语，完整名词短语是作格系统，而代词却是宾格系统；Georgian 语，小句在不定过去时态（aorist tense）用作格系统，而在现在时态却用宾格系统（Comrie，1978：351—352），类似的语言还有 Hindi、Burushaski、Tibetan、Nepali、Samoan 等。

Dixon（1994：70）认为导致分裂作格性的因素有四个：主动词语义、核心名词语义、小句的主从地位以及时体语气。有的语法表现涉及单一因素，有的受多个因素共同作用。下面从这四个方面展开，并结合 Ura（2006）、Coon 和 Preminger（2012）、Coon（2013）、Polinsky（2016）等研究，以相应的分裂作格现象为比较对象，来分析汉语句法的混合性。由于汉语没有显性格标记，动词也不带一致关系标记，汉语主语又可以自由省略，因此，无法从形态和关系化来观察，只能从论元位置（或语序）、小句间相同成分省略、名词动词的语义解读等角度分析认定。

3. 分裂作格现象与汉语的作格性表现

3.1 汉语具备主语分裂语的句法特征

我们首先从主动词语义的角度来观察。Dixon（1994）划分出两种混合语言：主语分裂语（split-S）和主语流动语（fluid-S）。这一节先看主语分裂语。对主语分裂语而言，不及物动词的主语主要由动词的语义来决定，比如有意志力、控制力的动词主语与及物句的 A 相同，是 S_A，形成 S = A 系统，而无意志力、受影响的动词主语是 S_O，与 O 相同，形成 S = O 系统。也就是说，这种语言是宾格句法与作格句法混合使用。[①] 图示如下（Dixon，1994：72）

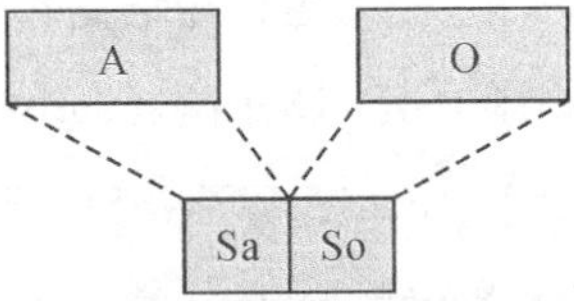

图 2　主语分裂语句法系统

对我们最具启发意义的是世界上的语言并不都是通过格标记来体现这种混合性的。Dixon（1979：67；1994：76—77）指出，有的语言通过语序来实现。比如 Tolai 语是典型的主语分裂语言，及物句为 AVO 语序，不及物句分两种情况：当动词为 go、sit、say、eat、be sick、be cold 等时，S 位于动词前，为 SV 语序，当动词为 flow、fall、burn、cry、grow、be big 等时，S 必须位于动词后，为 VS 语序。Waurá 语同样是一种典型的主语分裂语，例如：

（1）a.	yanumaka	inuka	p-itsupalu
	jaguar	3sg + kill	2sg POSS-daughter
	The jaguar killed your daughter. “美洲虎杀了你女儿”		
b.	wekíhi	katumala-pai	
	owner	3sg + work-STATIVE	
	The owner worked. “业主工作了”		

① Dixon（1994：74、124）又指出，动词语义决定的主语分裂系统并非完美一致，有时候有意志力的动词主语反而是 S_O，无意志力是 S_A。

c. usitya　　　　　ikítsii

catch fire　　　　　thatch

The thatch caught fire. “茅草屋顶着火了”

例(1a)是及物句,(1b-c)是不及物句,(1b)的主语 wekíhi“业主”位于动词前,因此(1a-b)组合就是宾格句法系统。(1c)的主语 ikítsii“茅草屋顶”位于动词后,因此(1a、c)组合就是作格句法系统。[①] 在这个视角下观察汉语,很明显,汉语具备上述两种句法特点。比如:

(2)a. 小王批评小张(AVO) b. 老刘工作(SV) c. 跑掉了两个贼(VS)

(2a-b)组合就是宾格句法,(2a-c)组合就是作格句法。(2c)是赵元任(1979:298)举的例子,他说这是不及物动词带“倒装主语”。实际上,这类S论元在动词后的例子不胜枚举,再比如:飞来一只小鸟、落下一块大石头、下大雨、牺牲了一个士兵,等等。

这里有两点需要注意,第一,这里的句法组合不是指前人所说的作格对(ergative set),作格对不宜作为认定作格性的标准,详见1.2节的论述。第二,有三个证据显示VS比SV更基本。一是有的动词当S在前时,独立性差,需要辅助手段才成句(横线部分),而S在动词后不需要,例如:

(3)a. ? 一只小鸟飞来。　　a.' 一只小鸟飞来<u>了</u>。

b. ? 一块大石头落下。　b'. 一块大石头落下<u>了</u>。

c. * 大雨下。　　　　　c'. 大雨下<u>来了</u>。

二是(2c)类句再加上话题,就成了所谓的存现句,但在有话题的

---

① 注意:Dixon(1994)的作格性是同时观察及物句和不及物句,不是只单单地看一个小句。

情况下,S 论元还是放在动词后更自然,更宜接受。如:

(4)a. 张三家飞来了一只小鸟。　a'. ? 张三家一只小鸟飞来了。

b. 看守所跑掉了两个贼。　b'. ? 看守所两个贼跑掉了。

三是关系化从句的语序也只能是 VS,而不是 SV,说明 VS 更基本。如:

(5)a. 跑掉两个贼的那个看守所。　a'. *两个贼跑掉的那个看守所。

b. 飞来一只小鸟的那个人家。　b'. *一只小鸟飞来的那个人家。

c. 来客人的那家人。　c'. *客人来的那家人。

d. 晒太阳的年轻人。　d'. *太阳晒的年轻人。

e. 刮风的日子。　e'. *风刮的日子。

f. 掉牙的小朋友。　f'. *牙掉的小朋友。

g. 坐人的小凳子。　g'. *人坐的小凳子。

3.2 汉语具备主语流动型语的句法特征

主语流动语的特点是:及物句动词的 A 和 O 都有固定句法安排,但不及物句却是基于动词语义而言的。即每一个不及物动词都有两种安排 S 的可能,当 S 能控制动作行为时,与 A 相同,没有控制时,与 O 相同,这两种可能性取决于动词的运用语境。图示如下(Dixon,1994:79):

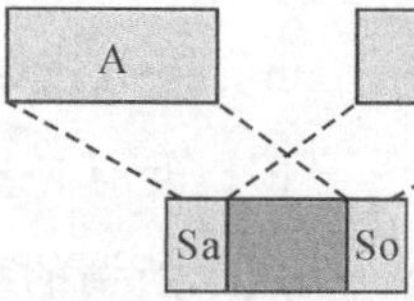

图 3　主语流动语句法系统

中间的网格表示对有些动词来说,经常带不同的主语标记,而两边倾向于带一种标记,但总的特征是大多数不及物动词都有带两种标记的潜能。典型的语言是高加索语系东北部的 Bats 语、Tabassaran 语、南太平洋语系中的 Acehnese 语、藏语口语、南美的 Baniwa do Icana 语、苏族语系的 Crow 语等。现在来看汉语,从位置观察,例(6)显示 S 的位置可前可后,说明汉语具备主语流动型语言特征。

(6)a. 客人来了。b. 来客人了。

(7)a. 托儿所五个小孩病了。 | 大学同学好几个离婚了。

b. 托儿所病了五个小孩。 | 大学同学离婚了好几个。

例(6)是非宾格动词,这类句子李临定(1990)举过很多。例(7)是非作格动词。刘探宙(2009)举了大量相关例子,如"立定跳远已经跳了三十个同学了""报名表填五个人了",孙天琦和潘海华(2012)讨论了这类句子的语义(集合和子集)和语用(话题和焦点)允准条件。但不管如何,一个事实是:汉语不及物动词的唯一论元 S 可以出现于动词前,也可以位于动词后,是"流动的",虽然这种"流动"需要某种条件如数量成分(如五个)或话题(如托儿所)的允准配合。从语义解读上看,(6—7)的 a 句不排除 S 对动作行为的控制能力,但 b 句肯定不存在这种控制。对比典型的宾格语如英语,就会发现(7b)类句在英语是绝不可能出现的。

这里需要补充一点,关于例(2c)(6b)(7b)中的 VS 句子,S 究竟是主语还是宾语,在 20 世纪 50—60 年代有过大讨论(吕叔湘,1979:61),篇幅所限,这里不能综述。我们按照潘海华、韩景泉(2008)的观点,认为这类句子的生成涉及底层宾语提升到动词主语位置,得到主格,然后再外置到一个焦点位置。得到主格就说明 S 一定是主语。我们认为从作格性的角度观察,这个格应该是通格,与及物动词 O 论元的格一致。

从主语流动性和主语分裂性来看,前者概括性强,涵盖后者。因此，一言以蔽之，我们认为汉语本质上是主语流动型语言。

汉语的这种句法安排还可以得到功能上的解释。根据 Du Bois (1987,2017)的观点，作格语言在信息结构安排上，通常使用及物动词的宾格 O 和不及物动词的主语 S 来引进新信息。汉语把 S 放在动词后，正是为了更好地平行于 O，来引进新信息。

3.3 名词短语有不同句法

Silverstein(1976)、Dixon(1994:84)、Coon 和 Preminger(2012)都认为如果代词与普通名词有不同的句法系统，那么，代词一定采用宾格系统，普通名词采用作格系统，绝不会相反。可以用下图表示：

← 作格/通格 ‖ 主格/宾格 →

无生NP > 表自然力NP > 有生NP > 表人NP > 专有名词 > 3人称复数 > 3人称单数 > 1/2

图 4 基于人称/生命度的分裂作格

Coon 和 Preminger(2012)指出，越在等级低端(左端)的 NP 越易触发作格句法系统，越在高端(右端)的越易触发宾格系统，这种倾向具有跨语言的普遍性。比如 Comrie(2013)在 190 个语言中，发现 32 个语言的完整名词短语具有作格格标模式，包括东欧的一些高加索语、澳洲大部分的 Pama-Nyungan 语、南太平洋群岛语的汤加语和 Samoan 语、孤立语 Basque 语、Eskimo-Aleut 语系的语言、北美的 Tsimshiany 语和 Chinook 语、南美洲的一些语言如 Je、Panoan、Chibchan，以及加勒比语系的语言等。我们认为汉语的特点是：一二三人称代词一直到专名都必须使用宾格句法，表现在该类成分充当 S 论元时只能出现在不及物动词前，不能出现在动词后，如(8a—b)所示。即 S 要与及物句的 A 作一致句法安排。而普通名词短语却两可，既可位于动词前也可位于动

词后,(8c)显示有定普通名词短语也可位于动词后,即 S 与 O 安排一致,是作格句法。试对比:

(8)a. *来了你/我/他(对比 6a—b)

b. *托儿所病了王冰冰和李圆圆　*立定跳远只跳了张三(对比 7a—b)

c. 吴老接着说:“来了这么多好朋友,所以这份情谊我承担不起”(CCL)

传统研究认为(8a)不好是因为汉语的动词后通常要求是无定的新信息,不能是有定的旧信息,这是从语义语用角度的分析。现在从分裂作格的角度看,就会发现更深层的原因是句法的限制,即不同的名词短语有不同的句法。另外,1.3.2 和 1.3.3 讲的并不是一个特点,1.3.2 是从动词来研究,1.3.3 是从名词短语来研究。这二者当然会有联系,但不能混淆。

3.4 并列小句的句法中枢可以是 O/S

现在从小句的主从地位观察。这一节先分析并列小句的主语省略,下一节讨论附加语主语的控制。Dixon(1994)指出,作格语言除了有形态作格一类外,还有句法作格一类。句法作格体现的是更为本质的句法特征,具备这种特征的语言也不一定就使用作格通格标记,相反,有的甚至可以使用主格宾格标记。句法作格主要体现在句法中枢(pivot)的使用上。英语是典型的宾格句法,它的句法中枢是 A/S,不是 O/S(Dixon,1994;Foley,2007)。例如(9)显示,在两个并列小句中,第二个小句可以省略的成分必须是与第一个小句相同的主语 John,不能是宾语 Mary。而作格句法的句法中枢却是带通格的 O/S,比如 Dyirbal 语的句法中枢是 O/S(Ura,2006:115),如例(10)(省略成分用带下标

的 Δ 来表示）：

（9）a. ［$John_i$ returned］ and ［Δ_i laughed］.

b. ［$John_i$ saw $Mary_k$］ and ［$\Delta_{i/*k}$ laughed］.

（10）a. ［ŋuma-$\o_k$ banaga-n^yn］， ［Δ_k miyanda-n^yu］.

father-ABS return-Nonfut laugh-Nonfut

［$Father_k$ returned］ and ［Δ_k laughed］.

b. ［nŋma-$\o_k$ yabu-$ŋgu_j$ bura-n］， ［$\Delta_{k/*j}$ banaga-n^yu］.

father-ABS mother-ERG see-Nonfut returned-Nonfut

［$Mother_j$ saw $father_k$］ and ［$\Delta_{k/*j}$ returned］.

（10a）第二个小句省略的是带通格的 ŋuma“父亲”，（10b）第二个小句省略的只能是带通格的 ŋuma“父亲”，不能是带作格的 yabu-ŋgu“母亲”，Dyirbal 语是典型的句法作格语言。

张伯江（2014）认为汉语的句法中枢是 A/S，不是 O/S，比如：

（11）a. 宝玉$_S$ 没趣，Δ_A 只得又来找黛玉。

b. ＊宝玉$_S$ 没趣，黛玉又来找 Δ_O。

c. ＊宝玉来找黛玉$_O$，Δ_S 又没在。

（11a）成立，因为 Δ_A 与宝玉$_S$ 同指，可以作句法省略，表明汉语的句法中枢是 A/S，这是典型的宾格句法。（11b—c）不成立，因为两个小句的主语不同指，所以都不能省略，证明汉语的句法中枢不是 O/S，与作格句法完全不同。

但石定栩（2000：23—25）却有正好相反的观察，他指出承接复杂句中省略的前指并不只限于前面分句的主语，还可以是前一分句的宾语，尤其是有体貌成分“过”时，如（12a—b）：

(12)a. 陈可忻昨天找过李晓丽$_O$，Δ_S 可惜不在家。

b. 你哥去找过富宽$_O$，Δ_S 不在家。

(12)的句法中枢就是 O/S。还有，吕叔湘(1986)、张国宪和卢建(2015)等都举过类似的例子，如(13a-c)：

(13)a. 旁边一位阿姨的长头发碰在我脸上，(我脸上)怪痒痒的。(吕叔湘，1986：例 33)

b. 北京有个颐和园……湖滨有石舫，(石舫)可供游人休息。(张国宪、卢建，2015)

c. 等大家来找她，(她)才由暗室摸索出来，揉着眼睛，报大家以微笑。(CCL)

对照 Dyirbal 语，我们就会发现类似(13c)的例子，更是强烈支持汉语有作格句法的佐证。因为 Dyirbal 语是典型的作格句法，但其名词短语系统却是分裂系统：普通名词短语在句子中带作格通格，是作格句法，但代词却是主格－宾格句法，比如一二人称代词在句子作主宾语时带主格、宾格(Dixon，1994：161)：

(14) a. Pana　　banaga-n^{y}u

we. Nom　　return-Nonfut

'We returned.'

b. n^{y}urra　　banaga-n^{y}u

you. Pl. Nom　　return-Nonfut

'You all returned.'

c. n^{y}urra　　Pana-na　　bura-n

you. Pl. Nom　　we-Acc　　see-Nonfut

'You all saw us.'

d. Pana　　　n^{y}urra-na　　　bura-n

we. Nom　　　you. Pl-Acc　　　see-Nonfut

'We saw you all.'

而在并列句式中，即使是第一、二人称代词，Dyirbal 语也采用 O/S 句法中枢，是典型的作格句法，例如（Dixon，1994：162）：

(15) [n^{y}urra　　　pana-na　　　buran]　　　[banagan^{y}u]

you. Pl. Nom　　　we-Acc　　　saw　　　returned

'You all saw us and we returned.'

而汉语第一、二人称代词在这方面也有同样的作格句法表现，例如：

(16) a. 哥叹了口气："每次来看[你$_{O}$]，Δ_{S} 都那么忙，50 多岁的人，当官不带长，没有用的。"（1994 年报刊精选）

b. 看情形吧，别担心[我们$_{O}$]，Δ_{S} 都是大人了。（亦舒《红尘》）

3.5 宾语可以控制附加语的隐含主语

汉语的宾语可以控制附加语小句的隐含主语（用 PRO/Pro 表示）。宾格句法中，控制附加语句隐含主语的必须是主句的主语，不能是宾语（Ura，2006），而在使用作格句法的 Dyirbal 语中，控制附加语隐含主语通常都是作格语，但在分裂作格语中，有时却可以是带通格的 S 或 O。这种现象虽然在作格语言也并非普遍，但确实存在（再如 Belhare 语，见 Bickel，2011），而且与宾格语言形成反差。试对比：

(17) a. John$_{k}$ left here together with Mary$_{j}$

[without PRO$_{k/*j}$ speaking about himself/ * herself].

b. They$_{k}$ hired John$_{j}$ without PRO$_{k/*j}$ having to commit themselves/ * himself to that salary.

(18) a. ŋuma-$ø_k$ banaga-n^yu [PRO_k bural-ŋa-ygu yabu-gu].

father-ABS return-NFUT see-ANT-PURP mother-DAT

$Father_k$ returned [for the purpose of PRO_k seeing mother].

b. yabu-$ø_i$ ŋuma-$ŋgu_j$ giga-n [$PRO_{i/*j}$ bural-ŋa-ygu jaja-gu].

mother-ABS father-ERG tell-NFUT see-ANT-PURP child-DAT

$Father_j$ told $mother_i$ for the purpose of $PRO_{i/*j}$ seeing child.

英语(17a)句附加语中的PRO只能受主句主语John控制,不能受主句宾语Mary控制,(17b)附加语中的PRO只能受主句主语They控制,因此其附加语中的反身代词也只能是themselves。Dyirbal语(18a)句中有一个目的状语从句,其隐含主语PRO要受主句带通格的ŋuma"父亲"控制。同理,(18b)句目的状语从句的PRO只能受带通格的yabu"妈妈"控制,不能受带作格的ŋuma-ŋgu"父亲"控制。以上两例体现了宾格句法与作格句法各自的特点。

汉语不但存在与英语类似的宾格句法(不需举例),也存在与Dyirbal语类似的作格句法。例如:

(19) a. 但是我一点不明白在您的菜单上,如何能有肉类$_O$——尽管Pro_S很少?

b. 他想骑上骆驼$_O$,省些力气可以多挨一会儿饥饿。可是不敢去骑,即使Pro_S很稳当,也得先教骆驼跪下,他才能上去。(老舍《骆驼祥子》)

(19a)中的"肉类"是"有"的宾语,但它控制状语从句"Pro很少"的主语,(19b)中的"骆驼"是"骑上"的宾语,它控制从句"Pro很稳当"的主语,这两句都以O/S作为句法中枢,是作格句法。

3.6 不及物动词语义解读受时体因素影响

现在从时体的影响来观察动词语义解读。Dixon(1994:99)指出，句法混合如果受时或体因素制约，那么，作格系统常常出现在过去时态或完成体(perfective)中，而宾格系统出现在非完成体(non-perfective)中，尤其是进行体(progressive)中。可以图示如下：

← 作格/通格 ‖ 主格/宾格 →

完成体 > 非完成体 > 进行体

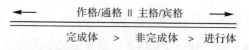

图5 基于时体因素的分裂作格

我们以玛雅语的Chol语为例。这种语言存在Split-S现象，表现之一是非宾格动词在非完成体中使用宾格句法系统，而在完成体却使用作格句法系统。例如(Coon, 2013:63)：

(20)非宾格－完成体小句

a. Tyi yajl-i-yoñ.

prfv fall-intr.-ABS.1SG

'I fell.'

b. Tyi wejl-i-ø jinni loro

prfv fly-intr.-ABS.3SG Det parrot

'The parrot flew.'

(21)非宾格－非完成体小句

a. Choñkol k-yajl-el.

Prog Nom.1SG-fall-NML

'I am fall.'

b. Mi i-wejl-el jinni loro.

Impf　　　Nom. 3SG-fly-NML　　　Det　　　parrot

'The parrot flies.'

非宾格动词 yoñ 'fall'、wejl 'fly' 在(20a—b)的完成体句式中,选择主事性的通格名词成分,而同样的动词在进行体和非完成体句式(21a—b)中却选择施事性的主格名词成分。也就是说,非宾格动词的用法受时体因素影响:在完成体句式中,与通格成分连用,表现出作格句法系统,而在非完成体句式中,与主格成分连用,表现出宾格句法系统。

我们认为汉语也有类似情况,比如动词"跑"和"飞"可用于两种体结构,分别对应于两种语义解读:

(22) a. 犯人跑了　　　b. 小鸟飞了(完成体句式)

(23) a. 犯人在跑/跑着 b. 小鸟在飞/飞着(非完成体句式)

"跑""飞"在完成体句式(22)中表达消失义,不表示动作行为,是非宾格用法,即作格句法,而在非完成体句式(23)中正好相反,表达动作行为,不表示消失义,这正是宾格句法。从这个角度观察,很多非自主动词(马庆株,1988;李临定,1990)都存在类似的句法对立,如:来(来了、正在来)、醒(醒了、正在醒)、塌、犯、开、漏、裂、爆发、覆没、好转、涌现等。王楠(2016)对此也有细致观察和深入研究。对比 Chol 语,我们就会发现,Chol 语通过格标记来实现这种句法对立,而汉语是通过体标记的影响来实现这种句法对立。如果拿英语和汉语相比,英语对应的动词 run、fly 在完成体、未完成(进行)体中,都没有非宾格用法或解读,是单纯的宾格句法。

(24) a. The suspect has run.　　　b. The bird has flown.

(25) a. The suspect is running.　　b. The bird is flying.

run、fly 在上面都作非作格动词用,没有非宾格解读,这与汉语形成鲜明的对比。

以上基于 Dixon(1994)提出的四个因素,对照分裂作格现象,从六个方面分析了汉语句法的混合性,下表做一小结。

表 2 汉语的句法混合性

	宾格句法系统	作格句法系统
主语分裂语	SV(如"老王工作")	VS(如"跑掉两个贼")
主语流动语	SV(如"托儿所五个小孩病了")	VS(如"托儿所病了五个小孩")
名词短语	一二三人称、专名只能有 SV 句法	普通名词短语可以有 VS 句法
并列小句	句法中枢是 A/S	句法中枢是 O/S
控制附加语主语 Pro	主句主语 A 控制 Pro	主句宾语 O 可以控制 Pro
不及物动词受时体因素影响	非完成体时解读为非作格动词(如"犯人在跑")	完成体时解读为非宾格动词(如"犯人跑了")

由上表我们可以清楚地看到,汉语就是一种宾格句法与作格句法混合的语言,是一种分裂作格语言,不是单纯的宾格语言。但就图 1 的语言演变而言,汉语到底是分裂作格语 1,还是分裂作格语 2,还需要进一步研究。

4. 结语

就汉语是不是作格语言,吕叔湘(1987)的观点主要有两层,一是认为汉语没有形态手段,说汉语是作格语言只能是比况的说法。我们认为这样说其实不全面,因为现在的跨语言研究已经区分出两种作格:形态作格和句法作格,形态作格是表层现象,更为本质的是句法作格,即和作格性相关的一系列句法变化。比如 Polinsky(2016)就主要是从句法变化来判断作格性,汉语当然也要从句法作格来观察。二是认为如果汉语大部分动词“全都只能,或大多数只能”进入作格句法,不能进入宾格句法,那么说汉语“是作格语言还有点理由”。事实上,汉语能进入作格句法的动词都很受限制。我们赞成吕先生这一“受限进入”的观察,因为这也是分裂作格性的一种体现。我们当然也不会主张汉语是作格语言,而是认为汉语句法具有混合性。从这个角度看,本节并不是要否定吕先生的观点,而是在吕先生的基础上向前迈进了一小步。

现代汉语作格动词的判定标准*

曾立英

1. 引言

“作格”,如今是语言学界讨论的一个热点问题。国外关于作格的研究文献很多,有 Anderson(1968),Halliday(1967—1968,1985/1994),Fillmore(1968),Lyons(1968),Perlmutter(1978),Dik(1978),Comrie(1981/1989),Du Bois(1987),Dixon(1979,1994),DeLancey(1981),Burzio(1986),Van Valin(1990),Garrett(1990),Langacker(1991),Davidse(1992),Thompson 和 Ramos(1994)①,Cheng 和 Huang(1994),Levin 和 Rappaport(1995),Nowak(1996),Manning(1996),Brainard(1997),Lemmens(1998),Davison(1999),Kuno(2004)等等文章或论著提到过“作格”。

这些论著我们认为可以从以下四个角度来归纳:一是从类型学的角度来思考“主格-宾格语言”和“作格-通格语言”的问题,以 Dixon(1979,1994)、Comrie(1981/1989)、DeLancey(1981)、Van Valin(1990)、Johns(1992)等为代表。二是从动词分类的角度来考察“非宾格动词”或“作格动词”,以 Perlmutter(1978)和 Burzio(1986)、

* 原载《语言学论丛》第 35 辑,2007 年。

① Davidse(1992)、Thompson 和 Ramos(1994)的观点转引自王全智、徐健(2004)。

Rappapport 和 Levin(1988)、Levin 和 Rappaport(1995)等为代表。第三个角度是功能派针对“作格关系”所谈的作格,以 Halliday(1967、1985/1994),Dik(1978),Davidse(1992),Thompson 和 Ramos(1994)等为代表。功能派所提出的及物分析和作格分析,是侧重于一个“句对”分析得出的结果,功能主义学派谈作格,就不只局限于动词的分类,而是着重于“作格关系”。第四个角度谈“作格”是从认知的角度谈作格,以 Langacker(1991)、Lemmens(1998)、影山太郎(2001)为代表。

学界对于汉语“作格”的研究也是非常重视的,Frei(1956)①,Li(李英哲)& Yip(1979),吕叔湘(1987),黄正德(1990),Zhou(1990),徐烈炯(1995),顾阳(1996),徐烈炯、沈阳(1998),徐杰(1999,2001),杨素英(1999),韩景泉(2001),唐玉柱(2001),何元建、王玲玲(2002),赵彦春(2002),王晖辉(2002),朱晓农(2003),邓思颖(2004),潘海华、韩景泉(2005),吕云生(2005)等都曾对汉语的“作格”问题进行过研究。

我们认为,语言类型的分类、动词的分类、Halliday 对于“及物性”句对儿和“作格性”句对儿的分类,其实都有共同的形式上的基础,它们都是基于双论元句中主宾语与单论元句中的主语的形式关联来定义的,只是分类的对象有针对语言、针对动词、针对句子的区别。而 Halliday 则从哲学的角度把这一形式上的区别提高到了观察世界角度不同的高度,也即世界观不同的高度。我们认为从句式与句式关联的角度出发,的确比只观察一个句子更能体现出语言对于世界的整体看法。②

---

① 转引自 Li 和 Yip(1979)。

② 但是我们并不同意 Halliday 后来把英语的所有句子都做及物和作格两种角度分析的做法,因为这一做法已经偏离了双论元句中主宾语与单论元句中主语的形式上的关联关系,使得所谓观察世界的不同角度失去了语言上的根据。

Halliday(1985/1994)曾讨论“作格性”是和“及物性”相对而言的，“及物性”着眼于动作者的动力的延伸，“作格性”认为“过程”(process)是一种现象，现象或是“自生”的或是由外力激发而生的，但必不可少的要素是“中介”。汉语中所讨论的作格现象，主要是讨论及物句的宾语和不及物句的主语等同的现象。

由于汉语缺乏格的屈折变化或者动词的一致关系，因此汉语不可能是形态作格，本文所探讨的现代汉语的作格指的不是形态作格。因此汉语有可能在句法上表现出一些作格的性质，句法上的作格彰显了不及物的主语和及物的宾语相似的现象。我们结合汉语来谈作格，只能是探究汉语的句法上的“作格性”(ergativity)。

我们虽然认为汉语不是典型的作格语言，但不否认汉语中存在着作格动词或作格句。由于汉语没有形态变化，名词没有格的标记，语言学家在确定这些问题时遇到了许多困难。英语中也存在类似的情况，如 the boat *sailed*/Mary *sailed* the boat, the cloth *tore*/the nail *tore* the cloth, Tom's eyes *closed*/Tom *closed* his eyes, the rice *cooked*/Pat *cooked* the rice, my resolve *weakened*/the news *weakened* my resolve 等等，符合作格句对儿的条件，从语义上分析也的确属于“自生现象”和“使成现象”。而类似现象在汉语中应用得比英语更普遍，如含“致使”意义的动词的句子(如“弟弟碎了杯子/杯子碎了/＊弟弟碎了”)，或含致使意义的述补结构(如“弟弟打碎了杯子/杯子打碎了/＊弟弟打碎了”)等，这些结构的句子出现的频率如此之高，使我们可以肯定汉语是有作格现象和作格观察角度的。Halliday(1985/1994)曾专门探讨了英语的作格现象，受到他的启发，我们吸取 Halliday 理论的精神，从观察世界的角度看待作格，由此出发来确定汉语作格表达的形式手段。

提高到观察世界的角度来看待汉语的句子，可以更好、更简明、更符合汉族人语感地解释一些语言现象。比如语法书上常说汉语句子常常不需要介词“被”就能表达被动的意思(如“门开了”),这其实是从及物的角度,从“做事”的角度去阐述它;如果从作格的角度说,则根本就不存在“被动”,“门开了”只是说“门”处于“开”的状态,整个现象中只有状态,没有另外的“动作者”去开门,不存在什么被动。从作格的角度去看问题,汉语的一些语言现象可以得到新的解释。比如“门开了”就没有必要理解成什么“宾踞句首”(黎锦熙,1955)的形式,也许我们就可以从另一个角度审视汉语的以 O 起头的句子。如果我们采取作格的观念,承认汉语中有这样一种现象,像这种类型的句子很有可能是动词的“域内论元”上升到主语的位置而形成的一种作格结构。也许老是用及物性的观点来揭示汉语有很多不通之处,所以我们试图用作格的观念来思索汉语的这类句子。

目前,汉语在“作格性”这个问题的研究上,比较重视从“作格”的视角来研究汉语的某些动词的特点,尤其关注某些动词能否出现在吕叔湘先生所说的二成分格局中,对于不及物动词中分非宾格动词和非作格动词也有很多学者赞同,对于动结式和作格的联系也有所涉及,关于存现结构和作格的联系也多有讨论。目前研究中存在的问题大概是,很多学者提到作格动词,然而究竟什么是作格动词?作格动词的确立有何标准?这些问题尚无定论,文献中所讨论的汉语的作格动词,大都是列举的性质。本文将讨论这些问题,确立作格动词的标准,并列出根据这些标准设立的作格动词词表,讨论这些作格动词的句法语义属性,使作格动词的特征更加明朗化,并把作格理论应用到词典编纂的实践中去,认识到作格理论提出的实际价值。

2. 鉴别汉语作格动词的标准

2.1 鉴别汉语作格动词的标准之一

作格动词有一项比较显著的句法特征，就是能实行“$NP_1 + V + NP_2$”和“$NP_2 + V$”的转换，吕叔湘(1987)、黄正德(1990)、李临定(1990)等都提到过这种格局的转换。

吕叔湘(1987)介绍了“作格语言”和“受格语言”的问题，文章精当地解释了“胜”和“败”两个动词的格局：

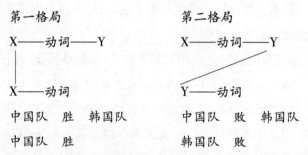

第一格局	第二格局
X——动词——Y	X——动词——Y
X——动词	Y——动词
中国队　胜　韩国队	中国队　败　韩国队
中国队　胜	韩国队　败

吕先生也说道：“这两个格局各有一个三成分句和一个二成分句。三成分句里的动词联系两个名词，可以让前面那个名词用 A 代表，后面那个名词用 O 代表。二成分句里的动词只联系一个名词，让它用 S 代表。从语义方面看，第一格局里的 S 比较接近 A，第二格局里的 S 比较接近 O。有些二成分句里的名词不在动词之前而在动词之后，例如‘出太阳了’‘开会了’‘放花了’‘过队伍了’，这也是一部分二成分句里的 S 比较接近 O 的证据。”

黄正德(1990)论证及物动词和不及物动词都可以分为“受格动词”和“作格动词”两类。作者还提到了[施 - V - 受]的格局和[受 -

V]的格局,说明中文的一些动词所造成的及物句都呈[施 - V - 受]的形态,而相对的不及物句则呈[受 - V]的形态,这些动词是作格动词,并说明中文另外有许多动补复合词或述补结构也呈现类似的作格现象。

李临定(1990:130)在讨论内动词和外动词的兼类时,列了四种类型的兼类现象:"联合"类,"睁"类,"灭"类,"走"类。其中"灭"类动词有:"灭、沉、饿、变、发、降、摆、开、化、斗、转变、摇晃、转动、延长、暴露、活动、实现、分裂、发展、扩大、转变、提高"等等。上述"灭"类动词既可以是非自主动词,也可以是自主动词。作为非自主动词,它们同时又是内动词;作为自主动词,它们同时又是外动词。上述词中"外动"所举例中的动词和宾语之间都隐含有致使关系,比如"灭篝火"是使篝火灭,"饿他"是使他饿,等等。可见,"灭、沉、饿"等内动和外动的转化不仅有非自主和自主的转化,还有增添致使关系的转化。因此,"灭"类内动词和外动词的句法关系可以用下式表示:

内动:N(当事者)← V(非自主)

外动:N(当事者)← V(自主)→ N(致使)

我们认为吕先生所说的三成分句和二成分句,黄正德所提到的[施 - V - 受]的格局和[受 - V]的格局,李临定的外动和内动的区别,都涉及作格动词的问题,这一类的动词表现出一种双论元句和单论元句的交替,动态和静态的交替,表现出一种跨类的性质。这一类动词带双论元时一般表动态,带单论元时一般表静态。作格动词有着这种句式上的变换的形式表现,和 Halliday 的作格观念是一致的,观察事件的发生或是"自生"的,或是由外力激发而生的。由此我们设立作格动词的第一条判定标准,而且这条标准是判定作格动词的必要条件:

Ⅰ. 看该动词有无"$NP_1 + V + NP_2$"和"$NP_2 + V$"的同义句式的转

换现象，如果有这类句式的转换，该动词的论元结构是否有[主体＋动词＋客体]和[客体＋动词]两种。如果能出现在这种格式中，V 就有可能是作格动词；如果不能出现在这种格式中，V 就不可能是作格动词。动词 V 可以带上时体标记“了、着”等，但 V 应该是句子的主要动词。

需要指出的是，“$NP_1 + V + NP_2$”中，NP_1 和 NP_2 的论旨角色是有所讲究的，这里我们规定 NP_1 是主体，NP_2 是客体，根据林杏光(1995)的定义，主体包括施事、当事、领事，客体包括受事、客事、结果。NP_1 和 NP_2 之间应该没有身体和器官之间的领属关系。[①] 另外，需指出的是，NP_1 主要由名词性词语充当，但有时可以是一个“小句”，或者是一个动词性短语，我们还是采用 NP_1 这个说法，因为 V 前的成分以名词性短语为典型。

承认汉语中有这种格局的转换是容易的，关键是哪些动词能进入“$NP_1 + V + NP_2$”和“$NP_2 + V$”同义句式的转换，哪些动词不能进入这种转换。下面具体考察这个问题。

2.1.1 非作格动词不能有“NP1＋V＋NP2”和“NP2＋V”结构的交替

非作格动词和非宾格动词是相对而言的，非作格动词选择的是“域外论元”做主语。英语中典型的非作格动词，像 laugh，play，speak 是不能进行致使结构和不及物结构的交替的，如：

(1)a. The children played. b. *The teacher played the children.

(2)a. The actor spoke. b. *The director spoke the actor.

(3)a. The crowd laughed. b. *The comedian laughed the crowd.

---

① 如“闪”，在“他闪了一下腰”和“腰闪了”中，NP1 和 NP2 有一种身体和部位的领属关系，所以不认为“闪”是作格动词。

汉语中的非作格动词,如"笑、醒、休息、咳嗽、出发、落山、开场、散步、颤抖、结婚、睡觉"等就只有"NP_1 + V"格式,该动词也就不可能有"NP_1 + V + NP_2"和"NP_2 + V"的转换格式。如:

(4)a. 但女儿醒了,女儿的哭声让他觉得十分遥远。(余华《十八岁出门远行》)

b. *他醒了女儿。

(5)a. 林大娘摸出那钥匙来,手也颤抖了,眼泪扑簌簌地往下掉。(茅盾《林家铺子》)

b. *他颤抖了手。

上述非作格动词是不可能有作格用法的,这类动词在句子里作谓语动词时只有一个必有格与之共现,据胡裕树、范晓(1995:148)的统计,这类无宾动词在他们所调查的118个不及物动词里有32个,占27%。

需要特别指出的是,词汇义相同的动词,在不同的语言中的语法功能不一定相同,是否作格动词也就不同。比如,"醒"在汉语中不能带宾语(*妈妈醒了我),因此肯定不是作格动词;而英语中与之词汇义相同的词wake,就可以带宾语,如《牛津高阶英汉双解词典》中就举例如Try not to *wake* the baby (up),解释wake义为cause somebody to stop sleeping,当然wake在英语中也可以不带宾语,如I woke early this morning,释义为stop sleeping,因此wake在英语中就可能是作格动词。同时也说明,不同语言有多少作格动词并不一样,不能依据词汇义来判定,而要根据一定的形式标准,结合高层的语法意义。这个语法意义是指是否有"致使"性,这实际上是由观察世界的认知角度不同造成的。

2.1.2 及物动词能否进入"NP1 + V + NP2"和"NP2 + V"的交替格式

2.1.2.1 不能进行"NP1 + V + NP2"和"NP2 + V"转换的及物动词

不能进行“$NP_1 + V + NP_2$”和“$NP_2 + V$”转换的及物动词确实存在，尤其是有一类称为“粘宾动词”的，是不能进行“$NP_1 + V + NP_2$”和“$NP_2 + V$”的转换。

根据杨锡彭(1992)、王俊毅(2004)，粘宾动词是粘着、定位动词，只能出现在VO的句法结构中充当V，所带宾语不能省略，不能易位，因此，粘宾动词充当谓语动词时，只能构成SVO和SV_1OV_2这两种基本句型，而不可能构成SV、OV、OSV、SOV等句型。如“多亏，等于，当作，不免，变成，包管，顺着”等等。非粘宾动词是指动词所带宾语在一定情况下、一定语境中可以缺省。如“吃，拿，找，开始”等等。

粘宾动词中有一类是粘着动词，这一类词在句法上不能自足，不能单独回答问题，成句时必须有与之同现的句法成分的动词，这类动词语法功能比较单一，语义比较抽象虚灵，例如“惟恐、责成”之类，尹世超(1991)把这类动词称为“粘着动词”。

不少粘着动词带且仅带宾语，那么这类粘着动词中的粘宾动词，如“懒得、充满、有待、成为、显得、省得、企图、致以、好比”等根本就没有“$NP_2 + V$”的形式，只有“$NP_1 + V + NP_2$”的及物形式。类似于这样的粘宾动词的，还有特殊构词标记的粘宾动词，如“X于、X以、X成、X为、X作、X有”等，如用上述词缀构成的动词“属于、等于、限于、给以”等等。

通过对《现代汉语词典》的一些动词的调查，我们发现区分粘宾动词很有必要，不仅是王俊毅(2004)所举的一些带有“于、作、成”等词缀的粘宾动词，有些动词的两个语素义都很实在，依然是必须带宾语的，如“包括、包含、包孕、饱读”等等，这些动词的论元结构必须带两个NP。这些及物动词是真正的“粘宾”，非带宾语不可，配价指数为2，比如“设立、推翻、包孕”之类的动词。

还有一些及物动词并不粘宾，它们所带的宾语在某些情况下可以省略，这一类动词数量很多，据王俊毅（2004）对5096个动词的统计，非粘宾动词占动词总数的63.2%，占及物动词总数的93.2%。相应的粘宾动词的统计数目就分别是4.7%和6.8%。

我们认为把及物动词分成粘宾动词和非粘宾动词是合理的，因为二者在形式上有重要区别，以"是否必须带宾语"这一条线区分二者，由此可以分类研究。比如曹逢甫（Tsao，1990/2005：61）所说的命名动词就不能进行"NP_1+V+NP_2"和"NP_2+V"的转换。

曹逢甫（1990/2005：61）所说的命名动词总在这样的模式中出现：S/T+V+N，那么这一类的动词是不能进行"NP_1+V+NP_2"和"NP_2+V"的转换的。命名动词如"是，叫，号称，姓，称为，作，当，像"等等。英文中这类命名动词和汉语一样，也必须带宾语，如：

（6）My full name is Tomasz P. Szynalski, but people just *call* me Tom.

我的全名叫托马什·P·希纳尔斯基，但是大家都叫我汤姆。

（7）The lady smiled. "We haven't, this is Debbie, at least that's what we *call* her."

那妇人微笑着说："我们没有猫，这是戴比，至少我们这么叫它。"

另外，李临定（1990）所称的"多指动词"，指要求主语必须是复数形式的动词，如"联合、团结、会晤、勾结、遇、挨"等，表面上有"NP_1+V+NP_2"和"$NP+V$"的转换，如"你们要联合对方"和"你们双方要联合起来"，但实际上这种转换是"NP_1+V+NP_2"和"$(NP_1+NP_2)+V$"的转换，所以这种"多指动词"也不能称之为作格动词。

2.1.2.2 能进行"NP1+V+NP2"和"NP2+V"转换的及物动词

能进行"NP_1+V+NP_2"和"NP_2+V"转换的及物动词，有很多种具体的情况要加以分析。下面我们分三种情况加以考虑：

(1)表身体运动的动词，有“睁、点、摆、弯、蜷”等，这一类动词构成的句式有“NP_1+V+NP_2”，如“他睁了一下眼睛”，还可转换成“NP_1 的 NP_2+V”的句式，如“他的眼睛睁了一下”。这一类转换比较特殊的是，NP_1 和 NP_2 之间有领属关系，V 都是表身体运动的动词。这种转换中的 NP_2 理解为受事，我们也不大赞成。

(2)作格动词可以进行“NP_1+V+NP_2”和“NP_2+V”的同义句式的转换，这条标准是确定作格的一条重要的句法标准。如：

(8)见事不好的话，你灭了灯，打后院跳到王家去。(老舍《骆驼祥子》)

(9)一会儿，灯也灭了，人也散了。(冰心《回忆》)

“你灭了灯”转换成“灯灭了”可以，但转换成“你灭了”却不行，类似的转换现象还有：

(10)他的坚强毅力和刻苦精神，感动了校长和老师，在大家的帮助下读完中学后，他带着同学们为他凑的……(《中国儿童百科全书》)

(11)后来依法审理了此案，被告十分感动。(《人民日报》199501)

(12)在从计划经济向市场经济转变的过程中，包钢转变了“有产量就有效益”的传统观念，树立起“有市场才有效益”的观念。(《人民日报》1995)

(13)思想解放了，观念也随之转变了。(《人民日报》1995)

上述(8)与(9)，(10)与(11)，(12)与(13)都是符合“NP_1+V+NP_2”和“NP_2+V”这种同义句式的转换的，动词“灭、感动、转变”都出现了吕叔湘(1987)所说的第二格局“X－动词－Y”和“Y－动词”现象，这些动词所反映的不及物和及物的交替现象，在汉语中相当普遍。另外，上述例子中的动词都带上完成体标记“了”。

这一类动词，都具有“NP_1+V+NP_2”和“NP_2+V”这种同义句式的转换现象。考察这类动词的语义特点，具有某些方面的共性——这些动词大多具有使役意义，这点后文将谈到。

汉语中还有一种及物动词，可以进入“NP_1+V+NP_2”和“NP_2+V”的交替格式中，我们并不认为这一类动词是作格动词，原因是这一类动词不符合作格动词的判定标准二。

2.2 鉴别汉语作格动词的标准之二

确定汉语中的动词是否作格动词，不能仅从这个动词出现在“NP_1+V+NP_2”和“NP_2+V”句式的转换中就判定该动词是作格动词。比如汉语中就有纯粹的及物动词“写、洗”等，可以进入“NP_1+V+NP_2”和“NP_2+V”的交替格式中，如：

(14) a. 我写了封信。　b. 信写了。

“写”不是致使动词，却能够进行这种及物和不及物的交替，这一点和英语的 write 不同，如：

(15) a. Anita Brookner just wrote a new novel.

b. * A new novel wrote.

例(15b)中的 write 没有施事者的加入就不成句，可见英语的 write 是真正的及物动词，根本就不能出现不及物的形式。而汉语的“写”在句中没有施事者依然可以成立，如(14b)。那么为什么汉语中的“写”和“洗”虽然是及物动词，却能出现不及物的形式？有着及物和不及物的转换呢？这一点一直是让人困惑的问题。这种转换现象吕叔湘(1987)、黄正德(1990)都讨论过，黄正德认为像“衣服洗了”不是作格句，原因有两点：第一是像“洗、写、吃”之类的动词在一般语言里都没有作格用法，第二是像“衣服洗了”这一类句子和一般的作格句有一点语义上很大的不同，就是这些句子虽然没有明白指出施事者是谁，但却蕴含施事者的存在。但真正的作格句却不蕴含施事者的存在。例如“我饿死了”并不蕴含有人使我饿死。而“衣服我洗了”可以看成一种省略句，或许是“衣服，她洗了”的省略，但“饿死、笑死、喝醉”①等组成的作格句则是完好无缺的句子，不应该看成省略句。

我们认为“洗、写”之类的动词在汉语中也不是作格动词，但原因并不仅是“洗、写”等动词出现在受事主语句中可以补出施事。因为“灯灭了”中的“灭”也可以出现“灯，她灭了”的类似用法，也可以补出施事，但并不能因此说“灭”就不是作格动词。而是由于“洗、写”之类的动词本身不含有“致使”的意义，不能出现在“使令句”中所致。

再以“摇晃”和“洗”对比来说明什么才是真正在词汇语义中有作格性的动词。表面上看“洗”和“摇晃”似乎都可以处理成作格动词，但是我们不能仅从“NP_1+V+NP_2”和“NP_2+V”的变换来说明其中的 V 就是作格动词，因为“摇晃”和“洗”还是有许多其他句法表现上的不同。“洗”不能出现在“使 + N + V”的结构中，而“摇晃”则可以，如：

(16)地板的振动传到了墙壁，使全屋摇晃起来。(《读者文摘》read200)

(17)然后她离开了梳妆台，走到窗前打开窗户，屋外潮湿的空气进来时，使窗帘轻轻地摇晃了一下。(余华《难逃劫数》)

(18) * 姐姐使衣服洗起来。

那么是否可以说“洗”之类的动词产生“NP_1+V+NP_2”和“NP_2+V”的转换，是从句法里来的，而“摇晃”之类的作格动词有着“NP_1+V

① 我们的作格动词是不包括动补类动词词组的，但是我们承认作格动词的内部结构有很多是动补式，这也说明了动补式和作格的联系，这个问题以后再另文讨论。

$+NP_2$”和“NP_2+V”的转换，是词库（lexicon）中本身所具备的，因此，“摇晃”在词典释义中的解释会和“洗”不一样，“摇晃”一词在《现代汉语词典》（2005）的解释中有两条义项，解释为动（1）摇摆：烛光～|摇摇晃晃地走着。（2）摇动①：～～奶瓶。而“洗”在“去掉脏物上”就只安排了一个义项，归根结底，还是两类词的性质不同造成的，“洗”不是作格动词，“摇晃”是作格动词。①

目前汉语鉴别作格动词的特殊困难在于：汉语能实行“NP_1+V+NP_2”和“NP_2+V”转换的动词的范围太宽，这一个句对不能完全概括出作格动词的语义特征。比如“洗”之类的动词也可以出现在“NP_1+V+NP_2”和“NP_2+V”的转换中，但是“洗”却不存在事件的“使发”和“自发”的问题，于是，我们在鉴别作格动词的第一条标准的基础上，设立了鉴别作格动词的第二条标准：

Ⅱ. 看该动词能否出现在使令句中，如果这个动词能出现在“NP_1+使+NP_2+V”的句式中，那么这个动词就有可能是作格动词；如果该动词不能出现在“NP_1+使+NP_2+V”的句式中，那么这个动词就不可能是作格动词。

注意这里的“NP_1+使+NP_2+V”的句式，V应该是一个光杆动词，如果“洗”前后加上一些修饰性成分，“洗”可以出现在使令句中，如“刺骨的寒风使他没法洗衣服”等。再如，“学习”是一个光杆动词时，不能出现在“NP_1+使+NP_2+V”的句式中，如不能说“爸爸使他学习”，但可以说“爸爸使他没办法学习”。

关于“使”字句的结构，可以归纳为“A使B+VP”的形式，关于A

---

① 另外，“摇晃”还可以受“自己”等词的修饰，“洗”则不行，如语料中有“他给我十块钱，叫我自己打车回去，[自己摇晃]着身躯走开了”（王小波）这样的句子，却不能说“衣服自己洗了”，这涉及本文下面所讨论的确定作格动词的第三条标准。

和B的语义性质，袁毓林（2002）已做过讨论，宛新政（2005）对100万字文艺语料调查的结果是，“使”字句的前段A的语义类大致按“抽象事物、具体事物、事件、空位、介宾短语”的顺序排列，“使”字句的中段B的语义类大致按“人、事物、事件”的顺序排列。虽然“使”字句的中段B的语义角色是这样安排的，但我们确定作格动词的判定标准首先是在有无“NP_1+V+NP_2”和“NP_2+V”的转换这样第一条标准的基础上进行的，第二条标准实际上是在继承第一条标准的基础上产生的，因而NP_1、NP_2的论旨角色继续沿袭第一条标准的主体和客体的论旨角色。比如“出版”一词，可以构成“NP_1+V+NP_2”和“NP_2+V”的转换，但该词在构成“使”字句的时候，不是“使$+NP_2+V$”的句式，如“天才加勤奋，使他一连创作出版了二十七部诗集和其他著作”①，这句话中的“使”后面的名词性短语是NP_1。因而“出版”不宜被看成作格动词。

其次谈谈本文以“使”字句作为判定作格动词的标准有无理论依据。这就涉及作格和致使之间密不可分的联系。Halliday（1985/1994：171）认为：我们会期望，将及物分析和作格分析这两种分析放在一起，就能发现这两种类型的小句是不同的，但事实上两者之间并没有明确的界线，这才是准确的情况。两者的一个不同点是，是否有一个带make的“分析式的致使”（analytic causative）：如我们可以说the police made the bomb explode，但不能说the lion made the tourist chase。但这一不同仍有许多不确定因素：比如Mary made the boat sail、the nail made the cloth tear和the lion made the tourist run有什么不同？这种不同在某些方面还是比较明确的，如果去掉句中的第二个参与者，看第一个参与者的角色变化了没有。在the sergeant marched the prisoners / the

① 这句话出自闻毅《不停开采文坛“金矿”的严阵》（《作家文摘》1996）。

sergeant marched 句对中，下一句是“警卫（the sergeant）行军（marched）”，而在及物小句 the lion chased the tourist 中，就没有 the lion chased 这种解释的可能。像这种角色变换了的句子用“发动者（initiator）+动作者（actor）”比用“动作者（actor）+目标（goal）”好。这种物质过程中有一大类同族的使役式，或者可能是表属性的，如：the sun ripened the fruit/made the fruit ripen, her voice calmed the audience/made the audience calm，这些都可属于“发动”（initiating）类——如果我们说 the sun ripened, her voice calmed，其意义就从 make（ripe, calm）变化为 become（ripe, calm）了。Halliday 上述这段话主要说明了“分析式的致使”在作格分析中的作用。

调查了孟琮、郑怀德等编的《汉语动词用法词典》中的 1223 个动词，发现共有下列 125 个动词满足第一条和第二条标准：

安定 败坏 爆发 暴露 便利 出动 成立 澄清 充实 纯洁 纯净 淡化 动摇 端正 断绝 饿 恶化 发动 发挥 发展 繁荣 方便 分裂 分散 丰富 腐化 改变 改进 改善 感动 贯彻 贯穿 巩固 孤立 固定 规范 和缓 轰动 毁灭 活跃 缓和 缓解 涣散 荒废 荒疏 恢复 活动 集合 集中 激荡 激化 加大 加固 加快 加强 加深 加速 加重 坚定 减轻 减少 健全 降低 结束 解决 惊动 惊醒 开通 开展 夸大 扩大 扩充 满足 麻痹 迷惑 密切 明确 模糊 暖和 平息 平定 平整 普及 启动 清醒 溶解 溶化 软化 实现 缩小 疏散 疏松 提高 透露 统一 通过 突出 瓦解 完成 为难 委屈 温暖 稳定 稳固 消除 形成 削弱 延长 摇晃 摇动 转动 转变 增产 增加 增强 增长 展开 振奋 振作 震动 震惊 镇定 滋润 转变 壮大

2.3 鉴别汉语作格动词的标准之三

着眼于作格动词出现的“NP_1+V+NP_2”和“NP_2+V”句式转换现

象，我们针对"NP_1+V+NP_2"句式提出了标准Ⅱ，下面我们着重针对作格动词在"NP_2+V"句式中的表现，提出标准Ⅲ：

Ⅲ：看该动词能否受"自己"修饰，能否出现在"NP_2＋自己＋V了"的句式中，如果能出现在该句式中，则是作格动词；如果不能，就不是作格动词。

第三条标准可以把"开、关、化、暴露、灭"等动词包括在作格动词之列，因为这些动词可以出现及物和不及物的交替，但是不能出现在"NP_1＋使＋NP_2+V"的句式中，而以这类动词所构成的例句如"门开了""船沉了""扣子掉了"是不需要外力的介入就可实现的，状态可以"自行发生"。这些句子可以不隐含施事而存在，这类动词所带的论元也是域内论元。针对这类动词的作格性，我们发现它们大都能受"自己"修饰，如：

(19)刘果站在柯敏的门前，正要敲门，门却意外地自己开了，从门里冲出来一个干瘦的男人，与刘果撞了个对眼……(曾明了《宽容生活》(2))

(20)这就是你思想问题的根子，终于自己暴露出来了。(王朔《你不是一个俗人》)

注意标准Ⅲ是在满足第一条标准的基础上提出的，加上"NP_2＋自己＋V了"这条标准主要是为了测试状态的"自行发生"，不需要外力的介入。

符合标准Ⅰ和标准Ⅲ的作格动词有：

开、关、化、暴露、变、灭、消灭、毁灭、熄灭、着zháo(3)[①]

为什么把这一类的动词加进作格动词的行列，是因为这一类动词

---

① 着zháo(3)，指"着"的"燃烧"义，跟"灭"相对。

本质上还是含有“致使”义，而且能够进行“NP_1+V+NP_2”和“NP_2+V”句式的转换。查阅了上述所列的词在《现代汉语词典》和《现代汉语规范词典》的语义解释，我们发现这些词都含有“致使”义①，如《现代汉语词典》关于“灭”的解释中有着致使义和非致使义的配对，如：

灭(1) 动 熄灭(跟“着”相对)：火～了|灯～了。(2) 动 使熄灭：～灯|～火。(3)淹没：～顶。(4)消灭；灭亡：自生自～|物质不～。(5) 动 使不存在；使消灭：～蝇|长自己的志气，～敌人的威风。

但是“灭”却不能出现在“$NP_1+使+NP_2+V$”的句式中，本身又含有“致使”义，而且还能够进行“NP_1+V+NP_2”和“NP_2+V”句式的转换，这一类动词我们认为应该列入作格动词的行列。考察这类动词的特点，发现它们在“NP_2+V”这种句式上，可以受“自己”类的词语修饰，如“火自己灭了”，再如：

(21)当然，这并不是说，我们不要消灭老鼠，可以听之任之，让它们自生自灭了。(《读者文摘》read200)

3. 三条标准的设立基础及其意义

什么是汉语的作格动词？从词汇语义学的角度说，汉语的作格动词大多具有“致使”义，而且这一类动词在不需要外力介入时，就可以自行进入某种状态，正是作格动词的这些语义特征导致了作格动词的句法表现。

现代汉语的作格动词如何判定？能否可以根据有无 NP_1+VP+

① 这些词或者在《现代汉语词典》中，或者在《现代汉语规范词典》中含有“致使”义，《现代汉语规范词典》的“致使”义解释比《现代汉语词典》的要多一些。

NP_2 和 NP_2+V 句式的交替来判定是否作格动词呢？

作格动词虽然能够进行“NP_1+V+NP_2”和“NP_2+V”的同义句式的转换，但是汉语中存在着这样一种情况，如汉语中“洗、写”之类的动词，也可以进行“NP_1+V+NP_2”和“NP_2+V”的同义句式的转换，但由于这一类动词是不能够自发地进入某种状态的，我们不称之为作格动词，于是我们设定了“NP_1+使+NP_2+V”这一句式来排除“洗、写”之类的动作动词，从而作格动词也就排除了“洗、写”之类不包含状态性的“动作动词”。强调作格动词的致使义，这就是我们确立的判断作格动词的第二条标准。

由于某些作格动词不需要外力的借入，就可表明某种状态，因此在句法表现上能够进行“NP_2+自己+V 了”的转换。这也是我们确立判断作格动词第三条标准的原因。

我们把前面设立的三条确立作格动词的标准，简要概括如下：

Ⅰ. 看该动词有无“NP_1+V+NP_2”和“NP_2+V”的同义句式的转换现象。

Ⅱ. 看该动词能否出现在使令句中，即这个动词能否出现在“NP_1+使+NP_2+V”的句式中。

Ⅲ. 看该动词能否受“自己”修饰，能否出现在“NP_2+自己+V 了”的句式中。

这三条标准有没有满足的次序呢？有的，这三条标准中，第一条标准是必须满足的，第二条标准和第三条标准是一种析取(disjunction)关系。按照《现代语言学词典》的解释，“析取”原为形式逻辑术语，现用于语言学好几个领域特别是语义学的理论框架，指将两个命题联系起来使其具有“或……或……”关系的过程或结果。析取关系通常可作相容的(inclusive)和不相容的(exclusive)两种理解。相容析取是，如果两个命题有一个为真或同时为真，析取式就为真；不相容析取是，只有当两个命题有一个为真（但不同时为真）时析取式为真。我们这里确立的作格动词的第二条和第三条标准是相容的析取（inclusive disjunction）关系。因为第二条标准和第三条标准可同时为真。

后两条标准分别是针对作格动词在双论元句和单论元句中的表现而设立的，即标准Ⅱ是针对作格动词在"NP_1+V+NP_2"的句式中的表现而设立的，标准Ⅲ是针对作格动词在"NP_2+V"的句式中的表现而设立的。确立作格动词这一小类，实际上也反映了这一类动词的论元结构的动态性，既可以带双论元，又可以带单论元。

也就是说，真正的作格动词必须满足两条或两条以上的标准。如满足第一条和第二条标准的作格动词，如"安定、败坏、爆发"等；或满足第一条和第三条标准的动词，如"开、灭"等；或者同时满足三条标准的作格动词，如"暴露、改变、转变"等。下面以"暴露"为例说明为什么要专门将一类词列为作格动词，以及认识到这一类词是作格动词的好处。

"暴露"可以出现于"NP_1+V+NP_2"和"NP_2+V"的句式转换中，如：

(22)在一次突围中，由于警卫排长莽撞行事，过早暴露了目标，致使部队伤亡较大，将军也中弹殒身。（当代《佳作》2）

(23)不要想得这么坏嘛！事情即使暴露，我们可以摆事实讲道理。（当代《佳作》4）

"暴露"也可以用于使令句中，如：

(24)太阳在整个一个白天里都使河水闪着亮、放出光辉，使田埂和小路上的沙粒都清晰可辨，使烟秸上爬着的绿虫暴露在一片光斑里……（张炜）

“暴露”可以受“自己”“自行”修饰，如：

(25)这就是你思想问题的根子，终于自己暴露出来了。(王朔《你不是一个俗人》)

(26)我们的生活朝气蓬勃了；生活中大量的阴暗东西就自行暴露了。(徐迟《哥德巴赫猜想》)

根据“暴露”的句法表现，我们可以说“暴露”具备作格动词的特征，对于这样一个作格动词，它的词典释义应该是怎样的？我们查询了“暴露”一词的词典释义，发现《现代汉语词典》《动词大词典》和《现代汉语规范词典》对这一词的处理不一样，先看《动词大词典》的解释：

暴露〈他动〉显露(隐蔽的事物、缺陷、矛盾、问题等)：使隐蔽的东西公开。【基本式】施事(敌人、间谍、报纸)+暴露+受事(身份、火力点、目标、矛盾、思想)：敌人暴露了一个火力点。(《动词大词典》)

《现代汉语词典》对“暴露”的解释不是以《动词大词典》的“他动”为主，而是注重“暴露”带单论元的用法，如：

暴露 动 (隐蔽的事物、缺陷、矛盾、问题等)显露出来：~目标|~无遗。(《现代汉语词典》)

《现代汉语规范词典》在释义上着重于“暴露”的使动用法，如下所释：

暴露 动 使隐蔽的东西公开或显眼：阴谋~|自我~。(《现代汉语规范词典》)

三家词典对于“暴露”一词的词典释义相异之处在于“致使”义的有无，以及例句的编排上。“暴露”一词是作格动词，它有着“NP_1+V+NP_2”和“NP_2+V”的句式转换，也就是说它既可以带双论元，又可以带单论元。《动词大词典》的问题是只注重了“暴露”带双论元的情况，而没有注重“暴露”一词的“自发”性，即带单论元的情况。《现代汉语词典》的解释有比较模糊的地方，释义说的是“（隐蔽的事物、缺陷、矛盾、问题等）显露出来”，可是例句却是“暴露目标”，“目标”这个名词又位于“暴露”后，这就涉及释义中用括弧圈出来的成分到底和例句的编排有无映射关系。如果有一种映射关系，例句中“暴露目标”就和释义的顺序不符合；如果没有映射关系，那这种例句和释义的解释就可以随意一些。《现代汉语规范词典》虽然在释义上着重于“暴露”的使动用法，但例句中却没有显示出“使动”用法，而是“内动”用法。

三家词典在释义上的差异，实际上反映了词典编纂者对于如“暴露”这一类的作格动词认识上的差异。如果我们能够认识到“暴露”这一类的作格动词，明确这一类作格动词所带的论元数目是动态的，而非静态的，在词典释义上注重“致使”义和“自发”义，并注意把这些语义特征和论元数目对应起来，如带双论元时注重动词的“致使”义，带单论元时注重动词的“自发”义，这样认识到“暴露”这一类的动词为作格动词，不仅在理论上可以树立一种“作格”观念，从而能在汉语中建立起这么一类动词，了解这一类动词的论元结构及其句法语义特征，就是在实际应用上，对于词典释义也是有好处的。

作格动词的设立标准实际上是针对作格动词特有的语义特征而定的，作格动词既能由外界事物“致使”而生，又能自发产生，融合了“他变”和“自变”两种情况，为此我们设立了三条句式上的标准来衡量作格动词，期望我们所设立的形式上的标准揭示了作格动词的语义特征。

语篇视角下汉语"格"类型的重新审视*

周士宏　崔亚冲

1. 引言

作格型语言一般认为是与宾格型语言相对立的一种语言类型。目前比较一致的看法是,作格/宾格模式指的是语言中三种核心论元,即及物动词句中的施事论元 A、受事论元 O,以及不及物动词句中的唯一论元 S① 三者之间的"对齐模式"(alignment pattern)。类型学家发现,在有些语言中,如巴斯克语(Basque)与爱斯基摩语(Eskimo)(Dixon,1979:61),不及物动词句中的 S 与及物动词句中的 O 采用相同的格标记,而 A 采用不同于 S 与 O 的格标记,他们将这种类型的语言称作"作格/通格"(简称"作格")语言。这种语言与"主格/宾格"(简称"宾格")语言之间的对齐模式可以用下图直观地表现出来:

---

* 原载《世界汉语教学》2019 年第 3 期,略有修改。本文在浙江大学作格工作坊讨论过,与会学者给予了很多建议。此次收入论文集,吸收了部分学者的意见,并将连贯的话语称为"语篇"。

① 关于这三种论元的定名,一直是一个比较有争议的问题。这里我们沿用习惯,视 A、S、O 为具有跨语言普遍性的句法-语义基元(syntactic-semantic primitives)(参见 Dixon,1994:6;McGregor,2009)。

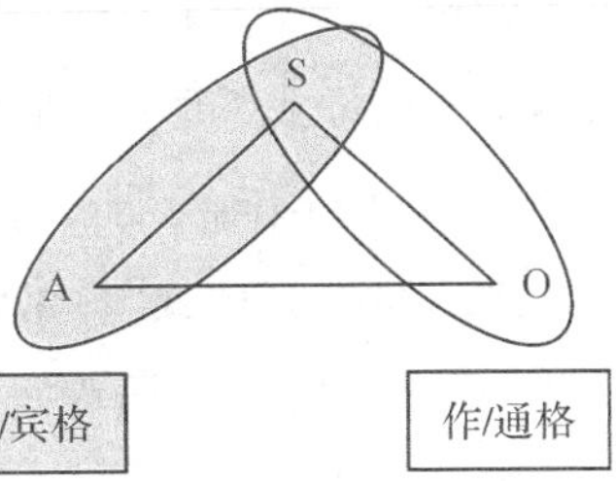

图1　宾格/作格型语言的对齐模式

这里的"对齐模式",指的是中枢性(pivot)论元S,与A或O哪一种论元表现出形态句法方面的一致性。如果S与A具有一致的形态和/或句法表现,则该语言为"宾格型语言",如果S与O表现一致,则为"作格型语言"。①

作格与宾格型语言的形态句法差异可以体现在小句内部,如句内名词的形态标记上,称作"形态作格"(morphological ergativity),或称作"句内作格"(intra-clausal ergativity);也可以体现在句际之间的句法操作上,如并列小句中同指删略(co-referential deletion)、关系化操作或反身代词的指代等,称作"句法作格"(syntactic ergativity),也称作"句际作格"(inter-clausal ergativity)。这些形态与句法上的作格/宾格性对立已经被学界熟知并广为讨论(见Johns *et al.*,2006;McGregor,2009等)。

但是,这三种论元成分在语篇组织层面也能呈现出作格性或宾格

① 严格地说,三种论元之间可以有五种可能的配置模式,除了本文谈及的三种可能(宾格型、作格型、分裂/混合型)之外,还有两种可能:即三种论元句法采用相同的格标记或都不标记(即不区分A、O、S),Comrie(2013)称为"中性模式"(neutral pattern),或三种论元之间在编码上都不相同。后者区分所有论元,在编码上不够经济;前者对所有论元不做必要区分。Comrie认为汉语是一种"中性模式",本文认为汉语虽没有形态标记,但从语篇角度看,汉语在格类型上有所偏向。另外,本文所说的对齐(alignment)指的是S在形态、句法、或语用上与A或O中哪一个更为相近(more A-like or O-like)。

性倾向:例如哪种论元成分(S、A、O)倾向于用完全词汇形式编码(编码新信息),哪种论元倾向于代词或零形式(编码旧信息),以及哪些论元的跨小句联系(anaphoric link)倾向性明显等,这些特点使得语言在语篇(话语)方面也呈现出"宾格语言"或"作格语言"的类型特点,这种语篇层面的格类型称为"语篇作格"或"语篇宾格"。这种基于语篇的类型学研究目前还没有得到充分的重视。

自从作格型/宾格型语言的对立被发现以后,汉语学界就开始讨论汉语是哪一种类型的语言(参见曾立英,2007;金立鑫,2016等)。较早的争论以Frei(1956)与吕叔湘(1987)为代表。Frei认为汉语的"把"字结构在句法上表现出作格型语言的特征,"把"实际上标示的是一种"通格"。吕叔湘通过解释"胜"和"败"两个动词的格局,提出汉语不是作格语言。[①] 最近的争论以叶狂、潘海华(2012ab,2017)与张伯江(2014)为代表。这些讨论都很有见地,发现了一些以往研究忽视的问题。本文拟从语篇角度讨论汉语在"主宾格/作通格"模式中的类型偏向及其语篇成因。[②]

在讨论之前,有几个关于"作格"术语本身的说明:第一,按照研究辖域的大小,讨论作格大致有三个层面,即形态作格、句法作格和语篇作格(见上文)。语言学家对作格现象的研究,由最初对于小句内部名词性论元的格标记模式的关注,逐渐扩展到对句法操作的关注,即发现在一部分具有"形态作格"的语言中,小句之间在进行某些句法操作时也呈现出对S与O做相同的句法处理,而对A单独处理的现象(即"句

---

① 吕叔湘(1987)将其称作"受格",本文为与大多数学者所采用的名称保持一致,称作"宾格"。

② 除此之外,还有一些对某些词汇语义现象及特定结构所做的讨论也值得关注(如倪蓉,2009;朱琳,2011;刘街生,2018等),但与本文所讨论的核心问题并不十分相关,恕不一一评述。

法作格”);但是很多学者注意到,具有形态作格(句内作格)的语言,并不一定表现出句法作格(句际作格)①,因此在谈论“作格现象”时,需要分辨所讨论的问题在哪个层面。20 世纪 80 年代,Du Bois(1987)开始将格类型的研究范围扩展至语篇(话语)层面,提出在语篇层面,也存在作格型对齐现象,即 S 与 O 的新/旧信息状态及编码形式呈现出一致性,由此开启了对“语篇作格”的研究②。

目前对于某种语言在作格/宾格的类型地位上的讨论,多数仍旧集中在形态平面或句法平面上,或者没有对研究层面做出比较严格的限定,或是针对某个(些)词或特定结构的句法表现。这些讨论都是非常有意义的,同时也是必要的,但是仍缺乏较为宏观的语篇视角。对于汉语作格/宾格的讨论,正如吕叔湘(1987)所指出的,“汉语没有形态手段,很难从形态角度来判断汉语到底是作格型语言还是受格型(即“宾格型”)语言,要说它是这种类型或那种类型的语言都只能是一种比况的说法”。第二,如果从句法入手讨论汉语是不是作格语言,就需要区分所讨论的是个别动词的词汇语义现象,还是讨论汉语中某类句法操作上(如并列小句之间同指性名词的删略、被动化、逆动化、关系化等)所遵循的一般规则。如果只是某类动词的某些用法③,那么这恐怕不

---

① 例如 Dixon(1994:20)指出世界上大约 1/4 的语言具有“形态作格”,但这些语言中只有少数具有句法作格性。(Only a handful of these [morphological ergative languages] show syntactic or inter-clausal ergativity.)

② 除此之外,生成学派的语言学家,还经常用“作格”指称某一类动词,即“作格动词”(ergative verb),例如(例子来自 McGregor,2009):a. The warder marched the prisoners;b. The prisoners marched。类似的动词还有 walk、move、cool、sink 等,这类动词一般都含有致使意义(causitivity),这种词汇语义上的作格性(lexico-semantic ergativity)是词库中的问题,不是类型学意义上的作格/宾格分类问题,因此很多语言学家反对这种用“ergative”指称这种词汇语义现象(Dixon,1994:20;Matthews,2007:126)。

③ 吕叔湘(1987)讨论的“‘胜、败’问题”,从本质上仍是个别动词的词汇语义问题(即“词汇性作格”)。

是从语言类型上讨论问题,因为世界上很多语言中都存在所谓的"作格动词"(英语、德语这些宾格型语言中都有一些"作格动词",如 sink、break 等),但从整体上仍被视为"宾格型语言"(Dixon,1994:20)。存在"作格动词"不等同于该种语言是"作格语言"。如果从句法操作上讨论作格性问题,那么目前比较常用的句法操作测试对于汉语而言都有待进行系统性验证。第三,"形态作格""句法作格"以及本文将涉及的"语篇作格",几乎没有任何语言在三个层面上都彻底地显现出作格模式(McGregor,2009:482)①,也就是说"混合"可能是绝对的,因此我们建议在谈作格问题时,尤其涉及给语言进行作格/宾格类型分类时,前面不妨加上限定词,如形态作格、句法作格、词汇作格或语篇作格。另一方面,所有语言都有可能在某个(些)层面上或多或少地存在作格特征(McGregor,2009:482),因此"作格性"是个程度问题。一些语言可能在多个平面上具有比较多的作格特征,一些语言可能只在某个平面上具有一点作格特征。很多具有形态作格的语言,在某些句法操作中会因具体的人称、时态等因素的限制表现出"宾格语言"的特点,即作格研究中经常讨论的"分裂作格"现象(split ergativity),其实这种现象从另一个角度也可以看作是"分裂宾格"(split accusativity)②。从这个角度看,绝大多数语言都是在某个(些)层面上(包括句法、形态、词汇语义、语篇层面),或者在整体上存在一定程度的混合性(hybridness)

---

① Ergative patterning is manifested at morphological, syntactic, lexical-semantic, and discourse levels. Few, if any, languages are entirely ergative in patterning at each of these levels. ··· No languages consistently show ergative patterning across the board, in all domains. (McGregor, 2009:500)

② McGregor(2009:503)认为"分裂作格"这个提法多少有些不当,称为"分裂宾格"也存在同样的问题,因此,他建议使用分裂格标记系统(split case-marking system)。DeLancey(2006)明确反对"分裂作格"的提法。

(参见 McGregor,2009;张伯江,2014;叶狂、潘海华,2012ab,2017;金立鑫,2016;刘街生,2018 等所做的研究)(按:“混合”与“分裂”实际上是看问题的视角差异)。但是不可否认的是,无论在哪个层面,这种混合都可能存在一定的偏向,即在作格性/宾格性上倾向于哪一方,从这一点上看,我们可以简要地说,在某一层面上汉语可以看作是某种格类型的语言。鉴于以上几点考虑,本文拟从语篇层面考察汉语在宾格/作格对立中的类型学倾向或者说是格偏向①。

2. 语篇角度的“格”指的是什么

从语篇角度来研究格,一般认为是以功能语言学家 Du Bois(1987,2003,2014)、Coorman 等人(1984)为代表。功能语言学派认为句法并非语言固有的结构,而是从语篇中产生,由语用规则固化塑造出来的,语言表层所表现出的“形态格”对齐模式与名词指称形式、新旧信息之间的分布模式具有某种同构(isomorphic)关系(Du Bois,1987,2003),因此可以从信息流的分布、语篇中不同指称形式(如词汇形式、代词形式或零形式等)易于出现的位置(locus of lexical mentions)找出表层格标记的深层动因。Du Bois(1985,1987,2003)对中美洲一种具有“形态作格”的玛雅语言(Sacapultec)的口语材料进行了详尽的分析。他发现,在 Sacapultec 语言中,三种论元(S、A、O)不仅在形态标记上体现出作格型语言的对齐模式(即$[S = O]_{\text{通格格标}}$ vs. $A_{\text{作格格标}}$),在语用特征和编码形式上,S 与 O 也跟 A 表现出很大的不同。在 Sacapultec 语言的

① 作通格/主宾格配置模式与 OV/VO 语序类型之间具有一定的关联性,金立鑫(2016,2017)、刘街生(2018)等对此进行了非常有意义的探索,值得参考,但仍有一些问题可以进一步讨论,本文限于篇幅和能力,暂不涉及。

自然语流中，一个语调单位（intonation unit）大致与一个小句相对应，一个小句通常只传递一个新信息，而承载新信息的论元一般以“词汇形式”（full noun phrase）编码，因此一个小句通常最多只有一个词汇性名词性成分，一般出现在S或O的位置上，而极少出现在A位置上；A位置上出现的论元一般都以代词或黏着语素形式出现。因此，Du Bois提出这种语言在语篇层面也呈现出S与O的对齐模式（$[S = O]_{完全词汇形式\&新信息}$ vs. $A_{缩减的名词形式\&旧信息}$）。Du Bois（1987）将这条规律称作“优势论元结构”（Preferred Argument Structure，简称为PAS）[①]。Du Bois认为正是这种深层次的语篇动因，使该语言在表层上显示出作格形态。换句话说，名词性成分外显格标记的选择与其本身在语流中的语用特征密切相关。

汉语没有外显的“格标记”，与此同时，汉语的语序很大程度上是由语用规则驱动制约的（LaPolla，1995）。基于这些考虑，我们认为从语篇层面来考察汉语的“格”类型（“格”地位）可能更符合汉语的实际情况。也就是说，从语篇信息流的角度来考察汉语中三种核心论元（S、A、O）是如何对齐的，是更倾向于S与O对齐（作格型语言），还是更倾向于S与A对齐（宾格型语言）？本文认为，从语篇角度看，汉语倾向于语篇宾格型语言。

下文我们参照Du Bois（1987，2003）的语料收集与统计方法来考察汉语口语中三种核心论元的编码倾向、新/旧信息的分布，以及跨小句间的回指联系（cross clausal anaphoric link）等表现，借以验证Du Bois

---

① Du Bois（1987）与（2003）对优势论元结构的表述有所差异：Du Bois（1987）表述为（1）每个小句都避免一个以上的词汇性论元（单一词汇论元约束）；（2）避免词汇性的A（非词汇性A约束）。Du Bois（2003）核心思想没变，但在表述上更加精密：在语法上，避免一个以上的词汇性核心论元，避免词汇性的A；在语用上，避免一个以上新的核心论元，避免新的A。

(1987,2003)所提出的具有语篇普遍性(discourse universal)的优势论元结构。最后,我们将从信息管理的角度尝试解释造成语篇作格/宾格型语言类型差异的语篇动因。

3. 关于语料的阐释以及核心论元的标注

很多学者都注意到不同语体(genre)中新/旧信息的分布模式、论元的隐现规律会有所差异,因此,功能语言学研究一向重视语体差异对语法结构的影响(陶红印,1999;Du Bois,2003;张伯江,2007)。为了保证研究的可对照性,本文采用了跟 Du Bois(1987)一样的语料收集方式,用《梨子的故事》电影脚本作为语料搜集的素材①。该短片时长 6 分钟,片中只有画面,没有对白,讲述的是一个骑自行车的小男孩偷了果农一筐梨之后发生的一系列事情。我们在北京师范大学选取了 24 名研究生②,请他们观看《梨子的故事》,然后分别向语料收集人复述所观看的内容,之后我们对收集到的 24 段录音进行了转写和分析。③

我们所统计的语料时长共计 58 分 23 秒。按照 Du Bois(1987)的

① Chen (1986)、Huang 和 Chui(1997)也用该影片搜集了语料,并做了相关统计,本文的研究受到了上述研究的启发。Mary S. Erbaugh 2001 年建立了网站(http://www.pearstories.org),该网站上有包括北方话在内的 7 种汉语方言的音频材料及语料转写,但北方话的语料是 1970 年代由讲台湾地区国语的人录制的,与大陆地区现在的北方话无论是时间上还是空间上都有很大差距,因此本文未使用该网站上的语料,只作参考。

② 这 24 位同学年龄在 25—30 岁之间,绝大多数来自北方官话区,虽然个别被试的普通话在语音上带有方言的痕迹,但根据我们对语料的观察和分析,不同方言区被试的论元(S,A,O)分布上没有大的差异。

③ 由于本文主要考察的是讲述性语体中论元的分布及编码情况,我们的转写参照了 Du Bois(1987)的办法,同时结合本文的研究需要,只切分出包括核心论元和主要动词的语调单位,对其他非相关信息未予标注。

办法,我们首先统计出了语调单位和小句的数量。所谓语调单位指的是在某一连贯的语调轮廓下、说话人所表达的一个言语片段,有很多物理特征可以帮助界定语调单位,但最主要的韵律提示是话语两端由停顿和音高确定的边界(Chafe,1994:58)。由于发音合作人的复述方式较为放松和自然,有一些语调单位中的内容并无意义(例如不含主要动词及本文所关注的核心论元等)。在我们的语料中,小句基本上可以视为语调单位的子集。在操作上我们把小句定义为形式上包含一个谓语①并至少有一个核心论元,该论元可以是显性(overt)论元,也可以是隐性(covert)论元②。这样处理之后,共划分出语调单位 2278 个,小句 1452 个。经统计,小句占语调单位的 63.74%。

遵循 Du Bois(1987,2003)的做法,我们主要依据的是动词的语义标准而非位置来确定某一名词性成分是施事论元(A)、受事论元(O),或是不及物动词的唯一论元(S)③。另外,对于动词的处理,一些句子的谓语是复杂谓语,例如使用了连动式、嵌套句子等,为操作方便,我们

---

① 有两点需要说明:第一,本文把形容词视为不及物动词,把"有"视为及物动词(尽管有两个义项,即"拥有"和"存在",但我们认为二者之间具有引申关系),将动结式看作一个整体,从整体上来分辨其为及物(如"他摘完梨了")还是不及物("他就走开了");第二,我们统计的语料中,有个别句子是名词谓语句,例如"(有一个老头,)他大胡子",但这种句子的比例很低。

② 显性论元指在句中直接出现的论元;隐性论元指句中没有出现,但是通过语境可以补出的论元。例如:"然后他就骑车走了。[Ø]走着走着,然后前面,他的对面来了一个小姑娘。"该语段中的小句"走着走着"的论元就属于隐性论元,因为根据上下文,我们可以很容易得知它所隐藏的论元是"他"。

③ 例如这样的例句"这时,走来了一个小男孩"。"小男孩"在位置上处于谓语动词之后,但是我们还是从动词的词义出发,视为动词后的 S(post S)。注意,此处的 S 并不代表传统意义上的主语,仅表示不及物动词的唯一论元。语义角色和句法位置的错综关系在各种语言中都存在,全面讨论这个问题已经超出了本文研究的范围。

根据动词与论元的关系，重复计算[1]。这样我们归纳出 14 种表达形式，各种表达形式的百分比见表 1，另外还有少量有争议的结构，并没有归入其中。从表 1 可以看出 AVO、(A)VO、SV、(S)V[2] 是最常用的四种结构格式。

表 1　语料中的 14 种表达形式

形式	比例(%)	形式	比例(%)
AVO	24.46	SV	17.21
AOV	0.38	(S)V	10.97
(A)VO	16.27	(A)把 OV	5.74
AV(O)	2.59	A 把 OV	2.71
(A)V(O)	3.85	O 被 AV	0.38
VO	7.17	(O)被 AV	0.50
VS(post)	3.15	AVOO	0.38

4. 编码形式与信息状态

很多研究都已经注意到语篇中名词所指的认知状态与其编码形式有着密切的联系(Chafe, 1987, 1994; Gundel *et al.*, 1993; Lambrecht, 1994 等)。说话者在传递信息的时候，会根据某一所指在受话人头脑中的认知状态采用相应的编码形式。汉语中，名词性成分有三种编码形式：词汇形式、代词形式以及零形式。例如：

---

① 例如“他看那个人在树上摘梨”是 1 个小句，但包含了 AVO 和 AVO 两种论元结构。

② 括号中的论元为隐性论元。

(1)有一个中年男子,他在摘梨,[Ø]戴着红色的丝巾。

实际上,这种编码形式反映的是名词性成分的信息状态,即新/旧信息的区分。虽然后世越来越多的学者对传统上关于新/旧信息的区分提出了改进意见,区分更加细致(如 Lambrecht,1994:第三章),但所作的分类与 Chafe(1987)对信息状态及编码形式的分类并无太大分歧。本文为操作方便,沿用 Chafe(1987)的分类和定义。Chafe 把旧信息(已知信息)定义为在说话的当下"已经激活的"(already active)概念和信息(处于说话人的意识前沿)。在实际统计上,我们将上文已经明确出现过、又再次提到的信息看作是旧信息,在具体句子中一般实现为代词或零形式;新信息指的是在说话时"尚未激活的"(previously inactive)概念(储存于长时记忆,但尚未被激活)。在实际统计中,我们将在句中首次出现的所指视为"新信息",一般用词汇形式来表示。上例中的"中年男子"为新信息,"他"及零形式[Ø]则为"旧信息"[①]。

5. 优势论元结构在汉语语篇中的检验

5.1 优势论元结构及语篇作格

Du Bois(1987,2003)认为造成 Sacapultec 语言在语篇层面也呈现出作格性的原因,在于所有自然语言中普遍存在的优势论元结构(PAS)(见第1节)。优势论元结构反映了说话人的即时认知处理能

---

① 事实上,还存在第三种信息状态,Chafe(1987)称其为"半新信息"(semi-active information),指的是在语篇中没有出现,但是为对话双方共有的背景知识,又称作"可及信息"(accessible information)。但由于对于半新信息没有统一的划分标准,并且数量很少,又与旧信息表现较为一致,为了操作上的方便,我们将其归入"旧信息"范畴。

力：由于认知处理上的负担，说话人在每个小句中至多只引入一个新信息，因此一个小句至多只有一个词汇论元；对于及物句来说，由于 A 一般是施动性的旧信息，那么自然的结果就是 O 位置出现新信息。对于不及物句，因为只有一个位置，如果引入信息，只有 S 可以容纳新信息。体现在语言编码上，就是 A 位置倾向于零形式或代词形式，而 O 与 S 位置倾向于词汇形式（新信息）。因此，Sacapultec 语言在语篇层面也出呈现出 S 与 O 的对齐模式（即 1. 都是词汇论元；2. 都用于引入新信息）。Du Bois（1987，2003）提出，这种优势论元结构在人类语言中普遍存在，因此所有自然语言在一定程度上都呈现出语篇作格性①。

我们通过统计，对上述"优势论元结构"进行了检验。我们发现，汉语口语也在一定程度上呈现出"优势论元结构"，但是 S 的编码形式与语篇作格型语言却有所不同，下文我们会对此进行详细地解释和说明。

5.2 词汇性论元数量及三种论元的编码形式

首先，我们发现，与语篇作格型语言一样，汉语口语中，每个小句中词汇性核心论元（lexical argument）的数量一般不超过一个。统计显示，只有 1.9% 的小句是包含两个词汇性论元的，42.3% 的小句中包含 1 个词汇性论元，而 55.8% 的小句是不包含词汇性论元的，即其论元编码都为代词或零形式。下面是我们搜集到的代表性例句。

(2)从那头又过来了[一个小男孩]，[Ø]大概十来岁左右，然后[Ø]骑着[自行车]，然后[Ø]戴着[草帽]，[他]也有[一个红的丝巾]。

① Du Bois（1987）发表以后，也有一些学者对优势论元结构提出了批评，如 Herring（1989）、Haspelmath（2006）、Everett（2009）、Haig & Schnell（2016）、Brickell & Schnell（2017）等。对这些批评意见的回应见 Durie（2003）、Du Bois（2014，2017）。

(3)刚才玩乒乓球的那个男孩子,[他]看到路上好像有[一个草帽],[他]就把[那个草帽]捡起来,[Ø]还给[那个偷梨的那个小男孩],然后[那个偷梨的小男孩]戴上[草帽],[他]就走了。

(4)他的对面来了[一个小姑娘],[Ø]长得还挺漂亮的,[Ø]扎着[两个辫子],[他]就一直看着[那个小姑娘]。

(5)就有[一个人],[Ø]牵着[一头小羊],[Ø]就过来了,[Ø]走来走去。

从上面例子可以看出,与语篇作格型语言相同的是,词汇型论元如“自行车”“一个红的丝巾”“两个辫子”“一头小羊”等都出现在O的位置;代词或零形式倾向于出现在A位置。但是,与语篇作格型语言不同的是,汉语中多数S(尤其是动词前的S,[preverbal S])与A一样采用代词或零形式(如例5中的最后两个小句),一少部分S(尤其是词后的S,[postverbal S])一般编码为词汇形式(如例2、例4中的第一句)。

我们统计了语料中出现的所有词汇形式的NP,共计1236次,其中S位置出现了149次[①],A位置出现了243次,O位置出现了702次。代词和零形式分别共出现544次和725次,S和A位置上出现次数最多,O位置上次之。表2是词汇NP、代词和零形式在各个位置上分布的百分比:

表2　三种编码形式在五种论元位置上的分布

	词汇形式	代词形式	零形式
编码形式数量	1236	544	725
S(%)	12.1	22.1	24.6

① 如不特别指明,指的是动词前的S。

续 表

	词汇形式	代词形式	零形式
A(%)	19.7	46.7	57.4
O(%)	56.8	22.2	14.9
S(post)(%)	3.6	0.4	0.4
O(pre)(%)	7.8	8.6	2.7

为了更清晰地呈现三个位置上名词性成分的编码情况,我们又把五种论元位置上不同编码形式的百分比计算出来,得到表3:

表3 五种论元位置上三种编码形式的分布

	S	A	O	S(post)	O(pre)
论元数	447	913	931	50	164
词汇形式(%)	33.2	27	75	90	59.1
代词形式(%)	26.8	28	13	4	28.7
零形式(%)	40	46	12	6	12.2

从表2和表3可以看出,词汇NP形式主要出现在O的位置上,代词和零形式主要出现在A和S的位置上①。这里有一点需要做出说明,动词后的S经常表现为词汇形式,这种句子多是表示出现或消失的存现句,如动词"(走)来"等后面的名词性成分,一般用来引入新的事件参与者,即"全句焦点句"(sentence focus)(Lambrecht,1994;周士宏,2008)。

① 在我们搜集的语料中,与O表现一致(即编码为词汇形式NP)的还有不及物动词后的论元S(post),与A和S表现一致(即编码为代词或零形式)的还有及物句中处于及物动词前的受事O(pre)(一般出现在"把字句"和"被字句"中)。但由于S(post)和O(pre)出现的数量较少(分别是50个和164个),所以在下文的分析中,我们只将其统计结果列出,并不做具体分析。

众所周知,汉语动词前和动词后的位置对于句子的信息结构表达(话题 vs. 焦点)具有重要的意义,因此,我们又以动词为中心,对动词前位置(preverbal slot)和动词后位置(postverbal slot)上的编码形式做了统计。三种编码形式在动词前、后出现的比例如表 4 所示。

表 4　三种编码形式在动词前、后的分布比例

	动词前(preverbal)	动词后(postverbal)		
		O	S(post)	总计
词汇形式(%)	39.6	56.8	3.6	60.4
代词形式(%)	77.4	22.2	0.4	22.6
零形式(%)	84.7	14.9	0.4	15.3

至此我们可以清晰地看出,在汉语口语中,名词性 NP 的分布与语篇作格型语言存在着明显的差异:词汇形式主要出现在 O 位置,代词和零形式主要出现在 A 和 S 位置。我们可以把目前的统计结果列为表 5:

表 5　三种编码形式在不同论元位置上的分布

	词汇 NP 形式	代词或零形式
语篇作格型语言	O, S	A
语篇宾格型语言	O	S, A
汉语	O	S, A

5.3 新/旧信息的分布

在优势论元结构中,与论元编码形式密切相关的问题是,三种论元成分所代表的新、旧信息,即三种论元成分的语用特征。

语料分析显示,与语篇作格型语言不同,汉语语篇中的新信息主要由 O 来承担,而旧信息主要由 S 和 A 来承担。例如:

(6)这时候有个小男孩$_i$,[Ø$_i$]骑了一个自行车,自行车特别大,然后[Ø$_i$]就过来,他$_i$看到那筐梨子,他$_i$就把那筐梨拿走了,然后[Ø$_i$]放到那个自行车前面。[Ø$_i$]骑呀骑,这时候对面有一个女孩$_j$,[Ø$_j$]也骑了一个自行车,然后他$_i$就看人家$_j$一眼。然后他$_i$帽子就掉了,那个男孩$_i$他帽子掉了,然后他$_i$就摔倒了,然后那个梨也撒了。

例(6)中第一次出现的信息“小男孩”“自行车”“一个女孩”等都出现在 O 位置上,旧信息(编码为“[Ø]”“那个梨”“他”等)倾向于出现在动词前的 S 或 A 的位置上。

我们统计了新/旧信息的总数以及在各个论元位置上的分配比例,语料中共有 622 个新信息,1858 个旧信息(新、旧信息的界定见上文),新、旧信息在各个位置上分布的比例,如表 6:

表 6　新、旧信息在五种论元位置上的分布

	新信息	旧信息
信息数量	622	1858
S(%)	5.3	22.3
A(%)	11.4	45.3
O(%)	74	25.3
S(post)(%)	6.1	0.6
O(pre)(%)	4.3	7.4

我们又对每个位置上新/旧信息的比例进行了统计(表 7):语料中论元 S 共出现 447 次,其中 414 次表示旧信息,33 次表示新信息;A 共出现 913 次,其中 842 次表示旧信息,71 次表示新信息;论元 O 出现

931 次,470 次表示旧信息,461 次表示新信息[①]。

表 7　五种论元位置上新、旧信息的分布

	S	A	O	S(post)	O(pre)
论元数量	447	913	931	50	164
新信息(%)	7.4	7.8	49.5	76	16.5
旧信息(%)	92.6	92.2	50.5	24	83.5

综合表 6、7,我们可以得出结论,汉语中的新信息主要由 O 来承担,而旧信息主要由 S 和 A 来承担。

通过以上分析,我们可以看出,汉语与语篇作格型语言的核心论元在语用特征上也存在类型差异,如表 8。

表 8　"语篇作格/宾格型"语言中新旧信息在不同论元位置上的分布

	新信息	旧信息
语篇作格型语言	O、S	A
语篇宾格型语言	O	S、A
汉语	O	S、A

综合 5.2 与 5.3 的结果,我们发现,跟语篇作格型语言一样,汉语小句也呈现出一个小句表达一个新信息的趋势,也避免一个以上的新的词汇性论元,而且词汇性论元同样避免出现在 A 位置上。但是与语篇作格型语言不同的是,汉语中动词前的论元 S 和 A 倾向于表达旧信息,编码为代词或零形式;动词后的论元 O 则更多地表示新信息,倾向于使用词汇形式。

---

① 从统计可以看出,O 位置既可以容留新信息,又可以容留旧信息,这与 Chen(1986)、Huang 和 Chui(1997)、王红旗(2014)等的统计基本一致。但相对于 A 与 S 而言,O 仍可以视为容留新信息的主要位置。

6. 跨小句回指性联系的倾向

第2部分表1所展示的14种表达形式中,有84.56%的小句是由S或A占据句首位置的。通常,句首的NP所指在语义上倾向于表示施事,在语用上倾向于表示旧信息,因此S与A要比O更容易充当话题。需要注意的是,S和A易于充当话题还有一个重要的表现是二者在语篇中的跨小句回指联系(anaphoric link)要高于其与O之间的联系。

跨小句回指联系指的是,在语篇中,前一小句中名词性指称形式,在后一小句中以某种编码形式(包括词汇形式、代词或零形式)再次出现,这两个形式之间就形成跨小句回指联系。例如例7中,词汇NP形式的论元“小女孩”在第一小句中出现在S的位置上,而在第二小句又以零形式Ø出现在A的位置上,我们就将S和A之间的联系称作是“S-A”回指联系。需要注意的是,回指联系都要建立在同指(co-referential)基础上。

(7)这时对面来了一个小女孩$_i$,[Ø$_i$]也骑着自行车……

(8)有一个男的$_i$,[Ø$_i$]戴一个帽子,[Ø$_i$]在树上摘梨子好像。

(9)(刚才玩乒乓球的那个男孩子,他看到路上,)好像有一个草帽$_i$,他就把那个草帽$_i$捡起来,还给那个偷梨的那个小男孩$_j$,然后那个偷梨的小男$_j$孩戴上草帽$_i$,他$_j$就走了。

例(8)中第一个小句到第二个小句的回指联系是O-A(“男的”-[Ø$_i$])。(9)中最后两个小句的回指联系是A-S(“那个偷梨的小男孩”-“他”)。

我们对语料中几种重要的回指联系进行了统计,得出以下数据:

表 9　回指联系的类型和数量

类型	数量	类型	数量
A-A	382	S-O	42
A-S	191	O-A	147
A-O	69	O-S	84
S-S	68	O-O	244
S-A	168		

上表中的数据说明，S 和 A 之间的回指联系，在数量上要远远高于 S 与 O 之间的回指联系。S 和 A 之间的回指联系（包括 S-A 和 A-S）共出现了 359 次，S 与 O 之间的回指联系（包括 S-O 和 O-S）只出现了 126 次[①]。

语料显示，S、A、O 的总体数量分别是 447、913、931，利用这个数据我们可以计算出三个核心论元参与回指联系的比例。

表 10　论元角色参与回指联系的比例

	S	A	O
论元数	447	913	931
回指联系（%）	62.1	70.3	51

从表 10 可以发现，S 和 A 参与跨小句回指联系的比例较高，O 较低。

汉语中的 S 和 A 一般是已经提及的信息，并且经常是有生命的。在语篇中，这两种论元的语义角色（semantic valence）差别——“A 的施事性”与“S 的系事性”——被中和（neutralize），在一定程度上聚合

① 虽然语料中存在一定数量的同一语义角色之间的回指联系（S-S、A-A、O-O），但本文考察的是不同语义角色 S、A、O 之间在语篇中“作/宾格”对齐模式。

(converge)成为语用中枢(pragmatic pivot)(Van Valin,2005:105)①。汉语中“话题链”现象明显(topic chain,见曹逢甫[Tsao,1979]),正是语用中枢(即话题)在语篇中地位突显的结果。对于(A)VO句式中处于焦点位置的O,虽然容纳新信息、新所指,但在讲述性语体中,相对于话题而言,一般只是附带性提及的、非重要的信息②;而相对于突显话题而言,其展示新信息的功能没有得到突显。“容纳新所指/新信息”并不等同于“语用上就重要”;而对于作格型语言,O与S之间的语义角色差别——“O的受事性”与“S的系事性”——被中和,二者在一定程度上聚合成语用上突显新信息、新所指的场所(staging area),而话题功能(由A承担)并没有得到突显。

我们将“语篇作格/宾格型”语言中三种论元A、S、O的语篇表现(编码形式、语用特征、语用突显)概括为表11。

表11 “语篇作格/宾格型”语言中三种论元的语篇表现

	信息状态		语用突显		编码形式	
	新信息	旧信息	话题性成分	新引入成分	词汇形式	代词或零形式
语篇作格型	O、S	A	A	O、S	O、S	A
语篇宾格型	O	S、A	S、A	O	O	S、A
汉语	O	S、A	S、A	O	O	S、A

① 语用中枢是Van Valin(2005)提出的一个概念,区别于“句法中枢”,指的是某些语言中同指性跨句联系是由语用因素(如话题性)决定的。语用性的话题在一定程度上控制跨小句回指,但并未语法化为像英语那样的句法中枢即主语范畴。Van Valin(2005)、Comrie(1988)都认为汉语中的话题虽然在一定程度上语法化了,但与“句法中枢”(“主语”)仍存在一系列差别。

② 在讲述性语体中经常是无生命的以及无定指的事物。

由此我们可以看出,在汉语口语中,及物动词句中的 A 与不及物动词前的 S 都倾向于用代词/零形式编码,具有统一的语篇功能,多用来引入旧信息,成为语篇中枢。A 与 S 的对齐促动了主格范畴,用来标记话题;而新信息倾向于由及物动词句中的 O 来引入(少部分由不及物动词后的 S 引入)①,倾向于使用词汇形式编码。在小句间的回指联系中, S/A 联系也远远超过 S/O 联系,因此从话题连续性的角度看,汉语倾向于"主 vs. 宾格"对立的 S、A 对齐模式(S/A alignment)。从总体上看,汉语偏向于语篇宾格型语言。

7. 余论:语篇宾格型语言与语篇作格型语言的竞争动因

我们已经看到,汉语口语中,S 与 A 都倾向于编码旧信息;而在作格语言中,却倾向于用 S 和 O 引入新信息。这两种语言类型的差别说到底是 S 向谁(A vs. O)看齐的问题(见图 1)。在连续讲述性语体中,存在两种相互竞争的信息管理要求(information management):一个是保持话题的连续性(topic continuity),即保持旧有信息的连续性(简称作"守旧");另一个是要为不断引入的新所指(新信息)提供展示的舞台(staging area)(Du Bois,1987,2003,2014,2017)(简称作"纳新")。

一般而言,A 是有生的、高施事性的所指,因此适于作为谈论的对象而充当话题;而 O 作为及物动词的承受者,相对于 A 而言,易于承担引入新所指的功能;而 S 因为是不及物动词的唯一论元,只是动作的涉

---

① 其实斜格(oblique)也常用于引入新信息,但本文为了研究的问题不过于枝蔓,暂时只考核心论元中新旧信息及其编码情况。

及者（吕叔湘先生称作“系事”）参与动作，因此在动作事件的编码中既可以向 A 看齐，又可以向 O 看齐[①]。因此，在这两种相互竞争的语篇压力下，S 成为有限的可以争夺的资源（limited good）（Du Bois，1985：344）。我们把图 1 三角形的对齐模式扁平化，则可以清晰地展示出两种语篇张力（tension）之间的竞争关系[②]：

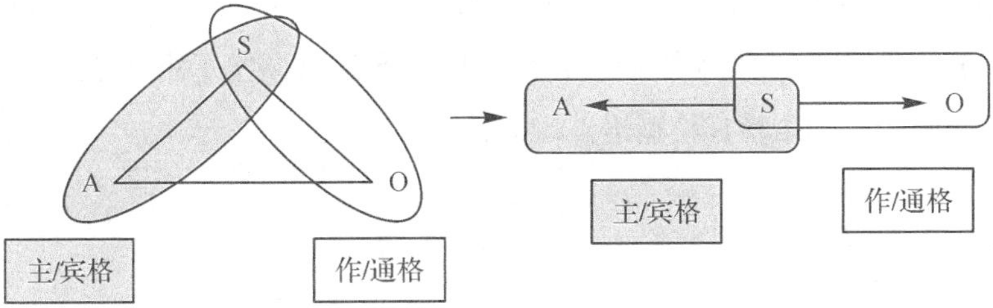

图 2　作格/宾格型语言的语篇动因

这两种不同的语篇张力——“守旧”与“纳新”——较量的结果，是产生不同语言类型的内在动因：如果 A 胜出，则 S 与 A 一同成为语用中枢，**话题连续性**得到突显，成为“语篇宾格型”语言；如果 O 胜出，S 与 O 一同成为“纳新”的语用场所（accommodate new referents），在语用上**“纳新”**得到突显，促成为“语篇作格型”语言。如果这两种语用突显进

---

① 吕叔湘先生早在 1946 年的文章《从主语、宾语的分别看国语句子的分析》就对不及物动词中的 S 的属性做过精辟的论述。重抄如下：“‘施’和‘受’本是对待之词，严格说，无‘受’也就无‘施’，只有‘系’。一个具体的行为必须系属于若干事物，或是只系属于一个事物，或是同时系属于两个或三个事物。系属于两个或三个事物的时候，通常有施和受的分别；只系属于一个事物的时候，我们只觉得这么一个动作和这么一件事有关系，施和受的分别根本就不大清楚……照这个看法，动词的‘及物、不及物’，‘自动、他动’，‘内动、外动’等名称皆不甚妥当，因为都含有只有受事的一头有无之分，凡是动词皆有施事这个观点。照这个看法，‘双系’的是积极动词（active verb），‘单系’的是中性动词（neuter verb）。”这段话蕴含着一层意思，即不及物动词的唯一论元 S，既可以向 A 看齐，也可以向 O 看齐。

② 此图引自 Durie（2003：161）。

一步语法化，则可能成为具有外显标志的“宾格/作格”型语言。事实上，还存在另外一种情形，即两种力量势均力敌，这种情形则经常体现在S论元的分裂上（S-split）[①]，即某些S表现得像A，而某些S表现得像O，这种语言类型也非常常见。汉语中的不及物动词，尤其是存现动词，经常可以使用两种语序，显现出一定的结构分裂性（structural split），其实也反映出S的这种两面性（Janus-faced, Du Bois, 2017：59）[②]。但是就总体的表现而言，汉语中的S还是倾向于跟A看齐，显现出比较强的语篇宾格型语言的特点。

① Dixon（1994：71）谈及了四类分裂作格现象，涉及1. 与不及物动词相关的“S-分裂”；2. 与核心名词语义特征相关的分裂；3. 与动词的时、体、态相关的分裂；4. 与句子的语法地位（是主句还是从句）相关的分裂。S分裂只是其中一类常见的分裂现象。

② 在各种语言中，不及物动词都呈现出很大的差异性，Van Valin（1990）对不及物动词的语义特点、论元要求等做了非常深入细致的研究。汉语中的不及物动词，也存在很大程度的异质性（heterogeneous），值得逐个研究，但目前学界对这个问题还缺乏足够的重视。

汉语的作格结构：北京话“把”字句的理论探讨*

亨利·弗亥(Henri Frei)

1. 语料来源

1.1 发音人

本研究使用的材料来自我的《北京方言两千句》①，这本书记录的

* 编译者注：该文原载日本《言語研究》(*Gengo Kenkyu*)，1—3节载1956年第31卷22—50页，4—7节载1957年第32卷83—115页，题记“纪念朱家健先生”。译文对例句重新编号，删除了英文对译和一些无关紧要的文字，并将原文所引《北京方言两千句》中的例句编号移至句末(用斜体数字表示)。译者孙少卓、赵川莹，校对罗天华、邓舒文、谢沁恬。

感谢卢希微小姐的协助(参见1.2.1)，Willem A. Grootaers(贺登崧，东京)惠赐论文Initial *pə* in a Shansi Dialect(T'oung Pao，1953—1954，42:36-69；缩写WG)提供了思路，为研究铺平了道路，并承担了核查例证的工作。本文所引期刊标题缩写来自国际语言学家常设委员会(Spectrum，Utrecht-Antwerp)《语言学参考书目》年刊(*Linguistic Bibliography*，1947—)。

① *Two Thousand Peiping Sentences*，此书尚未发表(本文以缩写PS后加句子编号的形式引用)。涵盖某一群体日常语言行为的2000条句子的调查问卷旨在提供有限的、个人的材料，从而使得在统一的田野调查基础之上研究单个系统以及不同语言之间的比较成为可能。参见H. Frei，*Le livre des deux mille phrases*(I. La méthode des dictionnaires de phrases，II. Questionnaire de deux mille phrases selon le parler d'un Parisien)；Genève，Droz，1953(Soc. de publ. romanes et françaises，no. 40)。到目前为止，已经调查了如下语言和方言：Alemannic语(Basle，作者F. Kahn；cf. *Le système des temps de l'indicatif chez un Parisien et chez une Bâloise* = Soc. de publ. romanes et fr.，Genève，Droz，1954)；Berber语(两种方言，有完整的录音记录，作者L. Galand，Rabat)；汉语(北京)；英语(未转写)；法语(问卷)；德语(汉诺威，作者F. Kahn)；日语(东京，作者H. Frei)；蒙古语(作者D. G. Stuart)。

是北京方言，发音人张豪安的年龄在30—35岁之间，是一位在北京出生、学习的教师，他除了北京话以外不会说其他语言或汉语方言。1939年，在卢希微（生于重庆、在北京学习的学生）的帮助下，我们根据法语和英语的问卷在香港九龙制作了这份调查问卷。在这份调查的部分内容中，记者兼作家萧乾提供了很多有价值的建议，这些建议也得到张豪安的认可。

1.2 附加信息

1.2.1 本文初稿曾请卢希微过目，她补充了相关信息并澄清了我对几个问题的认识。她在详细解释具体示例、补充相关例证、回答我关于例证的测试三个方面贡献尤多。

1.2.2 我使用了由夏白龙（Witold Jablonski）出版、佟相臣收集的北京儿歌集作为反面证据[①]。尽管它们是专门以口耳相传的方式收集的（1932），但是大多属于戏曲风格（弹词），与口语相差甚远。例如，"把"的名词性补语很少在代词前出现（参见4.1），而作为动词后一种体或态的小词的附接在日常会话中同样很少见。不过，仅仅作为语法结构的一个说明，这些儿歌的押韵接近张豪安的口语，并且在两类语料中"把"的语义范围（4.2）几乎完全相同。

---

① Witold Jablonski, *Les "siao-ha(i-eu)l-yu"*（小孩$_{儿}$语）*de Pékin*, Unessai sur la poésie populaire en Chine, Cracow 1935（Mém. de la commission orientaliste, no. 19）。缩写WJ，后附两个数字（分别表示儿歌和行数）。由于原文未注声调和汉字（虽然有编者的对照译文），有些材料仍有不确定之处。

2. 张豪安的“把”字句

《北京方言两千句》中共有96例“把”字结构：

(1)把那张明信片儿给我看看(*13*)

(2)还不把鼻子擤了吗(*30*)

(3)把嘴闭严了啊(*32*)

(4)我来把茶吹凉了吧(*39*)

(5)我把脊梁摔疼了(*50*)

(6)不兴把胳膊肘儿放在桌儿上(*62*)

(7)把球扔给我(*73*)

(8)鞋把我脚磨破了(*76*)

(9)把我搁稜瓣儿碰疼了(*77*)

(10)你这颗牙最好把神经系儿剔去(*91*)

(11)他们把尸首埋了(*160*)

(12)把他弄到医院里去了(*246*)

(13)你把线弄断了(*253*)

(14)把褥单儿换了没有(*268*)

(15)快该把被窝拿出来了(*269*)

(16)我得去把窗帘拉上(*272*)

(17)喝，你还没把衣裳穿好哪(*276*)

(18)我得把上身儿脱了(*282*)

(19)我得把腰带松松(*293*)

(20)你把我拖鞋塞在哪儿了？(*298*)

(21)你别又跟上回是的，把手提包儿落(*299*)

(22)我们俩已经把珠宝都锁起来了(*312*)

(23)可别把戒指弄丢了(*314*)

(24)房子拆了为的是把马路腾宽绰点儿(*336*)

(25)你把大门锁上了吗(*341*)

(26)我把包儿放在大门道儿那儿了(*342*)

(27)是那些小鬼儿把窗户的玻璃砸了(*356*)

(28)我们走以前把家具通通都卖了(*370*)

(29)把这些行李扛到税关上去(*393*)

(30)报上说军队把桥炸了(*399*)

(31)顺便把我这封信给寄了罢(*463*)

(32)他把饭碗儿砸了(*483*)

(33)他多半儿把钥匙丢了(*502*)

(34)我把小刀儿丢了(*509*)

(35)我把那个送您吧(*538*)

(36)干么把这些都扔了?(*547*)

(37)把这票子给我换开吧(*551*)

(38)他们把钱都赚饱了(*560*)

(39)他把买卖儿倒出去了(*581*)

(40)把他埋在中国了(*631*)

(41)太太,太太,您把雨伞忘了(*662*)

(42)因为起头儿政府就没把计划宣布明白(*694*)

(43)把他判罪了(*744*)

(44)到了儿把敌人打败了(*760*)

(45)咱们最好把那个主意扔开了吧(*776*)

(46)哟!我把票放那儿了?(*789*)

(47)我怕我把钱包$_{儿}$丢了吧(*856*)

(48)你把两样儿完全不同的事儿搅在一块$_{儿}$了(*871*)

(49)把他送到疯人院去了(*880*)

(50)我把它藏在盒$_{儿}$里了(*888*)

(51)他叫我们把肚子都笑疼了(*958*)

(52)把全句$_{儿}$告诉我吧(*972*)

(53)谁把我的钢笔抄走了(*1048*)

(54)把墨水$_{儿}$给我拿来好吧?(*1049*)

(55)真糟糕,我把自来水$_{儿}$笔忘了(*1050*)

(56)把你的练习本$_{儿}$借我一会$_{儿}$,好吧(*1054*)

(57)这句诗太难了,把我们脑袋都念疼了(*1060*)

(58)我想把我那照像匣子卖了(*1067*)

(59)你把衣裳全弄脏了(*1096*)

(60)你把功课甚么的都扔在脖子后头了(*1110*)

(61)你把我借给你的那本$_{儿}$书干么了?(*1113*)

(62)把土撮开吧(*1140*)

(63)炸弹把钢板炸透了(*1154*)

(64)蚊子甚么的把我们咬死了(*1202*)

(65)河水把堤冲毁了(*1213*)

(66)咳糟糕!我把雨伞忘了(*1263*)

(67)得把光对好了(*1292*)

(68)谁把灯关了?(*1303*)

(69)咱们把门$_{儿}$漆成绿色$_{儿}$不好吗(*1321*)

(70)载重汽车呜噜呜噜的开过去,把房子满震动了(*1329*)

(71)唔,把我冻坏了(*1371*)

(72)把咱们都挤扁了(*1389*)

(73)把绳子拉紧了(*1391*)

(74)把你大氅挂起来晾晾(*1407*)

(75)把你帽子摘了吧(*1460*)

(76)我把像片儿钉在墙上了(*1468*)

(77)你把门儿关上,行不行?(*1472*)

(78)岛把河分开了(*1475*)

(79)我把那封信撕的纷纷儿碎了(*1479*)

(80)喝,把我的纸片儿刮了一地(*1480*)

(81)咱们把桌腿儿垫垫(*1504*)

(82)一大群人把他围起来了(*1528*)

(83)我把桌子那头儿坐着来着(*1533*)

(84)怎么拔也把塞儿拔不出来(*1547*)

(85)你把尺放在那儿了?(*1573*)

(86)外国人把时候儿看的很要紧(*1584*)

(87)去把时间表拿来(*1712*)

(88)他老耗着,把机会错过了(*1729*)

(89)为找他那领扣儿把屋子都搅成一锅粥了(*1740*)

(90)把雨伞给我拾掇拾掇(*1751*)

(91)至少得把这办了(*1793*)

(92)把甚么问题都搅在一块儿了(*1811*)

(93)八点钟把我叫起来(*1849*)

(94)这把火把工厂完全给送了(*1889*)

(95)他把脸都气紫了(*1903*)

(96)我把牲拴起来了(*1938*)

3. “把”的句法范围

3.1 “把” + 宾语。根据中外语法学家的传统观点,“把”是“一种通过将动词的直接宾语置于句首来改变语序的方法……动词的直接宾语包含在一个新句子中,并成为‘把’的宾语,整个结构都放在句子前部”。(WG 第 36 页)例如 PS 509,便是以“主语 + 把 + 直接宾语 + 及物动词”式子构建的;这或许可以看作是一种替换形式,它的原型是直接语序“主语 + 及物动词 + 直接宾语”,如“我丢了小刀儿”。

3.2 关于“把”在句法上的规范解释。语法学家们已经逐项描述了制约“把”使用的多种形式规则。

3.2.1 在这些规则中,以下这条常被提及:“当动词之后紧接着一个成分时,它不允许在动词和这个成分[或动词复合体之后的位置]之间插入补语[= 直接宾语],或者当该动词之前有一个必须放到补语后的特殊副词时,必须使用‘把’。”(吕叔湘,译自 WG 第 58 页)“他(吕叔湘)之后列举了 13 个不同的例子……在每一个例子中,谓语都是动词本身 + 补语的复合体。汉语把这种复合体当做一个整体来处理,但是只要语感上认为第二个成分是补语,那么直接宾语就必须要和‘把’一起放到前面。”(WG 第 58 页)①

3.2.2 但是,在特定情况下,直接宾语无法放在动词之后并不能为我们提供理解“把”的关键。仅仅将其视为解决句法难题的成分,就无

① 赵元任(Y. R. Chao)则更谨慎地认为:“一种更常见的说法是……当一个动词既有直接宾语又有补语时……人们更倾向于使用‘把’字结构。”(Chao,1948:162)

法得到一个可以覆盖“把”的所有用法并揭示其真正内涵的定义。①

3.2.2.1 一方面，上述阐释无法对众多“把”出现在动词之前的例子作出解释。例如，那些带有“卖”(PS 1067)、“丢”(502,509,856)、“忘”(662,1050,1263)的句子本来可以不用“把”；因此，“把”的使用另有原因。

3.2.2.2 另一方面，在某些情况下，尽管句中的动词位于不允许插入直接宾语的补语之前，该句仍然可以不用“把”。例如，通过重复来实现：

(97)他讲书讲的清楚吗(*1040*)

在这里，勉强可以接受使用“把”字结构，只不过不如前面所提及的型式那样自然。

3.2.2.3 最后，正如我们即将在3.3中看到的那样，当“把”后面是主语而非宾语时，句法上的规范解释同样是无效的。因为在那种情况下，无论是否使用“把”，语序都是相同的。

3.3 “把”+主语。确实，当“把”之前没有主语出现时，解释补语就会出现困难。

3.3.1 在这种情况下，Grootaers 划分出两类例子：“把+宾语”(WG 第2 A 章)和“把+主语”。在第一种情况下，我们必须假设前面的主语是双方心照不宣的(例如，当动词表示一项命令或邀请时，见 PS 13，30,32,73,393,551,972,1049,1054,1140,1391,1407,1460,1712,1751，1849；或者表示一项禁令时，见 PS 314)；在第二种情况下，“把”后面的成分是句子的主语，并且之后的动词是不及物的(WG 第2F—H 章，例

① 同样，汉语中使用声调来区分同音字这一事实并不能解释为什么汉语是一种声调语言。

句16—38,42—43)。

Grootaers于1941至1943年在大同(山西省北部)东南35英里的西册田的一个小村庄收集语料。他从J. L. Mullie对热河方言的描述(WG第3章)及作于18世纪的北京话口语风格小说《红楼梦》(WG第5—6章)中举出了数条例证,以证明第二种类型的存在。

3.3.2 容我补充一点,"把+主语"这种类型对于现代北京方言来说并不陌生。

在这一类中,颠倒"主语+把"的顺序,是为了能将"把"的补语解释为主语。特别是这一种情况:一个人称代词本来在"把"之前作主语,为了变成所有格而被放到"把"之后。因此,PS 856"我怕我把钱包儿丢了吧"可以变为"我怕把我的钱包儿丢了吧"。[①]

这里是从我的例句集中摘出的一小部分补充例句[②],张豪安造这些句子的时候没有使用"把",但据卢希微的意见,使用一个主格的"把"也是可以接受的:

(98)把他骨头摔折了(*95*)

(99)把你衬衣儿长出来了(*321*)

(100)把个猪跑了(*1190*)

(101)远远儿的把一只船露出来了(*1293*)

(102)把你手都冻了(*1370*)

在热河方言(WG第49页:"我们把个把儿头还病了")和《红楼梦》(WG第54页:"偏又把凤丫头病了")中出现的用"把"和"病"来表示

① 其他关于"我把……"颠倒为"把我……"的例子有PS 50,342,509,789,1050,1263,1468,1479;关于"你把……"颠倒为"把你……"的例子有PS 253,1096,1573;关于"他把……"颠倒为"把他……"的例子有PS 483,581,1903。

② 它们的编号并没有统计价值,因为在这一点上我们还没有对收集的例句做系统性的测试。

“生病了”的结构，同样也见于现代北京话口语：

(103)把他爹病了

下面这句经常在北京城内外听到的谚语[1]，就是关于主格“把”的一个很好的例子：

(104)把鸡也飞了，蛋也打了

3.3.3 汉学家和对汉语感兴趣的语言学家们虽然并不总是忽略“把”在主语之前的用法，但在他们的理论中却普遍忽略或低估了这一特征。

儒莲(Stanislas Julien)在 *Syntaxe nouvelle de la langue chinoise* (1869—1870)、戴遂良(Léon Wieger)在 *Rudiments*(1895)中提到了“把”的受格用法。对于古恒(Maurice Courant)来说，主格的“把”似乎是很“奇怪的”(Courant，1914)[2]，然而马伯乐(Henri Maspero)只是将其简化为一个关于强调的普通案例(WG 第 53 页)。韦尔滕(H. V. Velten)断言：“汉语中指示一个动作直接或间接的受事的小词的功能与西班牙语和葡萄牙语中的前置词 a(á)的功能有着惊人的相似之处”(——一个从未在主语之前使用的前置词!)(Velten，1932)。J. Mullie 将“把”字结构称为“有定受格”(determinate accusative)，即使“把”的补语是主语亦是如此(WG 第 51 页)。

同样地，关于迄今为止中国语法学家所提出的理论，Grootaers 认为“没有清楚地把握住问题”。(WG 第 62 页)“这两种类型(与及物动词和不及物动词搭配)的深层特性被忽视了。”王力(WG 第 65 页)、吕叔

---

① Ho Feng-Ju 收集、Wolfram Eberhard 译为德语的谚语集 *Pekinger Sprichwörter* (Baessler-Archiv，XXIV/1，Berlin 1941)：“Wenn das Huhn wegfliegt，ist das Ei entzwei.”(No. 1031)

② “*pà* introduit le sujet，tournure étrange.”

湘“将任何‘把’在前的名词称为‘宾语’,即使这个名词后接一个不及物动词”(WG 第 59 页);而赵元任(1948)则将“把”称作“前及物”(WG 第 57 页)。

3.4 惯性与动力。汉学家们对宾格和主格的“把”未达成令人满意的解释,原因之一是缺乏总体的探讨;另一个原因是,在用汉语和其他语言进行比较时,仅仅提及了印欧语(如英语、法语等),而没有考虑到其他非印欧语的类型。他们的语言学是一种“中西语言学”;对于汉语的某些特点而言,不妨考虑一些人们不太熟悉的语言。

3.4.1 从 Grootaers 的研究以及我自己的材料中得出的结论是:在“把”引介主语的句子中,动词后面是不能有宾语的。可以说:

(105)他把我气死了

这个主宾句的一种替换形式可以是“他气死我了”或者“把我气死了”,但不能是“把他气死我了”。

3.4.2 这种动词伴随现象的分布有两类:一类(有“把”)将及物动词的宾语和不及物动词的主语处理为相同的形式,另一类(没有“把”)只包括及物动词的主语,这种现象并不是汉语所特有的。它被称为“作格结构”,散布在世界各地的语言和语系中:藏语[①]、Basque 语(Uhlenbeck,1906:600—601)、高加索语(如 Abkhaz 语)(Matthews,1952:403—404)、爱斯基摩语(Jespersen,1924:166)、Paleoasiatic 语(Chukchee 语)(Matthews,1952:404—405)、美洲印第安语(如 Dakota 语)(Uhlenbeck,1906:602—603),等等。如果 C. C. Uhlenbeck 的假

① 见 C. Regamey(1947:30—31)。在藏语口语中亦是如此,见 C. A. Bell(1939)。

说①是正确的话，那么它甚至还存在于原始印欧语之中。

考虑到索绪尔（F. de Saussure）假设能指与所指之间存在对应关系②，在这个结构中，主格和宾格之间并不存在对立，但是在"动力"类（=及物动词的主语）与"惯性"类（=不及物动词的主语和及物动词的宾语）之间存在对立③。出于同样的原因，这个动词在此结构中既不是真正的及物或不及物，也不是真正的主动或被动。

3.4.3 基于以下两个事实——作格结构和非作格结构是无法比较的两种结构，以及翻译总是从一种语言编码转换到另一种语言编码，在我们仅有主、宾语供选择的西方语言中，不可能有真正的关于"把"字结构的对译。类似"把我"这样的组合成分（参见3.4.1），尽管在汉语的任何环境里都具有相同的句法意义，但在非作格语言中则可以或必须在主格（I）或宾格（me）中择其一来翻译。

区分主宾语④无关紧要，这在同样可接受的两种译句中表现得显

---

① 见C. C. Uhlenbeck 1901 *Agens und Patiens im Kasussystem der indogermanischen Sprachen.* IF 12：170-171，Cf. N. van Wijk. 1902 *Der nominale Genetiv Singular im Indogermanischen in seinem Verhältnis zum Nominativ*（阿姆斯特丹大学学位论文）；A. Vaillant. 1936 *L'ergatif indo-européen*，BSL XXXVII/2，no. 110：93-115。

② F. de Saussure，*Cours de linguistique Générale*："… les entités abstraites reposent toujours，en dernière analyse，sur des entités concrètes."

③ 关于两个术语"动力"和"惯性"语义上的论证将在第4节出现。其他诸如"及物格"与"不及物格"、"主动格"与"被动格"、"施事"与"受事"等术语也会引起误解，因为至少从纯粹的形式上来说，作格结构与主动—被动、及物—不及物的对立是不相容的。"作格"传统上被用于指称关系中的动力成员（"作格"）以及整个关系（"作格结构"）；我保留这个词的后一种含义（同时也保留这些动词来说明这种关系：参见4.2.4）；至于动力成员将在第5节讨论。

④ 这一点在其他语言的作格结构中同样受到重视：如巴斯克语。

而易见：*He* was taken to hospital——One took *him* to hospital(PS 246)①，而这两者都不符合汉语的结构。

3.4.4 “把＋补语”结构的句法与“任何介词补语＋动词”结构的句法十分相似。

尤其是，二者对否定的处理是一致的。据观察，北京话的“把”字结构不允许在动词前使用否定词（王力：WG 第 54 页）。否定小词必须放在“把”之前（“不把”：PS 30，WJ 39. 8，74. 5；“别把”：PS 314，299；“没把”：276，694）。或者，在可能否定（cannot）中，否定小词需要放在动词及其助词之间（PS 1547，WG 13）②；又或者，在选择否定（or not?）中，否定小词需要放在动词和“有”之间（PS 268）。

然而，这种否定的分布情况并不仅仅局限于“把”字句中。这一规则适用于所有③在动词之前的介词性补语。

试与 PS 256 比较“不”在“把”之前的用法：

(106) 你干么不用机器作活哪？

（“不用……作”而不是“用……不作”）④

试与 PS 278 比较“别”在“把”之前的用法：

(107) 别光着脚丫子玩儿

（“别光着……玩儿”而不是“光着……别玩儿”）

---

① 其他类似的存在不同译法的例句还有：PS 77，268，336，547，631，744，760，880，1060，1329，1371，1389，1480，1547，1729（参见 WG 17），1740，1793，1811。亦可参见 WG 第 43 页引巴金小说的句子：“（你们都在这儿）把我找死了！”

② 因此，这并不是 Grootaers 所研究的山西方言的特征，他写道：“我们方言的典型用法只有‘把’加上否定词（WG 13），而王力则发现在北京话中不允许这样使用。”（WG 第 65 页）

③ 除了“这绿的跟这蓝的不配”（PS 1986，《北京方言两千句》唯一的一例），该句否定与动词关系密切，类似于动词前置否定词。（没有使用“不跟……配”。）

④ 剩下的例子还有 PS 384（“不在……住”），PS 1019（“不上……去”）。

试与 PS 1616 比较“没”在“把”之前的用法：

(108)我今儿晚上没上那儿去

(“没上……去”而不是“上……没去”)①

当否定词以外的副词(或副词性结构)加入到组合成分“把 + 补语”中时，要么放在“把”之前，要么放在补语和动词之间。在这里，“把”的句法处理与其他任何介词的句法处理又是一样的。

试比较“也”在“把”字句 PS 1547② 和 PS 1123 中的位置：

(109)他们也跟我们一样儿是人哪

试比较“都”在把字句中的固定位置(紧邻动词之前：PS 312，560，958，1060，1389，1740，1811，1903)及其在 PS 1567 中的位置：

(110)在好些地方儿都找的着

试比较副词性结构“给 + 名词”或“给 + 代词”(“给我”：PS 551，1049，1751)在“把”字句中的位置③和其在 PS 490 中的位置：

(111)他在他买卖儿里头，给儿子安置了个事儿

正如每一位汉学家所知道的那样，组合成分“介词 + 补语”在动词前的位置和副词在动词前的位置是一样的。事实上，这种介词补语是动词的状语限定语。将“把”的补语解释为宾语或主语，使这一结构从其他借词补语的类别中排除开来，由此违背了能指与所指对应的假设(参见 3.4.2)。虽然我们西方语言往往用宾语或主语来对译“把”的补语，但在汉语的句法里，“把”的补语和这个位置上任何其他的介词补语一样，都是其后动词的状语限定语。这一共同特点，以多种变体的形

---

① 剩下的例子还有 PS 975(“没跟……说”)，PS 1705(“没跟……见”)，PS 1797(“没同……去”)。

② 在 3.3.2 的谚语中，出现在动词之前的“也”属于一个关联式：“也……也”(“不但……而且”)。

③ 当类似的结构出现在动词之后时，他们属于另一种句法型式：结果格。

式,普遍存在于所有作格语言之中①。

目前还没有正式的标准可以将“把”的补语和动词前的介词补语区分开来。确实,我们可以通过直接结构,即不带“把”的宾语或主语来替换它,但是这种替换并不意味着句法类别上的一致,因为每一位发音人都觉察到其中确实存在意义差别。

4.“把”的语义范围②

很显然,“把”的句法形式分布仅仅是理论的一部分。汉语是一种混合结构的语言,能够同时表现出作格结构和非作格结构,其分界线取决于语义。

如果一个语言学家和布龙菲尔德(Bloomfield)想的一样,认为“对于我们生活于其中的世界,我们的知识太不完全,很难准确地说出言语形式的意义”(Bloomfield,1935:§5.1),那么他将满足于说明哪些动词可以和“把”组合,哪些动词不能和“把”组合。诸如作格动词与非作格动词等等的称呼,或任何其他涉及它们的名称,也不过是给事先通过纯形式定义获得的类别贴上的标签而已③。

然而,这样的一个程序确实是我研究的第一步,尽管从长远角度看

---

① C. Regamey 已经强调了这一点,见 C. Regamey(1954)。

② 前文参见《言語研究》第 31 卷(1956),第 22—50 页。此为下篇,原文题注“意义是符号的一种属性,而不是附加在符号上的东西”。对于索绪尔来说,符号和意义之间也没有关系,但是在符号内部存在一个能指—所指的结合。

③ 罗宾斯(R. H. Robins):“……意义不是用来建立语法范畴的,而是在语言中的语法范畴已经被形式上的标准确定下来之后,在可行的情况下依据它们的地位为其命名。”(Robins,1951:95)

并不令人满意。列举作格动词和非作格动词的清单最终会因为务求穷尽汉语动词而变得极为冗长,外国的语言学家和汉语学习者也将因此无法预测哪些动词是作格动词而哪些不是。除此之外,依据口语或当下的语境,同一个动词有的时候可以和"把"一起使用,有的时候却不可以和"把"一起使用。例如,通常作为非作格动词的"看"在 PS 1584 中也有作格的用法。[①] 因此,我们有必要对"把"的语义进行透彻的研究。

4.0 介词"把"给它的补语增加了两方面的语义内容:一个是通指的(4.1 指示),另一个是特指的(4.2 惯性)[②]。

4.1 指示。与"把"的补语相对应的指称总是实指的,而从不会是虚指的[③];补语形成了一个指示,而不是一个特征。相反,在非作格结构中,宾语可以是两者中的任意一个。

在"吃饭""说话""写字""看书"等表达中,宾语是虚指的,英语 to change countenance(变脸)、lose face(丢脸)、get hold(抓住)等与之类似。[④] 然而,当它变为一个作格结构时,"把"的补语就只能是实指的了,意即指示。

例如,"丢脸"中的"脸"是虚指的。北京话不说"他丢了**他的**脸"或"他丢了**它**":

---

① 在 PS 746 中,通常作为非作格动词的"知道"和动力介词"让"一起搭配使用。参见 5.1.1.1。

② 这两点或多或少地对应了朱家健的口授(Ecole nationale des langues orientales vivantes,1926 前后),他解释说"把"的补语始终是有定的(法语 déterminé),并且与状态变化相关。

③ 参见 Bally, § 110—134。"实指"对应 Damourette & Pichon 所说的 *diffusif*(*clausule diffusive* vs. *clausule étanche*): *Des mots à la pensée*, *Essai de grammaire de la langue française*, I, Paris 1927, § 112。

④ 比较法语 faire feu(开火)、lâcher prise(松手)、prendre parti(袒护),等等。

(112)他可丢脸了(*819*)

如果说把这句话变成“把”字结构(“他把脸给丢了”或者“把他脸给丢了”),就会显得不那么自然了。它的意思就会是,例如在一个故事中,有人已经失去了他真实的脸。所以我的发音人就有可能用“把”造出 PS 1903(“他把脸都气紫了”)这样的句子。在 PS 7(非作格)中,主语“脸”是实指的并且同样指的是真实的脸:

(113)她吓的脸都白了

因此,这句话就允许使用“把”:“把她脸|都吓白了。”意思是“吓得她脸都白了”或者“她的脸因为害怕都变白了”。

4.1.1 从形式分析的角度来看,当遵循以下原则时“把”的补语是实指的:

它是一个代词(PS 246,538,631,744,880,888,1110,1202,1371,1389,1528,1793,1849,1938);如果不是,它可以被一个代词替换(或指代)[①]。

它可以伴有指示词(代词性形容词,限制性形容词)或伴有用于该功能的代词(PS 13,76,77,91,298,393,463,551,776,871,1048,1054,1060,1067,1113,1407,1460,1479,1480,1533,1811)。

这两项原则可以结合起来(PS 547:“这些”,指示词,代词)。

4.1.2 “把”的补语在大多数情况下可以是有定的,在少数情况下是无定的。《北京方言两千句》提供了后一种类型的三条可靠例证:PS 871(无定数词:“两样$_{儿}$事”),PS 1110(“甚么的”),以及 PS 1811(“甚么问题”)。[②] 在卢希微补充的例句(3.3.2)中还有两个例子:1190

① 在 Grootaers 的一个例句(WG 6)中,“把”的补语在动词之后又以代词的形式再次出现(“把门,锁住它吧”)。

② PS 560 可能是有定的也可能是无定的。

（“一头猪”）和 1293（“一只船”）。Jablonski 的儿歌中包含了相当数量的例子：28. 7（吃栗子），50. 8（装羽毛球），73. 4（穿睡衣），74. 8（发誓），92. 5（倒出腌卤水），98. 13（蒸糕），98. 22（缝衣服），149. 4（忍受侮辱），151. 11（激发爱情），154. 16（抓母鸡），159. 5. 2（骑牛）；然而，在所有的这些例子中，当“把”的补语没有用指示词标记时，不定的意义来源于语境，因此，解释也并不总是确定的。

在语法中，“实指”一般被称为**限定**。J. Mullie 称之为“限定受格”（WG 第 51 页），并且他的规则（“把”字结构唯一容许的就是限定补语）得到了吕叔湘的认可（WG 第 58 页）。在他们之前，朱家健向他的学生们强调的也是这一点。因为“实指”和“有定”之间的混淆以及与之类似的“非限定”（“虚指”）和“不定”之间的混淆，术语“限定”和“限定词”是有误导性的。

当 J. Mullie 声称他关于“把”的限定补语的规则只有少数例外时（如“我忘了一些事情”“我打了某人”），他已经陷入了这样一种窘境；不确定的成分形成了一种指示：虽然是非限定的，但却是实指的。此外，Grootaers 从他自己的语料中补充了一个例子（WG 28：“把狼来了”）以证明在这种情况下限定词的标准也是无法成立的（WG 第 61 页），这里的补语也是一个指示。①

4. 2 惯性。因为指示也不属于作格结构（作为主语或宾语），“把”的第一个语义成分是通指的；它构成了定义的类属。第二个语义成分仅属于作格结构，是特指的；它构成了定义的种差：

---

① 此外，对于北京人来说，尽管在两种情况下语义都是实指的，但既有可能是有定的（“狼来了！”）也有可能是无定的；不过，他们可能会在后一种情况下加上“个”：“把个狼来了。”

与“把”的补语相对应的指称容易受到变化影响①;它是惯性的,或者“被动的”②,尽管变化的发起者是关系中的动力成员(参见5.2)。

尽管存在两可之间的情况,“变化”概念有其确定的语言学内涵。

4.2.1 以下是一份从我收集的材料(加上WJ和WG的材料)中挑选出来的分类例证列表。作为一个分类,它除了从语义角度划出作格和非作格的分界线外,与语言学没有任何关系;其主要目的是确定在哪些情况下“把”可以使用或不可以使用及其原因。

4.2.1.1 最明显的例子就是这些具体的翻译。

外形等:挤扁(PS 1389),分开河流(1475),踏破门槛(WG 1),蒸糕(WJ 98.13),吃栗子(28.7),吸鸦片(150.12,150.17);

颜色等:涂绿(PS 1321),变成深紫色(1903),变脏(1096);

身体:醒来(1849),擤鼻子(30),喂孩子(WG 5);

疼痛:受伤(PS 50,76,77),咬(1202),感到疼痛(958),头痛(1060),生病(3.3.2),感到疲惫(WG 21),忽视某人的健康(12)。

下面的例子表明,作格和非作格之间的差别可能相当小。PS 351(“有人儿打门哪”)加上“把”的话就会显得不够自然:从语言学角度来看,简单的敲击并不会对门产生任何影响。然而,如果该句是“有人在砰砰地敲门”,加上“把”就变得相当自然:

(114)把门打的直响

WJ 148.18 也是如此:“他梦见财神爷把门敲。”这句话中动词的意思是“敲(鼓)”。

4.2.1.2 数量、规模、强度等的变化:赚钱(PS 560),花钱(WJ

① 据我所知,朱家健是唯一注意到这一点的学者。

② 这就是为什么汉语发音人恰好会说“把”给它的补语增加了一种“被动”的意义。

148.31)，拓宽道路(PS 336)，倒(增添)液体(WJ 92.5)，伸展(PS 321：§3.3.2)，冷却(39)，结冰(1371，1370：§3.3.2)，拉紧(1391)，松开(293)，调光(在拍照之前:1292)。

4.2.1.3 破坏:摧毁(PS 1889)，炸毁一座桥(399)，打断、打破(95：3.3.2，253，356，483，1213，谚语:3.3.2)，撕碎(1479，WG 3)，烧毁(WJ 148.35)；

消失，停止:熄灯(PS 1303)，躲藏(888，WJ 53.14)，扔掉(放弃:PS 776)，丢失(314，502，509，856)，忘记(299，662，1050，1263)，错失良机(1729，WG 17)；

修理:雨伞(PS 1751)，衣服(WJ 98.22)。

4.2.1.4 出现:PS 1293(§3.3.2)，寻找(WG 13，41)，找到(巴金：WG 第43 页)，展示(PS 13)，告诉(揭晓:WJ 147.6，PS 972；列举:WJ 87，3-4，170.8，177.2)，阐述某人的方案(PS 694)。

4.2.1.5 通常来说，一个实体如果改变了它的位置，就会倾向于使用“把”:放到(PS 62，276，298，342，789，1113，1573，WJ 19.21，WG 2)，穿上(WJ 73.4)，固定在(PS 1468)，搬去(246，880)，带去(393)，送去(463，WJ 144.2)，扔(PS 73，547，1110)，离开(WG 18，42)，飞走(30，谚语:3.3.2)，逃跑(PS 1190:3.3.2)，移除(91，282，1048，1140，1460)，扇走(WJ 39.8)，拉上(PS 272)，拿出来(269，1547，WJ 19.18)，流出来，流走(WG 7，38)，拿来(PS 1049，1712)，过来(WG 25，28)，回来(WJ 146.29)，挂起来(PS 1407)，抬起(WJ 11.8)，垂下(148.12)，掉进(WG 19)，埋葬(PS 160，631)，摇动(WJ 22.7，26.6，60.3)；

替换:换褥单(PS 268)，把纸币换成硬币(551)；

分发，安排:整理(WG 8)，纸撒落一地(PS 1480)，把房间翻个底朝天(1740)。

4.2.1.6 一个有趣的现象是,一个被包围或被使用的实体也有可能进入"把"字结构:它被处理为正在经受某种影响:

被人群包围(PS 1528),揽入怀中(WJ 119.4),吮母亲的手(1.1),装羽毛球(50.8);

占桌子(PS 1533),进入餐厅(WJ 170.5-6),骑牛(159.5.2)。

在 WG 9("铁绳把这个眼入上去")中,"眼"被"铁绳"占去了;在 PS 1154("炸弹把钢板炸透了")中,"钢板"被"炸弹"摧毁了。然而,在 PS 1166("我们穿过了一片森林")中,就不能再允许使用"把"了:这是因为既没有占据也没有改变森林。

4.2.1.7 另一个显而易见的特点是,一个实体,当它的运动或自由受阻时,就适合用"把":

锁上珠宝(PS 312),关上门(WG 6,PS 341,1472,WJ 167.5),闭上嘴(PS 32),糊上窗户纸(WG 10),垫好桌子(PS 1504),拴住狗(1938),抓母鸡(WJ 154.16),逮捕人(149.25)。

4.2.1.8 交际:要求某人(做某事)(WJ 148.6,148.9),受到责备(149.4,149.7,149.24),判罪(PS 744),打败敌人(760),忙碌(WG 36),购买(11),卖(PS 370,581,1067),送出某物(538),借(1054),安排(配对)婚姻(WJ 74.5),娶妻(85.15)。

4.2.1.9 心理:办事(PS 1793),给人留下印象(WJ 149.14),变得不耐烦(146.5,148.13),生气(149.5,WG 20),令人沮丧(WJ 98.19,145.32),骗人(WG 24),受到惊吓(37),发下(承诺)誓言(WJ 74.8,74.21),祝福新年快乐("贺岁":68.5),混淆视听(PS 871,1811)。

王力正确地认为"把"字结构不适用于类似"我爱他"这样的句子(WG 第 54 页)。事实上,从汉语语法的角度来看,爱一个人并不直接作用于被爱的人。与此相反的情况是 WJ 151.11(私通):"把情挑"激发爱欲(勾引)。

通常来说,诸如"看(看,考虑)"这样的动词是非作格的,就像一般的感官动词(看、听、闻、尝、感觉)那样。然而,在"把"字句 PS 1584("外国人把时候儿看的很要紧")中,汉语译文的意思是他们"考虑到时间以使其非常重要"。

4. 2. 2 从这种将惯性作为"把"特指语义成分的定义中,我们或许可以得到三个结论。①

4. 2. 2. 1 一个表达状态的句子只有在该状态是动作的结果的情况下才能使用"把"来构建。

Grootaers 声称,在他的方言中,动词"坏"表达一种状态,并且它从来没有单独使用来表示一种破坏性动作;在后一种意义上,它总是作为一个结构的第二个成员出现,例如在"打坏"中那样(WG 第 45 页)。即使译文可能是静态的(WG 31"把腰坏了",WG 32"把人坏了",WG 33"把轴也坏了"),其含义仍然总是指向前一个动作。这个特征看起来很像希腊语的完成时或者在现今法语口语中的复合过去时,它们也是看似静态的(法语 *il est mort* ="他死掉了并且现在他是死去的"),并且这个特征还必须与通常作为完句成分的完成体小词"了"联系起来看。更多的例子如"把你手都冻了"(PS 1370:§3. 3. 2),"把他爹病了"(§3. 3. 2)。

4. 2. 2. 2 一个表达事件的句子只有在该事件发挥影响的情况下才能用"把"来构建。

PS 680("这么好的一个姑娘还玩儿娃娃哪!")体现出了直接型式"主语 + 动词 + 宾语"("还玩儿娃娃哪")。因为"玩儿娃娃"在这里没

① 相反的例子非常少,仅仅出现在 WJ 72. 2(凝视花朵),158. 8(听喜剧)。

有对它们产生影响，所以作格型式“把娃娃玩儿”是不可能成立的。

同样地，在1805中（“除了我之外，还有许多人要去”），主语“许多人”并没有用“把”来翻译：这不是一个强有力的移位，而且其他同类的句子都不是通过“把”来构建的。反之，例如“把他弄到医院里去了”（246），“把他送到疯人院去了”（880），或者“把个猪跑了”（1190：§3.3.2），“把老百姓都跑出来”（WG 30），“把路跑哪儿去”（WG 42）。

PS 1163（“每根枝条都不动”）的主语不再允许使用“把”。

4.2.2.3 一个表达创造的句子只有在补语是有定的情况下才能用“把”来构建，意即补语已经事先在脑海中出现了（因为一个经历变化的实体必然在此之前已经存在）。

所谓的结果动词，在这样使用时——即与一个不定宾语一起使用时，是无法允许出现“把”的。因此，张豪安不得不在以下所有短语中继续使用直接型式“动词 + 宾语”：

添孩子（PS 135，928）

点……火（1913）

结果子（1180）

写……信（1690）

照……像片儿（1066）

做……衣服（280）①

盖……别墅（333）

如果句子的意思是“这封信（我告诉过你的）”“这张照片（有问题的）”“这个炉子（我们房间的）”等等，那么在这样的句子中是有可能使用“把”的。因为这样的结构表达的是一种变化，那就是把一个已经在

① 反例参见WJ 98.22：“把衣服缝。”

脑海中的东西带进了现实。

用“把”构建的动词恰好只在翻译的自由语言中作为结果动词出现——WJ 64. 16 实为“把面发”。WJ 82. 6 实为“把茶泡”。依据上下文，WJ 98. 29“把火生”看起来像“点火炉”。WG 2“(豆子播种方式:)在地上打一个洞，放一颗豆子进洞里”，更倾向于直接从字面上理解：“把土一剜[1]，把豆子一按”。[2]

4. 2. 3 在“把”字结构和体之间存在着一种联系。

4. 2. 3. 1 大多数“把”字句都以完成体小词“了”或结果格的表述[3]结尾。由于“把”强调的是一种变化，其补语和结果的种类往往能极为自然地得到说明，尽管有时并非必要。[4]

4. 2. 3. 2 那使得判断在王力和 Grootaers 关于“把”的理论中符合事实的部分成为可能。

4. 2. 3. 2. 1 王力认为，通过“把”的使用，“位于动词后的带有宾语的普通短语，可以转变为‘处置式’句；选择这个名字是因为‘把’字句的使用仅限于可以‘处置’的动作行为；因此它不适用于像‘我爱他’这样的句子，也不适用于任何类型的否定句”(WG 第 54 页)。吕叔湘也基于“把”的使用条件指出，动词必须表达“行动”或“处置”(WG 第 60

---

① 参见 PS 1127:“工人们正在挖地”一句就可以用“把”来表达。

② 按照一些语言学家对影响动词和结果动词的区分，前者之所以被称为“影响动词”，是因为“它们的因果关系在持续影响着它们的宾语”(法语 *cuire la pâte*“烤面团”)；后者之所以被称为“结果动词”，是因为“反映了动作的情态或者达到动作的手段”(法语 *cuire le pain*“烤面包”)。Grootaers 据此认为：“当汉语希望在表达一个结果动词的同时强调情态……它会使用‘把’……汉语将‘把’及其宾语放在句首，而让结果动词及其情态充当主要成分。”(WG 第 66—67 页)然而，在他的材料中没有一个“把”字句含有结果动词；恰恰相反，影响动词(如上定义)倾向于和“把”一起使用。

③ 唯一一个显而易见的例外是 PS 1533(以未完成体小词“来着”结尾)。

④ 在其他语言中也观察到了作格与完成体之间的联系(参见 C. Tagliavini, 1937; Matthews, 1952:405; C. Regamey, 1954:364, n. 9)。

页)。王力进一步认为,在严格意义上,如果除了动词和宾语之外,同时出现了结果、方向或者目的地、形式、数字或者情貌的话,那么处置式或许也是可以使用的(WG 第 55,65 页)。他所说的这种“继事式”,“使人们注意到这样一个事实:动词的动作本身就是一种效果,一个结果”(WG 第 55 页)。

据我目前从 Grootaers 的阐述中所了解的,这个理论并不等同于有关“把”字结构的真正解释。

一方面,存在没有“处置”的“把”字结构。在“错失良机”(PS 1729),“丢失某物”(314,502,509,856)以及“忘记某物”中,“处置”在哪里？从 4.2.1.9 中我们知道,“把”与类似“我爱他”的句子不相容并不是因为缺乏“处置”,而是因为爱对被爱的人没有施加影响。再次,我们已经看到(3.4.4)用“把”字结构处理否定并没有什么特别之处,不过是一种有定句法型式,并且这种型式除了“把”以外,对于所有动词前的介词性组合成分而言都很常见。

另一方面,也存在不使用“把”的“处置式”和“继事式”。正如之前已经提到的那样,描述事件的动词本身并不是一个作格动词(4.2.2.2),而所谓的结果动词在使用时需要直接型式(4.2.2.3)。

4.2.3.2.2 根据 Grootaers 的观点(WG 第 7 章),“把”的使用是为了“突出一种内在性的形式”(WG 第 62 页)。他用“内在性”一词描述陈述的主题与其“情态”之间的关系。

在一个不及物动词的基础之上,增加了一个形式来表达定式体,因果、终点、形式、状态、方向或起点(WG 第 64 页)。

在更多相似的例子中,“把”字结构也可以和表达因果的动词共现,意即内在性的因果关系(如法语 *égayer* ‘faire être gai’)。Grootaers 在研究他收集的山西方言例句时,发现了与上述种类相同的形式,以及王力所列举的形式:方向,结果,以及一些情貌:状态,重叠,结束,瞬间(WG 第64—65 页)。

简而言之,“所有带‘把+名词’的句子都有一个完全相同的结构和句法功能:强调决定句子主题的情态”(WG 第 65 页)。Grootaers 认为这种强调并不会影响“把”的补语:“带‘把’的名词被移动到[动词前面]并不是为了强调,而是为了摆脱动词的控制以便为情态腾出空间。”(WG 第 65 页)

在不考虑语义成分的情况下,这个“摆脱控制”的理论还是把我们带回到了解释的形式类型上(3.2),“情态”(在 Grootaers 赋予这个术语非常宽泛的意义之下)在其他条件相同的情况下,既可以用“把”来表达,也可以不用。如下例所示:

(115)他搥了我三搥(*1562*)

如果该句变成了“把”字结构(“他把我|搥了三搥”),“情态”(数量:三搥,体:完成体)仍将保持完全相同。

此外,还有很多的“把”字句除了最后的完成体小词“了”以外,没有表达任何的“情态”,关于它的使用完全没有必要诉诸“把”。

最终,正如 Grootaers 自己承认的那样(WG 第 68 页),在“主格”的“把”的情况下,句子的形式结构无论有没有“把”都会是一样的,情态的表达也是如此。然而,他所看到的、在“主语”之前的“把”的用法仅仅是“宾格”的“把”的延伸;这一观点,从历时语言学视角来看,可能是真实的,也可能不是,但它并不等同于从共时的角度加以解释。在共时的视角下,一旦将“主格”的“把”和“宾格”的“把”视为一类(3.4.2),就需要一个能兼顾二者的理论。

4.2.3.3 讨论的最终结果是:“把”并不是一项用来表达动作的“处置”(王力)或其“情态”(Grootaers)的装置。而是恰恰相反,后者是其作为作格结构的副产品。

4.3 作格与非作格。在汉语中，作格与非作格之间的联系可以从两个角度来考察：从系统的视角（索绪尔所说的“联想关系”），从不在现场的（*in absentia*）元素之间；或者从话语的视角（索绪尔所说的“句段关系”），从在现场的（*in praesentia*）[①]元素之间。

4.3.1 从第一种角度来看，作格和非作格之间的替换遵循的是两种不同的规则。

一方面，仅仅从语义上来考虑，“把”字结构总是可以被没有“把”字的结构所替换。这和 Grootaers 的结论是一致的：“可能没有办法为所有的‘把’字句找到一个有说服力的原因[②]来解释为什么必须使用‘把’。”（WG 第 61 页）这里仅举一个例子，PS 1371 可以很容易地替换为“我冻坏了”或者“冻坏了我了”。将“把”字结构转换为直接型式似乎不可行（PS 299），或不够自然（336），这是句法形式上的原因（3.2.1），而“把”的特定功能则表现在语义上，与句法并无关联（见 4.2“惯性”）。

另一方面，非作格结构（“主语 + 及物动词 + 宾语”，或者“主语 + 不及物动词”）不能总是被替换为“把”字结构。尽管并没有令人信服的语义层面的原因来解释为什么需要使用“把”，但确实存在无法使用“把”的情况。而正如我们所看到的那样，其中的原因从本质上来说在于语义层面：“把”的补语只能是实指的（意即指示），惯性的，尤其是要事先存在的。因此，Grootaers 的陈述反过来说是无法成立的，并且他进

---

① 在索绪尔看来，这种分类原则是奠定语法基础的唯一途径（题为 *Rapports syntagmatiques et rapports associatifs* 和 *La grammaire et ses subdivisions* 的章节）。当然，话语并不是索绪尔所说的“言语”，系统和话语都属于“语言”。

② 我将会具体说明：一个有说服力的语义层面的原因。

一步认为他的结论“在‘把’和不及物动词一起使用时显得更加清晰；在语言中用或不用“把”似乎是完全自由的”，由此，一种区分就显得势在必行了：“把”可以自由删去，却不能随意增加（参见 PS 1163 和 1805：4.2.2.2）。

在一个语言系统中，无论什么时候，这两个条件——*A* 类总是可以被另一类取代，而另一类并不总是可以被 *A* 类取代——一旦得到了满足，我们就有了一个逻辑学家称为类包含的标准来处理这类关系。如果说，我们把作格比作 *A* 类，而把非作格比作 *B* 类，那么 *A* 类和 *B* 类之间并不是相互对立、相互矛盾的互斥关系，而是处于这种关系的两类中的一类（*A*）被包含在其余（*A* + 非 *A*）之中。我们把作格（*E*）称为被包含项，而把非作格（~*E*）称为包含项[①]；用符号表示为：$E \subset \sim E$。

这个特点在音位系统和语法系统中出现得非常频繁。例如，在当代法语口语的时态中，最近过去时便被包含在复合过去时之中：除了（PS 1717）*Je viens de lire sa vie*（我刚刚读完他的传记），通常可以说成 *J'ai lu sa vie*（我读完了他的传记），但是后者并不总能替换为前者。

从包含的最根本的本质上来说，被包含项的出现频率预计将会比包含项的出现频率更低一些。在 2000 条句子中，96 条“把”字句确实是少数；同样，在 2036 行（大部分是相当短的诗句）中，Jablonski 的儿歌有 58 条含有“把”字的例子。

与 Grootaers 坚信“把”的补语不会因为强调而移至动词之前（4.2.3.2.2）相反，正如已经在 3.3.3 中看到的那样，H. Maspero 认为，无论“把”的补语是动词的“直接宾语”还是“主语”，“把”都是对其进

① 被包含和包含分别对应 Jakobson 所说的“标记”（*merkmalhaltig*）和“无标记”（*merkmallos*）。参见 Jakobson（1932，1936）。

行某种程度上的强调。尽管强调仍然是一个相当模糊的概念，还需要更加详细的说明：

在实际的言语情境中，无论何时，被包含项和包含项都是同样可以接受的，个体说话人有可能会为了精确表达而选择前者。例如，当缺乏有说服力的语言学方面的理由以在“我刚刚读完他的传记”和“我读完了他的传记”两种表述中选择时，如果语言使用者想要表达得更精确一些，那么他会倾向于使用第一种表述。同样地，在自由选择的情况下，每当说话人希望强调某个惯性的实体受到某种影响这样一个事实时，他就会使用“把”字结构。

这就意味着，选择的动机并不是语言学的，而是心理学的。它并不属于语言系统（索绪尔所说的“语言”），而是属于说话人对它的使用（索绪尔所说的“言语”）。

4.3.2 现在考虑一下话语的角度。在句子中，“把”的补语后面只能跟一个作格动词，但后者在有“把”和没有“把”的情况下均可出现；换言之，“把”的使用以作格动词为前提，然而后者并不以“把”的使用为前提。这种单边依赖①的关系对应着逻辑学家所说的实质蕴含。用符号表示为：$i \rightarrow {}^{erg}\surd$②。

4.3.3 Sechehaye 已经证明联想序次是自足的，原则上没有什么能阻止它独立运行③。然而，句段序次是加诸前者之上的复杂化，并且总

---

① 自从叶尔姆斯列夫（Hjelmslev）以来，经典的例子是拉丁语中的介词 *sine*（“没有”），它以夺格为前提，然而后者却并不必须与 *sine* 有联系。参见 J. Whatmough（1956：143）。

② “联结符号→”最初是由 David Hilbert 提出并使用的。在语言学家中的使用见于 Richard Saunders Pittman（1954）。

③ 试比较，在比语言更广阔的层面上，交通信号灯系统中的绿灯和红灯通常并没有混为一谈。

是以它的存在为前提。因为如果没有它,就没有真正的基础(Sechehaye,1926:222)。这等于说,系统和话语都处于一种单边依赖关系。用符号表示为:D→S。

如果语言学已经是一门公理化的科学,那么话语的真实情况就可以呈现为从公理系统中推导出来的定理。在本节所处理的特殊情况下,"把"在话语领域中对作格动词的单边依赖关系,这本身就是从系统领域里,作格类包含在非作格类之中这一事实推导出来的。用符号表示为:$(i \rightarrow {}^{erg}\surd) \rightarrow (E \subset \sim E)$。

5. "让""叫""给"的分布

一个将"把"视作标记作格结构中惯性成员的理论,如果没有和动力成员的比较,那么它仍然是不完整的。与"把"一样,我将首先介绍材料(5.1),之后转向其解释(5.2)。

5.1 材料。北京话中动力成员的标记是介词"让"和"叫",以及动词前置成分"给"。

5.1.1 与其他介词一样,"让"和"叫"处于相同的句法位置;我们必须处理这些既可以用作动词又可以用作介词的符号。

作为动词,"让"和"叫"有的时候是以具体的意义使用,有的时候它们又发挥着使役标记的功能,但是在一些过渡的情况下,我们似乎很难在两种用法之间做出区分。

"让"的具体意义是"准许,允许,恳求":

(116) 不让进去(*626*)

(117) 让我下去(*1502*)

在 PS 672 中,"让"的意义既有可能是具体的("邀请"),也有可能

是使役(“允许”):

(118)让到客厅里去吧

“让”的使役用法可以翻译为“使”或“允许”:

(119)让我打起嚏喷来了(*31*)

(120)让他跟我来(*284*)

(121)要让她改个主意(*773*)

(122)让你答应(*868*)

(123)让人觉得凉凉儿快快儿的(*1288*)

(124)不,是他让她来的(*1600*)

(125)不,是他让她来(*1601*)

(126)让他花了十八万(*1872*)

“叫”的具体意义是“称呼,命名”①。向使役用法的过渡出现在 PS 324(“谁叫你……?”),726(同上),1918(“建议”),1014(“订购一件商品”)。

除了 PS 958 的“把”字句以外,在张氏的用法中,还有两个“叫”作为使役动词的例子:

(127)那个信儿叫我心里松快了(*799*)

(128)这叫他多么寒心哪(*911*)

因此,在我们的面前有两个动词,尽管在指称具体行为时二者的意义有所不同,但是它们都可以用作使役动词。

使役动词“叫”的程度似乎强于使役动词“让”,但是它们并没有构成一对逻辑关系。二者在一般的意义(“允许”)上是共同的,但程度更强的意义(“强迫,迫使”)仅仅属于“叫”。因此,通常来说,用“让”代

① PS 899,971,649,786,1849(“叫起”),1189(“咩咩叫”),1191(“喵喵叫”)。

替“叫”更容易一些。这意味着两种使役动词有包含关系:“叫”类被包含在“让”类中。

因之,使役动词“让”看起来比使役动词“叫”更常见一些(在 PS 中,有 8 例“让”而仅有 3 例“叫”;在 WJ 中,有 2 例“让”而仅有 1 例“叫”)。

5.1.1.1 在《北京方言两千句》中,有 14 个“让”作为介词出现的例子。在英语文本中,它在大多数情况下对应着介词 by,用于引介动词被动式的施事:

(129)他让虫$_{\text{儿}}$咬了一口中毒了(*123*)

(130)地毯让虫$_{\text{儿}}$打坏了(*273*)

(131)都让板子圈起来了(*505*)

(132)他颊巴颏$_{\text{儿}}$让枪子$_{\text{儿}}$打碎了(*524*)

(133)他让炮打死了(*525*)

(134)她的钱包$_{\text{儿}}$让人扒走了(*557*)

(135)她让人裹没了(*620*)

(136)那醉鬼,让巡警抓了去了(*730*)

(137)要让人知道了(*746*)

(138)有个小学生$_{\text{儿}}$让车轧了(*1106*)

(139)这块铁全让锈咬了(*1151*)

(140)我让蚊子叮了一嘴好的(*1208*)

(141)让香味$_{\text{儿}}$招来了(*1350*)

(142)草地快让太阳晒干松了(*1402*)

5.1.1.2 北京话中也有“叫”作为介词的类似用法,但是在《北京方言两千句》中并没有出现这样的例子。这可能是张氏个人用语的特点,或者是调查问卷的内容造成的偶然特性。

5.1.1.3 与我们已经在上文看到的“让”和“叫”作为使役动词的情况类似,介词“叫”的程度也强于介词“让”,并且在它们之间似乎也存在着相同的包含关系。从其他资料目前可以搜集到的例子来看,无论在不在北京话中,介词“叫”只和表示强烈动作的动词一起出现:逮捕(Mullie §185 B1),咬(WJ 39.9,102;Mullie 同上),欺骗(WG 40;Mullie 同上),吞食(Mullie 同上),结冰(Mullie §185 B2),杀死(WG 39;Mullie §185 B1),推(WG 第47页),责骂(Mullie §185 B1-2),撕下(Mullie §185 B2)。与此相反,介词“让”是中立的,意即它在弱使役式和强使役式中都会出现。这或许解释了二者在 PS 中出现频率不同的原因(有14例“让”而没有“叫”的例子)①。

在这个条件(“叫”的程度强,被包含在“让”中,而后者在强、弱使役式中皆可出现)下,下面关于这两个介词之一的描述,我们假设也适用于另一个。

5.1.2 北京话中的“给”会出现在以下几个句法位置上:动词、介词和动词前置成分(意即动词前的副词)。

“给”的动词用法(PS 13,73,1113)和介词用法(PS 551,1049)是众所周知的。通常情况下,动词前置成分“给”意味着一个动作是有益的(PS 463)或有害的(PS 1889)。从 PS 13(*give* me“给我”)、551(*for* me“为我”)和 463(graciously“亲切地”)三者的比较中可以清楚地看出“给”在三种句法位置上的语义相似之处。

在下面4例中,张豪安使用了动词前置成分“给”,却没有提及动作者,即西方语言中动词被动式的施事:

---

① 在 WJ 中有1例“让”(148.38)、2例“叫”(39.9,102),但是这些数值太小,没有统计价值。

(143)贼还没跑多远儿就给逮着了(*731*)

(144)接吻那一节儿给剪去了(*961*)

(145)狗给拴起来了(*1470*)

(146)比赛因为下雨给搅了(*1688*)

5.2 理论。无论是中国还是外国的汉学家,似乎都还没有意识到"把"和一些相关表达方式间的真正区别。所以,当吕叔湘将"把"等同于"让"或"叫"时(WG 第 60 页),或者当 Grootaers 谈到一种"互相可替换或者甚至是同时使用'把'和'叫'的用法"时(WG 第 47 页),意味着它们是等同的。

5.2.1 与"把"相比,介词"让"引介了作格结构中的动力成员。这一描述基于以下几条标准:

5.2.1.1 首先,从句法形式的角度来看,必须注意到的一点是,"让"的补语和"把"的补语(3.4.4)一样,都出现在动词的状语限定语的位置上。在与"他打了我"和"我被他打了"相对应的两种表达方式中,两种补语都有相同的分布:

(147)他把我打了

(148)我让他打了

5.2.1.2 "让"和"把"之间是不可能发生替换的,因为不论怎样都会改变句子的语义意图。

在分析了下列摘自小说《儿女英雄传》的例句之后:

(149)把邓九公乐了个拍手打掌

吕叔湘说:"……我们或许可以说'把'……仅仅有'使'或者'叫'的意义,如果不是完全没有意义的话。在一些句子中,'把'的用法看起来仍然只是传统的,它的语义内容更轻,比有时会发现'让'(代替'把'的例子)……"(WG 第 60 页)事实上,在这样的句子中用"叫"或

“让”来替换“把”确实是可能的,但是意思就不同了:“叫”或者“让”在这种情况下将会是使役动词:“让邓九公乐得拍手打掌。”

反过来用“把”来替换“叫”“让”的情况也已经为 PS 799 和 PS 911(引于 5.1.1)所证明。如果我们用“把”来替换使役动词“叫”——这虽然不太常见但仍然是可能的——“松快”和“寒心”从形容词的句法位置移至动词的句法位置:“那个信儿宽慰了我的内心。”“这狠狠地寒了他的心。”

Grootaers 提到了一种“叫”和“把”互相替换的用法:

(150)把他姐姐煽惑了(*24*)

该句想表达的意思是“他的姐姐煽惑了他”(“他”原本有一份好工作,后来在他姐姐的允诺下去了其他地方,但一无所获)。Grootaers 补充道:“在这个句子之后,我说‘什么?’。”然后说话人(一个男孩)重复道:

(151)叫他姐姐煽惑了(*40*)

Grootaers 对这两句话给出了同样的翻译,但是事实上,这个男孩用另一个介词重复了一遍他的句子,并不能证明这两种构成方式是同义的。在北京话中,第一个句子的意思只能是“他(或者其他人)煽惑了他的姐姐”或者“他的姐姐被煽惑了”。而这恰恰与第二个句子截然相反:“他被他的姐姐煽惑了”或者“他的姐姐煽惑了他”。卢希微推测这个男孩或许通过 Grootaers 偶然的发问意识到自己犯了口误,所以可能补充了第二句话作为一种自我修正。

5.2.1.3 张氏所说的大部分“让”字句(PS 746,1151 除外)都可以在不改变原意的前提下变换为“把”字结构。变换的方法是:

(129)他让虫儿咬了/虫儿把他咬了(*123*)

5.2.1.4 通常来说,在允许颠倒序次的条件下,“把”可以加入相对应的项中。变换顺序的方法是：

(129)他让虫$_{儿}$咬了/让虫$_{儿}$把他咬了(*123*)

在西方语言中，结果格的句子要么通过主语—宾语结构来表达："一只虫$_{儿}$咬了他"，要么通过转换为被动句来表达："他被一只虫$_{儿}$咬了"。这两种方式都不符合汉语的结构。

虽然在记录张氏个人用语的《北京方言两千句》中未见收录，但是这种由一个显性标记同时引介动力项和惯性项的构成方式在北京话中也是存在的，且大量见于官话。Grootaers 顺带举出了一个曹禺戏剧《原野》(1940)中的例子(WG 第 47 页)：

(152)叫那个狗娘养的一下子把我推在地下

5.2.1.5 在"让""把"两个显性标记共现的型式中，这两个介词的位置从来都是不可以互换的。除了"让虫$_{儿}$把他咬了"，人们不能说"把虫$_{儿}$让他咬了"。

在 WG 39 中，"把""叫"介词连用的顺序与北京话中的规则截然相反：

(153)把叫日本打死了("把"之后有停顿)

正如 Grootaers 所举 WG 14 和 WG 15 那样，否定词"不"读作[pə]。因而我们或许可以这样理解："不，叫日本人打死了。"

5.2.1.6 "让"的补语是不可能和一个非作格动词(意即不能和"把"搭配的动词)一起使用的。比如说，"这团火焰已经**被几个人**看到了"或者"这本书是**由他**写的"这样的句子就不能用"让"的补语来构建。

5.2.1.7 不难发现，使役动词(使、让)和动力介词(被)在语义上存在相似之处。例如，在 PS 958 中，"叫"是一个使役动词："他叫我们……"，如果去掉句子的主语"他"，"叫"就会成为句子的开头并且自动变为动力介词。

5.2.2 动词前置成分“给”是作格动词的显性标记。这一描述基于以下与上述类似的标准。

5.2.2.1 与“把”“让”的补语一样,动词前置成分“给”也是动词的状语限定语。

5.2.2.2 正如在 PS 463 或 PS 1889 中表现出的那样,动词前置成分“给”在相同的结构中可以与“把”共现。根据张豪安的解释,PS 1889 中的“给”和下面这个句子中的“给”是类似的:

(154)把雨伞给丢了

在 PS 731,961,1470 和 1688 中,“把”字可以加在这些“给”字句的开头位置上(虽然有些不得体)。

5.2.2.3 与“让”一样,“给”似乎也与非作格动词(意即不能和“把”搭配的动词)格格不入。比如说,“这个事实是**众所周知的**”或者“这条河**被跨过了**”这样的句子就不能用“给—动词”结构来构建。

5.2.3 与“把”字结构一样(参见 4.3—4.3.3),“让”字结构也被包含在非作格类中。一方面,从系统的角度来考察事实,动力型式总是能够被没有“让”字的结构所替换,而非作格型式却并不总是能够被动力型式所替换。另一方面,如果从话语的角度来考察事实,我们就会发现在句子中“让”的补语后面只能跟一个作格动词(5.2.1.6),而后者在有没有“让”的情况下都可以出现。与“把”的情况一样(4.3.2),这里也存在着一个单边依赖关系,它本身就是从系统领域里,动力类包含在非作格类之中这一事实推导出来的。

5.2.4 然而,这并不意味着惯性和动力精确地构成了一对关系。尽管从语义上来说,“让”的补语指向的是产生了变化(如 4.2 中所述的意义)的实体,但是与其所指经受了变化的“把”的补语截然相反,

“让”的范围要比“把”更窄。

5.2.4.1 由于动力项只能和一个“及物”动词一起使用(参见3.4.2),因此它总是以它的补语为前提。这个补语可以是显性的,也可以不是显性的——但是在后一种情况下,补语是可以理解的:PS 746(它),1350(他们),WG 39(他)。然而,惯性的补语可以在没有对应成分的情况下独立使用。一个诸如“让他丢了”的句子假设了有东西可丢,但是“把雨伞丢了”却并不一定出现动作发出者。如果使用我们西方语言里的术语,我们可以说“把”的补语与“让”的补语有所不同,它既能和及物动词一起出现,也能和不及物动词一起出现。①

5.2.4.2 此外,针对张氏所说“把”字句的测试②表明,在所有可能使用“把”的情况下,动力“让”都无法使用。通常来说,这种“让”在以下情况中都无法使用:句子中含有指令(PS 393,551,972,1140,1391,1407,1460,1472,1751,1849)或者邀请(PS 776,1049,1054),表示必须的句子(“得”:PS 272,282,293,1793),表示禁止的句子(“别”:PS 299,314),表示疑问的句子(PS 268,276,298,341,547,1048,1113,1573),表示怀疑的句子(PS 502,856)等等。③

5.2.4.3 上述的这一切都解释了为什么动力的“让”较之惯性的“把”出现频率低得多(在PS中,“把”有96例,“让”14例,“叫”没有用例;在WJ中,“把”58例,“让”1例,“叫”2例)。

5.2.5 从理论上说,在“让”的补语基础之上总可以再加上“把”的

---

① 参见W. K. Matthews(1952:405—406):“在Hindustani语及其一些同源语中发现的使用作格结构时不带宾语的现象,在其他语言中是找不到的。因为宾语的存在通常是作格出现的先决条件。”(Matthews等人所说的**作格**,相当于我所说的**动力**。)

② 所问的问题是:“你能否在该句句首加上‘让’字呢?”

③ 这里所列举的并非是穷尽性的——当“让”就是句首的动词时(“让我们……”“让我……”),看起来还有一些例外(PS 538,1321,1504)。

补语，但是我们并不总是能在“把”的补语基础之上加上“让”的补语。这便是类包含的一项标准：$e \subset i$。

借助一幅“欧拉图”，我们现在或许可以用下面的方式来表示动力、惯性和非作格三者之间的关系：

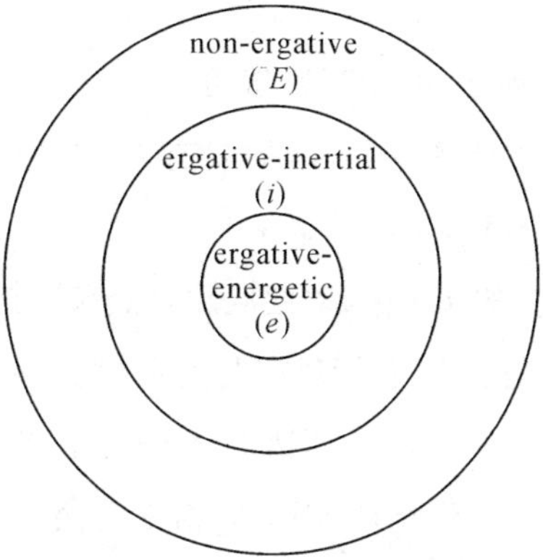

图 1　动力、惯性和非作格关系图

或者用符号表示为：$(e \subset i) \subset \sim E$（参见 4.3.1 和 5.2.3）。

逻辑学家把 e 和 $\sim E$ 之间的关系称之为传递关系。

6. 纯作格和混合作格

乍看之下，混合作格语言的句子一定有一些是作格的，其余是非作格的。但是实际上，北京话在这方面呈现出三种型式：纯作格、混合作格和非作格。这种三分法的标准是：语法意义上的主语和作格的状语限定语各自存在与否。

句子中含有作格的状语限定语，但是没有语法意义上的主语，它就是纯作格的；句子中既有作格的状语限定语也有语法意义上的主语，它就是混合作格的；句子中没有作格的状语限定语，它就是非作格的。

6.1 纯作格。纯作格的句子依据以下方案来构建：作格的状语限定语 + 动词。

6.1.1 这就有了以下几种型式：

“给” + 动词；

“把”的补语 + 动词（有无“给”皆可）；

“让”的补语 + “把”的补语 + 动词（有无“给”皆可）；

“让”的补语 + 动词（参见 5.2.4.1）

6.1.2 在纯作格的句子中，动词从性质上来说是无人称的，或者是无主语的。如果不是这样，我们就需要假定“把”的补语既是主语又是宾语（参见第 3 节），“让”的补语既是主语又是施事。这将与我们能指—所指互相对应的假设相悖：因为它指出语法上的意义并不是因它们在形式和分布上的差异而构成的“一种符号的属性”，而是从外界“附加在符号上的东西”（Reichenbach）。

正如 Regamey 已经在古藏文中所观察到的那样[①]，纯作格结构中的动词是句子的中心。用 Bloomfield 的术语来说，我们或许可以称之为向心结构的核心（法语 *déterminé*）。与印欧语中离心的动作者 - 行动的表达相反（例如“约翰跑了”中的“约翰”和“跑了”都不属于与整体“约翰跑了”相同的形式类），像“把雨伞给丢了”（引自 5.2.2.2）这样的句子，和其他任何纯作格的句子一样，都是向心的：动词性复合体

---

① 在汉语的纯作格结构中，由于动词主要是和体、态小词（主要是“了”）搭配使用，而体、态小词是与名词不兼容的，因此这些动词既不是名词性的，也不是主语，由此 Regamey 将藏语纯作格结构中的动词称之为“动词性名词”（verbe nominal）、“动词性主语”（verbe-sujet）、“名动”（nom d'action）。此外，作格动词真正的名词性特征（或者更好的说法是动—名相混现象）或许只有在拥有类似的动力—属格相混现象的语言中才会观察得到：试比较原始印欧语中的 *-os* 和 *-ti*。

(“给丢了”)和整个句子处于一种类似于“牛奶”与“鲜牛奶”的形式类一致性之中。该句的意思既不是“我(我们、你,等等)丢了这把伞”,也不是“这把伞已经丢了”,而是“存在涉及这把伞的遗失事件”①。

6.1.3 根据 Regamey(1954)的观点,印欧语中主动-被动之间的对立在于一段给定话语的风格变体,其语法上的两端——主语和宾语——是可以互换的,然而作格结构却是固定的:它的两端——施事[=动力]和宾语[=惯性]——并不能交换其语法功能。

这对于纯作格型而言确实是正确的。在下面这个句子中:

(155)让他把我打了

如果交换动力“他”和惯性“我”的位置,这一操作并不会产生像印欧语中主动-被动那样语序的改变,而不过是一个简单的互换:

(156)让我把他打了

6.2 混合作格。混合作格的句子依据以下方案来构建:语法主语+作格的状语限定语+动词。

6.2.1 这就有了以下几种型式:

语法主语	+	“给”+动词;	
语法主语	+	“把”的补语+动词	(有无“给”皆可);
语法主语	+	“让”的补语+动词	(有无“给”皆可);

6.2.2 混合作格型提供了一种双重结构:作格的状语补足语插入了主语-动词结构之中。

① 这样的结构只有在摆脱了亚里士多德传统的情况下才是可以想象的。参见 H. Reichenbach(1951:220):“我们在学校里学到的语法是从亚里士多德的逻辑学发展而来的,是十分不适合于描写语言结构的。很遗憾,亚里士多德未能继续关系逻辑的研究,导致语法学家们认为每一个句子都必须要有一个主语和一个谓语……”大多数语言学家(包括 Regamey 所说的“动词性主语”“名动”等等)仍然运用主语和谓语来处理作格结构。

在像古藏文那样的纯作格语言中，动力补语和惯性补语不一定都用一个显性的标记来表达；更常见、更经济的用法是仅标记其中一个。

仅标记动力补语（动力项 Buddha“佛陀”被工具标记-kyis 表达，那么相对应的项čhos“法”就自然是惯性的）：

（157）san's-rgyas-kyis čhos bstan-to（佛陀讲法）

仅标记惯性补语（惯性项 yon-tan“科学”被与格标记-*la* 表达，那么相对应的项 yon-tan-ldan-pa“学者”就自然是动力的）：

（158）yon-tan-ldan-pa yon-tan-*la* dga（学者喜欢科学）

然而，这种情况在像北京话这样的语言中是不可能出现的。在这些语言中，除了作格结构以外，还有一个主语－动词结构，其中的主语不是通过一个显性的标记来表达的，而是通过它在动词或状语补语之前的位置来表达的。在这样的一种语言中，作格的状语限定语只能通过一个显性的标记来表达。

由此可见，“雨伞丢了”（主语＋动词）与“把雨伞丢了”（作格补语＋动词）两种型式之间仍然存在着语法意义上的差别：前者表示“这把伞丢了”，后者表示“存在涉及这把伞的遗失事件”。

同样地，在“主语＋‘把’的补语＋动词”型式中，主语不能自动等同于“让”的补语；此外，由于惯性和动力的适用范围不同（如 5.2.4.2 所述），只有在少数情况下才允许添加“让”。

在“主语＋‘让’的补语＋动词”型式中，混合作格和纯作格之间的区别表现得更为明显；在这里，只有在顺序颠倒、“把……让”次序未知的情况下，主语才能被“把”的补语替换。

6.2.3 正如我们所看到的那样（6.1.3），在纯作格型中不存在主动－被动的变换。然而在北京话中，由于纯作格和混合作格的共存，在惯性和主语、主语和动力之间分别出现了类似印欧语中主动－被动变换

的现象(参见5.2.1.3):

(159)他把我打了

(160)我让他打了

由于两个变换项中的一个是非作格(即主语),所以只能有这一种变换。然而,即使如此,主动态和被动态之间的区别在这里也只属于西式翻译语言。

6.3 频率。除了“‘把’的补语+动词”型式(3.4.3)和少数“‘让’的补语+动词”的省略型式的例子(5.2.4.1)以外,张豪安提供的例句大部分是非作格的,此外是混合作格的。大致比例是:1%纯作格、5%混合作格以及94%非作格。

7. 研究展望

我打算为进一步研究补充几点亟需关注的问题。

7.1 历时问题。纯作格、混合作格和非作格三种型式的共存提出了这样一个问题:北京话中的作格结构究竟是残存还是创新[①]? 这个问题只有通过对语言早先阶段的考察才能获得答案。

7.1.1 吕叔湘的结论表明这有可能是一种创新:“一开始,‘把’字句可能没有什么特殊的规则,但是在近期的汉语中,它们的使用变得非常广泛。”(WG第60页)

无独有偶,Grootaers认为“主格”的“把”是一种“把”带宾语用法的延伸(WG第68页)。他的假设似乎是建立在数值比例上的。在他的

---

① 考虑到其他拥有混合结构的语言的发展历史,这两种可能性都是存在的。语言学家们将格鲁吉亚语中的作格结构视为一种残存,而将Neo-Indian语中的作格结构视为一种创新。(Regamey,1954)。

大同方言中，“20 个月的调查仅提供了 25 个不及物动词前‘把 + 名词’的例子。虽然没有进行确切的统计，但是带有及物动词的句子在数量上更多一些”（WG 第 66 页）。对于北京话来说也是如此，在张豪安提供的例句中，只有 19 个句子（总计 96 句）中“把”的补语可以用主语或宾语替换翻译。WJ 亦是如此。

然而，这并不一定能够证明“主格”的“把”是一种创新。反驳的理由可能是，这种悬殊的比例也许自始至终都存在。需要注意的是，在王力和吕叔湘所引的十八世纪的小说中就有“‘把’的补语 + 动词”这种型式的例子了（WG 第 54、55、59 页）。

此外，北京话中的“把”字结构也有可能是早期用其他方式表达的作格结构的重塑。

7.1.2 人们普遍认为，“把”不过是“以”和其他在古代汉语（参见 WG 第 36、53 页）或近代汉语（例如后来的“将”）中类似的词在口语中的对应词。

然而，“以”的语义和句法分布却不同于“把”。它不仅用于引介一个直接宾语（Mullie，1947：§23），还可以用来表达工具（“通过某种方式”）（Mullie，1947：§37）。另一方面，“以”的补语也不能是句子的主语。

近代汉语中“将”的范围比“以”的范围要窄。Mullie 已经阐明它是如何从古代汉语中一个将来的标记，通过与“以”相邻的位置，变为一个直接宾语的符号（1947：§318—321）。值得注意的是，这是它从“以”承袭而来的唯一的功能：“将”没有工具格的用法。然而，和“以”一样，它也不能引介句子的主语。

7.1.3 高本汉（B. Karlgren）已经发现，“在汉语中原本有一个主格 - 属格的‘吾’和一个与格—受格的‘我’，但是早在孔子的时代这个系统就已经开始转变了:'吾'仍然局限于主格和属格,但是'我'除了保留它原来作为与格和受格的功能以外,还开始向主格、属格扩张。当我们进一步谈及第二人称代词时,我们同样发现两个词现在听起来是'汝'和'尔'。在这种情况下,混合的程度继续加深。在孔子和孟子的时代,虽然两个词在各个格位上都有出现,但是一项统计研究表明,'汝'在主格和属格上占优势,而'尔'主要在与格和受格上出现"(Karlgren,1949:73—74)。[①]

这种主格和属格构成一类、受格和与格构成另一类并侵入前一类的特殊分布,(理论上)暗示了一个早期的作格结构。

特鲁别茨柯依(N. Trubetzkoy)已经阐明,在诸如东高加索语族的很多作格语言中,动力和属格部分或全部重合为一个状语或定语限定语(Trubetzkoy,1939:78)。在这些语言中(或许还可以加上爱斯基摩语-*p* 和原始印欧语 * *-os*),动力和属格相混的现象似乎与动词和名词相混的类似现象有关。另一方面,原始印欧语中的 * *-om* 分别作为受格和主格-受格中性词而残存下来。

根据这一理论,可以假设"吾"和"汝"是动力的结果,而"我"和"尔"是惯性的结果。在这种情况下,"我"向主格的扩张将并不能看作一种创新("……已经开始侵占……"),而是一种作为"不及物动词"的"主语"的惯性用法的残存。

我不知道相关现象在《论语》《孟子》《檀弓》[②]中出现次数的统计资料能否证实这一假设。不过,这一假设不仅应当针对代词加以考察,还应考察整个句子的结构。与藏语同源的语言属于作格型这一事实或

---

① Karlgren 的理论最早见于 *Le proto-chinois, langue flexionnelle*(JA 1920)。

② 《檀弓》作为《礼记》中内容丰富的一章以及最古老的部分之一,在 Karlgren 看来,它与《论语》《孟子》一样,都是用早期鲁国方言书写记录的(BMFEA 23,1951,116)。

许与这个汉语的难题有关。

7.2 方言问题。对于 Grootaers 来说,“对一个孤立的元素(比如‘把’)进行历史研究是可能的,但是如果要构拟它语法方面的用法,我们就必须建立起语法在每个特定时期的共时状态。事实上,我们几乎没有掌握任何关于汉语语法在古代共时系统上的材料”。因此,“纯粹的历时语法研究就是一种主观化的构建,并不十分可靠”(WG 第 69 页)。

如果我们考虑到在其他领域(诸如印欧语系,闪米特语系,乌拉尔语系)使用比较语法的方法所取得的构拟成果,我认为情况并不是那样地令人绝望。由于汉语中的作格结构毫无疑问并不是“北京古董”,因此可以运用比较方言学的方法来尝试追溯其早期阶段。

7.2.1 在张豪安提供的北京话例句中,在 Jablonski 收集的儿歌中,在王力和吕叔湘引用的十八世纪北京话材料中,在 Grootaers 的大同方言中,在 Mullie 的热河方言中,“把”字结构在句法和语义上的分布都大致相同。除此之外,“把”字结构在四川话中的使用频率很高,这有可能是中国北方方言的一个共同特点。

如果能把研究范围扩大到其他领域,那将是很有益处的。高名凯提到了一种在他的福州方言中与“把”字结构相当的结构,“人们用‘共’或‘将’”:

(161)我共伊拍一下(我拍了他一下)

7.2.2 至于动力的介词,北京话中“让”和“叫”的对应词在汉语方言地图上到处都有分布。当然,传统的语法学谈及这方面时称之为一种“被动”结构。

7.2.3 然而,只有在每一个经过考虑的地理点都按照同样的思路收集到足够多的材料时,我们才能成功地利用中国方言来构拟早期系统;遗憾的是,“2000句”这种可以为研究者提供一个同质的比较基础(例如以句法地图的形式)的句法研究工具,至今尚未应用于任何方言合集。

官话和粤语中的“把”字结构与作格*

李英哲(Ying-che Li)　叶梅娜(Moria Yip)

1. 背景与范围

从任何角度来说,汉语都不是一种作格语言。汉语缺少格的屈折变化,没有主谓一致关系,所以汉语从形态上说不是作格语言。当然,一种语言在句法上显示出将不及物动词的主语与及物动词的宾语等同处理,而且能将它们与及物动词的主语区别开来,那么这种语言在句法上就部分或全部地表现出作格特征。Frei(1956:452)论证说,汉语的“把”字结构就属于这样的一种情况,并且认为“把”实际上标示的是一种“通格”。但是,我们将要说明,“把”极少作为不及物动词主语的标记,这种很少出现的情况也可以作其他的解释;更何况,与标示宾语的情况相比,“把”用来标示不及物动词主语的情况是极为罕见的。这一事实本身显然与将“把”进行作格分析相悖。

汉语的常规词序是 SVO,但是在官话中也有“S 把 OV”形式的句子,粤语中有“S 将 OV”句式。在这两种句式中,宾语都置于动词之前,

---

* 原文为 The *bǎ*-construction and ergativity in Chinese. In Frans Plank (ed.), 1979, *Ergativity: Towards a Theory of Grammatical Relations*, 103-114. London: Academic Press。中译文载李英哲,2001,《汉语历时共时语法论集》,赵志萍译,北京:北京语言文化大学出版社。收入本集时,罗天华对赵译文作了校订。

并由一个特殊的语素来标示(该语素在这两种方言口语中形式不同)。在历史上,“把”和“将”都是动词,词义为“握”或“拿”。但从共时角度上来说,它们都用作介词,其原义也丧失了。“把”字句和其相对应的SVO句在语义上大致相同(只是前者有强调作用)。“把”字结构的使用情况复杂,我们对它的了解还不全面。在通常情况下,“把”和“将”标示直接宾语①,有时“把”也可以标示不及物动词的主语,“将”却不可以。因此Frei(1956:452)提出可对“把”进行作格分析。

本文先简要概括“把”字句的一些特征(除另有注明外,“把”与“将”的用法基本相同,尽管“将”在使用上有更多的限制),然后讨论Frei的论文,证明Frei的作格分析不具说服力。

2. 官话中的“把”

下面是典型的SVO句及其相对应的“把”字句用例:

(1)a.他丢了个皮包。　b.他把个皮包丢了。

例(1)还说明了“把”字句的一个特点:“把”标示的名词短语总是特指的,因此,(1b)的意思只能是“他丢了他的皮包”,而(1a)却可以是非特指的。

“把”字句还必须带体标记“了”,或动词短语的其他修饰成分,如频度状语或间接宾语。对此有各种不同的解释:有人认为这是对单音节动词短语的语音限制②,有人认为是描写特指事件的结果。关于这

---

① 当然,“把”也经常用于标示方位格、部分格等。有人认为这些实际上都是直接宾语(Thompson,1973;Yip,1977),或至少是受事(Teng,1975)。

② 赵元任(Chao,1968:348)认为多音节动词不受此限制,但说汉语的年轻人不同意这个观点。

个问题的详细讨论，可参看李英哲（Li,1974）的讨论。

并非所有的及物动词（即后面可直接带无标记名词短语的动词）都可以出现在“把”字句中，像感知动词和“感谢”“帮助”之类的动词就不行。一般来说，及物的行为动词可以在“把”字句中出现。不过，这只是个笼统的说法，实际情况要复杂得多。例如，有些人认为（2a）与（2b）可接受性不同，有些人却认为二者都是很好的句子。

（2）a. 他把那个车卖了。b. ?他把那个车买了。

有人认为只要宾语是受行为动词处置的，那么就可以用“把”。对此问题的不同看法，参见李英哲（Li,1974）和Thompson（1973）。

总之，“把”所标示的是受及物行为动词处置的特指性直接宾语，不是所有的直接宾语。“把”的使用受语义，或许还有语音方面的限制，而且“把”后名词短语具有特指性。有关“把”的详细论述，参见Cheung（1973）、Yip（1977）及上面提到的文献。最好先看Cheung的文章，因为此文综述了以前对“把”字句的研究成果。

3. Frei对“把”的讨论

1953年，Grootaers发表了一篇关于山西方言中的“把”的文章。Frei受Grootaers语料的启发，随后也发表了一篇讨论“把”的文章。文中他将“把”分析为通格标记，其功能是标示及物动词的宾语和不及物动词的主语。Grootaers的语料有几个用在句首标示不及物动词主语的“把”的例子，Frei又从1939年香港编纂的一本官话语料集中找到了更多的此类例句。

Frei将“把”用在句首的句子分为两大类：第一类的动词是一般的及物动词或可以作及物动词的词。这些句子根据不同的语境又可视为带有回指性主语的句子，或是祈使句。第二类句子的动词是“跑”或“病”这样真正的不及物动词。例(3)属于第一类，例(4)属于第二类(以下F、G及数字表示Frei、Grootaers原文例句编号，如无编号则注页码)。

(3)把他弄到医院里去了。(F 246)

(4)把个猪跑了。(F 1190)

若在“跑”的前面加上“弄”，则例(4)可看作与例(3)相同。现代汉语的使用者倾向于用这种表达。Frei特别提到(45页)，“把”不能标示及物动词的主语，而只能标示其宾语，如例(5a—c)所示：

(5) a. 他气死我了。b. 他把我气死了。c. *把他气死我了。

Frei把这几个句子与“把”标示不及物动词的主语的情形做了比较：

(5)d. 我气死了。e. 把我气死了。

于是他得出结论：“把”标示通格，而非作格。但是，既然“气死”可以是及物动词，那么说(5e)中的“把”用来标示不及物动词的主语就不太确切，因为它很可能与带有一个回指性主语“我”(被弄生气了)的(5a)有渊源关系。我们在下文再讨论“把”到底是否可标示主语的问题，因为这是Frei分析的核心部分。

Frei并不认为汉语是彻底的作格语言。他说：“汉语的结构混杂，既有作格结构又有非作格结构的特点，作格与非作格的区分由语义决定。”(83页)他在讲到分裂作格时说，“用了‘把’就预设要有一作格动词同现，而作格动词的使用并不一定预设要带‘把’”(96页)。也就是说，“把”是通格标记(即Frei的“inertial”)，但动词既可用于作格/通格结构，也可用于主格/受格结构。因为一个动词带不带“把”依语境而定，所以他认为不能把动词绝对地分析为[±作格]。他还概述了使用

“把”的语义条件限制，强调“把”带的名词短语必须是“实际存在的”（大意是有一个特指）和“受行为动作影响的”（大意是作及物行为动词的宾语）。他还观察到，“把”与动词的体有关联：要么带完成体“了”，要么带结果补语。这一点特别令人感兴趣，因为在印度－伊朗语系诸语言那样的分裂作格语言中，作格只出现于完成体，这一认识已被充分证明。因此对“把”的这种条件限制就十分自然。还有一些语言，如萨摩亚语，其作格结构的使用须受动词动态（动作性）程度的制约，因此像“爱”之类的动词要求用主格/受格，而像“砍”之类的动词却要求用作格/通格。这一点与“把”只能和行为动词连用的要求极为相似，尽管汉语语言学家传统上只谈对宾语（即“把”后的名词短语）的处置作用，而不谈主语的施事性强弱。另一个条件就是“把”后的名词短语必须是特指的。据我们所知，汉语其他句型没有类似的这种要求，尽管这种特指性与逆被动（anti-passive）可能有某种联系。不过在汉语中却有一种较为普遍的事实，就是置于句首的名词短语通常是确指的。

如果“把”是通格的标记，那什么是作格的标记呢？介词“让”标示被动句中的施事，Frei 说：“与‘把’截然不同，介词‘让’引导作格结构中有活力的成分。”（103 页）他也认为下面（6a）与（6b）是同义的，（6c）同时用“把”与“让”，也是可以的。

（6）a. 他让虫咬了。b. 虫把他咬了。c. 让虫把他咬了。（F 123）

倘若“把”总是标示通格，“让”标示作格的话，（6c）则应看作是作格/通格结构。那么（6b）是什么呢？它既可以是主格/通格（Frei 显然是这样认为的），也可以是作格/通格，而作格标记“让”是可加可不加的。同样，“把”既可以标示主格/作格（按 Frei 的分析），也可标示作格/通格，因为“把”是一个可加可不加的通格标记。（当然，还有其他的可能性，如 6a 中的受格/作格。）

将“让”分析为作格的标记,还有其他一些问题。Frei 说:“‘让’的宾语不能与非作格动词(即不能带‘把’的动词)同现。如在表示‘火被好几个人看见了’或‘这本书是他写的’这类意思时就不能用‘让’短语。”(106 页)这一点很重要:如果确实存在不能带“把”的“让”字句,那么 Frei 就不能把“让”等同于作格标记,“把”等同于通格标记。显然,目前说汉语的人确实将“让”字被动句与感知动词一起使用,就像粤语中的“被”字句一样。当然上面这些现象并不能证明 Frei 将“把”看作通格的标记有什么不妥,但是这些现象却让人对“让”作为作格标记这一看法产生怀疑。剩下的解决办法就是像(6b)一样,将句中的作格标记视为零形式(尽管这样做在 6c 中仍存在问题)。Nash(1977)曾指出,现已被认定的作格语言,其作格有标记,其通格则无标记。如果汉语中作格标记是零形式,通格以“把”为标记,这就非常有趣了,这在我们所知的世界语言中是唯一的。

既然“把”标示宾语这一事实是无可争议的,而且它不能标示及物动词的主语这一事实也是无可非议的,那么争论之处就在于“把”是否能标示不及物动词的主语。一些例句明确地表明“把”也可用来标示及物动词的主语,当然这种“主语”也可以分析为“把”的宾语。句(7)就是这样的例子。(7b)不妨看作和不及物动词句(7a)一样,是源于及物动词句(7c):

(7)a. 我冻坏了。b. 把我冻坏了。c. 冻坏了我了。(F 1371)

“我”在(7c)中是宾语,这可从两个“了”的位置上看出。(7c)的主语可以推测为天气,这在汉语中不必表达出来(英语中用傀儡成分 it 表达)。有趣的是,Frei 本人认为(7b)的“把”标示宾语。

在 Frei 和 Grootaers 的用例中,仍有 31 个例句无法用类似的方法进行解释:这 31 例有 8 个是 Frei 自己收集的,其余的 23 个都源自

Grootaers。类似的例句也没有出现在 Frei 的香港语料中。有趣的是，我们注意到 Grootaers 提供的 23 个例句是他在山西二十个月期间亲耳听到的这类句子的全部用例，由此可见这种结构在山西话中是极为罕见的（正如在现代官话中一样）。

这类例子中的前三个是“把 NP 没了”的形式。如：

(8)把灯没了。(G 16)

“没 NP”是一种正常结构，其 NP 跟在动词之后，所以也位于直接宾语的正常位置上。有主语时，它表示“不拥有”；没有主语时，它是存在动词的否定式“（某处）没有”。因此我们把这个例子看作常规句子，只不过句中用了“把”来标示本来直接跟在动词后面的 NP，这是“把”的常规用法。

第二大类涉及位移动词，如“跑、来、过”以及这些动词构成的复合形式，这些动词显然都有一个非确指的主语。

(9)把个猪跑了。(F 1190)

(10)把狼来了。(G 28)

汉语位移动词的一个特征是非确指的“主语”可以出现在动词之后而不在动词之前：

(11)来了一个人。

这些情形与(8)完全相同：如果“把”一般标示紧跟在动词后面的名词短语，那在这些例句中，“把”也同样是标示名词短语的。这又提出了另一个问题：至此我们讨论的都是“把”标示宾语，那我们是否能坚持认为，在位移动词之后的名词短语就是它的宾语，就像目前一些关系语法著作所认为的那样?[①] 或者,不论其语法功能如何,我们都严格地从句法形式着眼,认为在不同句子中“把”都是标示紧随动词的名词短语?这两种方法孰优孰劣,需要另文讨论,本文前面的讨论还不能在这一问题上得出结论,下面的探讨也不打算对此作任何揣测。为简化问题,我们只是继续讨论用“把”标示特指直接宾语的问题。“把”的宾语还有另外一种不同的情形,即作宾语的名词短语是确指的,如下所示:

(12)把这个狼惊走了。(G 18)

(13)把他们都回来?(G 25)

在这些句子中,“把”后的名词短语不能放到动词后面(12 除外,因为 12 中的动词$_1$ 是及物的,动词$_2$ 是不及物的):

(14)*都回来他们?(参照 13)

上述的争论因而与这些例句无关,而且,它们看起来像是用“把”来标示不及物动词主语的真正例子。回头我们再谈这个问题。

下一大类是有关表示不幸和不好的“过程”动词,如“病、死、打(碎)、坏”:

(15)把他爹病了。(F p. 44)

(16)把那个人死了。(G 29)

(17)把轴也坏了。(G 33)

这类句子在许多情形下都有确指的主语,因此应将它们分析为

① 我们这里指的是 Perlmutter(1977)谈到的“不及物动词的直接宾语”(“Intransitive2's”,1 = 主语,2 = 直接宾语)。他认为有些不及物动词前面的词是直接宾语而不是主语。前置直接宾语(Initial 2)既可以放在不及物动词后面作后置主语(Final 1)(像英语一样),也可以有个垫词(dummy)像后置主语一样置于动词后面(像汉语一样,在汉语里这个垫词在语音上是零形式)。实际上,前置直接宾语也就是后置主语,因此在表层结构上,就出现在直接宾语的位置上,即直接跟在不及物动词后面。

“把”标示不及物动词主语。可是要注意,“把”此时带有使动义。比较(18)与(15):

(18)他爹病了。His father is ill.‘他爹(是)病了’

(15)把他爹病了。His father got taken ill.‘他爹(被弄)病了’

(15)的英语翻译强调“把”的使动含义。这类句子中“把”的用法可能更多地保留了其原始的动词的实义“拿”,而不是仅仅作为一个格标记。同样,下面两句的动词“长”和“白”也是由状态词变为过程动词的。

(19)把你衬衣长出来了。(F 321)

(20)把胡子都白了。(G p.50)

下面还有两种情形。先看例(21):

(21)你常预备一样的饭,把人都吃够了。(G p.49)

这句话要进行作格分析可能存在问题,因为“把”显然标示及物动词“吃”的主语。该句中没有宾语(除非把“一样的饭”当作宾语)。对于这样的主语,不同的作格语言有不同的处理方式。巴斯克语中,主语表现为作格,但在许多其他作格语言中,如汤加语,主语都实现为通格。因此,我们应弄清楚,如果(21)中的“吃”带上宾语,句子还能不能接受:

(21’) *……把人都吃够了饭了。

我们既可以说“饭把人够了”,也可以说“饭把人吃够了”,但不能说(21’)这样的句子。(21)中的“人”应视为“够”(不及物动词)的主语,而不是“吃”的主语。既然(21’)是不可接受的句子,那(21)就是“把”标示不及物动词主语的另一种情形,带有受动含义,且介于上面的两种分析之间。另一种解释是把(21)中“一样的饭”看作主语,“把”就像在其他句子中一样可以看作是标示特指宾语的。

最后一个问题是(22)：

(22)把雨伞给丢了。(F p.106)

“给”通常用于被动句，“把”在句中标示被动句的主语，也就是不及物动词的主语。但是“给”也可以用于主动句。如果例(22)加一个主语，句子仍是可接受的：

(22')他把雨伞给丢了。

因此(22)又是“把”标示宾语以及主语省略的一个例子。

至此，我们可作个小结。“把”一般标示紧随动词的特指性名词短语，包括直接宾语以及动词“有”和位移动词的不定指主语。还有一种标示受格的“把”，它能置于主语，包括表示不幸、不好的过程动词的主语之前。位移动词的确指主语我们还未解释过。在理论上，它们可以充当受格，Grootaers 提供的英语翻译也说明了这一点。如：

(23)把房子塌了。

(After the rain), the house collapsed. ‘(下雨后)，房子塌了’

在(23)中，致使者可理解为下雨或天气(英语用 it 表示)。

4. 粤语的“将”

粤语与官话的不同之处在于，在官话中，句(8)—(22)的“把”能用来标示不及物动词的主语，而这些句子若译成粤语就不能接受。例如：

(24)(=9)*将个猪跑了。

(25)(=15)*将他爸爸病了。

我们如何解释这一现象呢？其一，要注意，粤语的“将”不可能在作格结构中标示通格，因为它从不标示不及物动词的主语，而只标示宾语。其二，“将”显然也不标示受格，因为下列句子无法接受：

(26)(=21) * 你时时都煮一样的饭,将人都食够了。

然而,倘若“将”与“把”一样,其功能是标示紧随动词的特指性名词短语,那么它就不仅应该可以标示一般的宾语,而且也可标示“有”和位移动词的泛指性主语。可是,这种句子都是无法接受的。例如:

(27)没灯了。

(28)(=8) * 将灯没了。

(29)跑了个猪了。

既然(27)是可接受的,那我们就可预测(28)也是可接受的,但事实上并非如此。同样,既然(29)是可接受的,(24)也应该是可接受的,但实际上(24)也不能成立。

对(28)和(24)的不可接受性的最简单解释似乎在于“将”所受到的语义限制。既然“将 NP”在一般情况下必须是确指的,那么这些泛指性的名词短语自然就违反了这种限制(的确,[28]违反了第二条件,因为句中动词不是行为动词)。但是,如果将这种解释用之于考察官话的“把”字句,我们就会陷入困境,因为制约“把”和“将”的语义条件基本上相同,但是这类“将”字句不能成立,而“把”字句却是可以接受的。我们或许可以这样假设:这些句子都不体现“把”的常规用法,“把”在其中是表示受格的(粤语中无此对应词)。

5. 总结

作格现象的基本特征是:它将直接宾语与不及物动词的主语同样对待,并把它们与及物动词的主语相区别开来。大家都承认“把”可以用来标示宾语,问题的症结在于“把”是否能标示不及物动词的主语。通过对上面 31 个有可能认为是标示不及物动词的主语的“把”字句进

行详细考察,我们得出了如下的结论:

(一)用来标示不及物动词主语的情况极为罕见,若将“把”看作通格的标记,这本身就很特别。

(二)在大多数例子中,“把”后主语 NP 是泛指的,这与“把”标示的宾语的确指性相反。

(三)“把”后的 NP 主语常是受格。

此外,还应指出两点:

(一)如果“把”标示通格,作格的标记就可假定为“零”形式。

(二)如果“把”字结构是作格性的,那么它就是一种分裂作格,要受句子的“体”特征和动词动作性的限制。

在我们看来,最重要的还是第一点:“把”标示不及物动词主语的情形相对来说极为罕见。面对这种用例极少的情况,要确立对“把”字结构进行作格分析的可接受性,就必须有强有力的证据。由于所有的语料都可以做出其他合乎情理的解释,我们认为,“把”字句不具有作格的特征。由于“把”与“将”(作为介词)只是在古汉语后期才出现,它们与作格现象的历史联系在其他汉藏语言中也表现得极为薄弱。

参考文献

Anderson, John 1968 Ergative and Nominative in English. *Journal of Linguistics*, 4: 1-32.

Austin, Peter K. 2001 Word Order in a Free Word Order Language: The Case of Jiwarli. In Jane Simpson *et al.* (eds.), *Forty Years On: Ken Hale and Australian Languages*, 305-324. Canberra: Pacific Linguistics.

Austin, Peter K. 2005 Causatives and Applicative Constructions in Australian Aboriginal Languages. In Matsumura, K. & Hayasi, T. (eds.), *The Dative and Related Phenomena*, 165-225. Tokyo: Hitsuji Shobo.

Baker, Mark C. 2014 On Dependent Ergative Case (in Shipibo) and Its Derivation by Phase. *Linguistic Inquiry*, 45 (3): 341-379.

Bickel, Balthasar 2011 Grammatical Relations Typology. In J. J. Song (ed.), *The Oxford Handbook of Language Typology*, 399-444. Oxford: Oxford University Press.

Bittner, M. & K. Hale 1996 Ergativity: Towards a Theory of Heterogeneous Class. *Linguistic Inquiry*, 27: 531-604.

Blake, Barry J. 1976 On Ergativity and the Notion of Subject: Some Australian Cases. *Lingua*, 39: 281-300.

Blake, Barry J. 1979 Degrees of Ergativity in Australia. In Frans Plank (ed.), *Ergativity: Towards a Theory of Grammatical Relations*, 291-

305. London: Academic Press.

Bobaljik, Jonathan D. 1993 On Ergativity and Ergative Unergatives. *MIT Working Papers in Linguistics* 19(*Papers on Case and Agreement II*), 45-88.

Bodman, Nicholas C. 1980 Proto-Chinese and Sino-Tibetan: Data towards Establishing the Nature of the Relationship. In F. van Coetsem & L. R. Waugh (eds.), *Contribution to Historical Linguistics: Issues and Materials*, 34-199. Leiden: Brill.(《原始汉语与汉藏语》,潘悟云、冯蒸译,中华书局1995年版。)

Brainard, Sherri 1997 Ergativity and Grammatical Relations in Karao. In T. Givón (ed.), *Grammatical Relations: A Functionalist Perspective*, 85-143. Amsterdam: John Benjamins.

Brickell, Timothy C. & Stefan Schnell 2017 Do Grammatical Relations Reflect Information Status? Reassessing Preferred Argument Structure Theory against Discourse Data from Tondano. *Linguistic Typology*, 21(1): 177-208.

Burzio, Luigi 1986 *Italian Syntax: A Government-Binding Approach*. Dordrecht: Reidel.

Butt, Miriam 2006 *Theories of Case*. Cambridge: Cambridge University Press.

Chafe, Wallace 1987 Cognitive Constraints on Information Flow. In Russell Tomlin (ed.), *Coherence and Grounding in Discourse*, 21-51. Amsterdam: John Benjamins.

Chafe, Wallace 1994 *Discourse, Consciousness, and Time: The Flow and Displacement of Conscious Experience in Speaking and Writing*. Chicago:

The University of Chicago Press.

Chao, Yuen Ren 1948 *Mandarin Primer.* Cambridge: Harvard University Press.

Chao, Yuen Ren 1968 *A Grammar of Spoken Chinese*. Berkeley: University of California Press.(《汉语口语语法》,吕叔湘译,商务印书馆 1979 年版。)

Chao, Yen Ren 1976 Formal and Semantic Discrepancies between Different Levels of Chinese Structure. In *Aspects of Chinese Sociolinguistics*, 384-398. Stanford University Press.

Chen, Ping 1986 Referent introducing and tracking in Chinese narratives. Doctoral dissertation, University of California, Los Angeles.

Cheng, Lisa Lai-Shen & Huang, C.-T. James 1994 On the Argument Structure of Resultative Compounds. In Matthew Y. Chen & Ovid J. L. Tzeng (eds.), *In Honor of William S-Y. Wang: Interdisciplinary Studies on Language and Language Change*, 187-221. Taipei: Pyramid Press.

Cheung, H. N. S. 1973 A comparative study in Chinese grammars: The *ba*-constructions. *Journal of Chinese Linguistics*, 1: 343-382.

Cikoski, John S. 1978 An Outline Sketch of Sentence Structure and Word Classes in Classical Chinese - Three Essays on Classical Chinese Grammar I. *Computational Analysis of Asian & African Languages* 8: 17-152.

Comrie, Bernard 1973 The Ergative: Variations on a Theme. *Lingua*, 32: 239-253.

Comrie, Bernard 1978 Ergativity. In Winfred P. Lehmann (ed.), *Syntactic Typology: Studies in the Phenomenology of Language*, 329-

394. Austin：University of Texas Press.

Comrie, Bernard 1984 Reflections on Verb Agreement in Hindi and Related Languages. *Linguistics*, 22：857-864.

Comrie, Bernard 1988 Topics, Grammaticalized Topics, and Subjects. In Shelley Axmaker and Helen Singmaster (eds.), *Proceedings of BLS*, 14：265-279.

Comrie, Bernard 1989 *Language Universals and Linguistic Typology* (Second edition). Chicago：The University of Chicago Press.（《语言共性和语言类型(第二版)》,沈家煊、罗天华译,北京大学出版社2010年版。）

Comrie, Bernard 2013a Alignment of Case Marking of Full Noun Phrases. In Dryer, Matthew S. & Martin Haspelmath (eds.), *The World Atlas of Language Structures Online*, Chapter 98. Leipzig：Max Planck Institute for Evolutionary Anthropology.

Comrie, Bernard 2013b Alignment of Case Marking of Pronouns. In Dryer, Matthew S. & Martin Haspelmath (eds.), *The World Atlas of Language Structures Online*, Chapter 99. Leipzig：Max Planck Institute for Evolutionary Anthropology.

Conrady, August 1896 *Eine Indochinesische Kausativ-Denominativ-Bildung und ihr Zusammenhang mit den Tonakzenten*. Lipzig：Otto Harrassowitz.

Coon, Jessica & Omer Preminger 2012 Towards a Unified Account of Person Splits. In J. Choi (ed.), *Proceedings of WCCFL*, 29：310-318. Somerville, MA：Cascadilla Press.

Coon, Jessica & Omer Preminger 2017 Split Ergativity is not about Ergativity. In Jessica Coon *et al*. (eds.), *The Oxford Handbook of*

Ergativity, 226-252. Oxford: Oxford University Press.

Coon, Jessica. 2013 *Aspects of Split Ergativity*. Oxford: Oxford University Press.

Cooreman, Ann 1994 A Functional Typology of Antipassives. In F. Barbara & H. Paul (eds.), *Voice: Form and Function*, 49-88. Amsterdam: John Benjamins.

Cooreman, Ann; Barbara A. Fox & Talmy Givón 1984 The Discourse Definition of Ergativity. *Studies in Language*, 1: 1-34.

Croft, William 2002 *Typology and Universals* (Second edition). Cambridge: Cambridge University Press.

Crystal, David 1991/2008 *A Dictionary of Linguistics and Phonetics*. Oxford: Blackwell.

Davidse, Kristin 1992 Transitivity/ergativity: The Janus-headed grammar of actions and events. In Davies Martin & Ravelli Louise (eds.), *Advances in Systemic Linguistics*, 105-135. London: Printer Publishers.

Davison, Alice 1999 Ergativity: Functional and formal issues. In M. Darnel (ed.), *Functionalism and Formalism in Linguistics*, Vol. 1, 177-208. Amsterdam: John Benjamins.

Deal, Amy Rose 2015 Ergativity. In Artemis Alexiadou and Tibor Kiss (eds.), *Syntax - Theory and Analysis. An International Handbook*, Vol. 1, 654-707. Berlin: Mouton de Gruyter.

DeLancey, Scott 1981 An Interpretation of Split Ergativity and Related Patterns. *Language*, 57: 626-657.

DeLancey, Scott 1987 Sino-Tibetan languages. In Bernard Comrie (ed.), *The World's Major Languages*, 799-810. Oxford: Oxford University

Press.

DeLancey, Scott 2006 The blue bird of ergativity. Unpublished manuscript.

Dik, Simon C. 1978 *Functional Grammar* (Third revised edition). Dordrecht: Foris.

Dixon, R. M. W. & Alexandra Y. Aikhenvald 2000 *Changing Valency*. Cambridge: Cambridge University Press.

Dixon, R. M. W. 1963 *Linguistic Science and Logic*. The Hague: Mouton.

Dixon, R. M. W. 1965 *What is Language? A New Approach to Linguistic Description*. London: Longmans.

Dixon, R. M. W. 1972 *The Dyirbal Language of North Queensland*. Cambridge: Cambridge University Press.

Dixon, R. M. W. 1977a *A Grammar of Yidin*. Cambridge: Cambridge University Press.

Dixon, R. M. W. 1977b The syntactic development of Australian language. In C. N. Li (ed.), *Mechanisms of Syntactic Change*, 365-425. Austin: University of Texas Press.

Dixon, R. M. W. 1979 Ergativity. *Language*, 55: 59-138.

Dixon, R. M. W. 1980 *The Languages of Australia*. Cambridge: Cambridge University Press.

Dixon, R. M. W. 1988 *A Grammar of Boumaa Fijian*. Chicago: University of Chicago Press.

Dixon, R. M. W. 1991 *A New Approach to English Grammar, on Semantic Principles*. Oxford: Clarendon Press.

Dixon, R. M. W. 1994 *Ergativity*. Cambridge: Cambridge University

Press.

Dixon, R. M. W. 1997 *The Rise and Fall of Languages*. Cambridge: Cambridge University Press.

Dixon, R. M. W. 2010a *Basic Linguistic Theory*, Vol. 1: *Methodology*. Oxford: Oxford University Press.

Dixon, R. M. W. 2010b *Basic Linguistic Theory*, Vol. 2: *Grammatical Topics*. Oxford: Oxford University Press.

Downer, G. B. 1959 Derivation by Tone-change in Classical Chinese. *Bulletin of the School of Oriental and African Studies*, 22 (2): 258-290.

Dowty, David 1991 Thematic proto-roles and argument selection. *Language*, 67: 547-619.

Dryer, Matthew S. & Martin Haspelmath (eds.) 2013 *The World Atlas of Language Structures Online*. Leipzig: Max Planck Institute for Evolutionary Anthropology. http://wals.info/

Dryer, Matthew S. 2013a-i. Order of subject, object, and verb; Order of subject and verb; Order of object and verb; Order of adposition and noun phrase; Order of genitive and noun; Order of adjective and noun; Order of demonstrative and noun; Order of numeral and noun; Order of relative clause and noun. In Matthew S. Dryer & Martin Haspelmath (eds.), *The World Atlas of Language Structures Online*, Chapters 81-83, 85-90. Leipzig: Max Planck Institute for Evolutionary Anthropology.

Dryer, Matthew S. 2017 Word Order in Sino-Tibetan Languages from a Typological and Geographical Perspective. In G. Thurgood and R. J. LaPolla (eds.), *The Sino-Tibetan Languages* (2nd edition), 70-82. New York: Routledge.

Du Bois, John W. 1985 Competing Motivations. *Iconicity in Syntax*, 6: 343-365.

Du Bois, John W. 1987 The Discourse Basis of Ergativity. *Language*, 63: 805-855.

Du Bois, John W. 2003 Argument Structure. In John W. Du Bois, Lorraine E. Kumpf and William J. Ashby (eds.), *Preferred Argument Structure: Grammar as Architecture for Function*, 11-60. Amsterdam: John Benjamins.

Du Bois, John W. 2014 Motivating competitions. In Brain MacWhinney, Andrej Malchukov and Edith A. Moravcsik (eds.), *Competing Motivations in Grammar and Usage*, 263-281. Oxford: Oxford University Press.

Du Bois, John W. 2017 Ergativity in Discourse and Grammar. In Jessica Coon, Diane Massam and Lisa D. Travis (eds.), *The Oxford Handbook of Ergativity*, 23-58. Oxford: Oxford University Press.

Durie, Mark 2003 New Light on Information Pressure: Information Conduits, "Escape Valves", and Role Alignment Stretching. In John W. Du Bois *et al.* (eds.), *Preferred Argument Structure: Grammar as Architecture for Function*, 159-196. Amsterdam: John Benjamins.

Everett, Caleb 2009 A Reconsideration of the Motivations for Preferred Argument Structure. *Studies in Language*, 33 (1): 1-24.

Fillmore, C. J. 1968 The Case for Case. In E. Bach & R. T. Harms (eds.), *Universals in Linguistic Theory*, 1-88. New York: Holt, Rinehart, and Winston.(《格辨》,胡明扬译,商务印书馆2002年版。)

Foley, William. A. 1986 *The Papuan Language of New Guinea*.

Cambridge: Cambridge University Press.

Foley, William. A. 2007 A Typology of Information Packaging in the Clause. In Timothy Shopen (ed.), *Language Typology and Syntactic Description*, Vol. 1: *Clause Structure* (2nd edition), 362-446. Cambridge: Cambridge University Press.

Frei, Henri 1956-1957 The Ergative Construction in Chinese: Theory of Pekinese Pa_3. *Gengo Kenkyü*, 31:22-50, 32:83-115.

Gabelentz, Georg von der. 1894/2016 *Die Sprachwissenschaft: Ihre Aufgaben, Methoden und bisherigen Ergebnisse*. Leipzig: Tauchnitz; Berlin: Language Science Press.

Gamkrelidze, Thomas V. & Vjačesla V. Ivanov 1995 *Indo-European and the Indo-Europeans*. (Translated by Johanna Nichols.) Berlin: Mouton de Gruyter.

Garrett, Andrew 1990 The Origin of NP Split Ergativity. *Language*, 66: 261-296.

Givón, Talmy 1984 *Syntax: A Functional-Typological Introduction*, Vol. 1. Amsterdam: John Benjamins.

Greenberg, Joseph H. 1966 Some Universals of Grammar with Particular Reference to the Order of Meaningful Elements. In Joseph H. Greenberg (ed.), *Universals of language*(2nd edition), 73-113. Cambridge: MIT Press.

Grewendorf, Günther 1989 *Ergativity in German*. Dordrecht: Foris.

Grootaers, W. A. 1953 Initial *pə* in a Shansi Dialect: A Problem of Grammar. *T' oung Pao*, 42: 36- 69.

Guillaume, A. 2006 Revisiting "Split Ergativity" in Cavineña.

International Journal of American Linguistics, 72: 159-192.

Gundel, Jeanette K., Nancy Hedberg & Ron Zacharski 1993 Cognitive Status and the Form of Referring Expressions in Discourse. *Language*, 69 (2): 274-307.

Haig, Geoffrey & Stefan Schnell 2016 The Discourse Basis of Ergativity Revisited. *Language*, 92 (3): 591-618.

Halliday, M. A. K. 1967-1968 Notes on Transitivity and Theme in English. *Journal of Linguistics*, 3. 1: 37-81, 3. 2: 199-244, 4. 2: 179-215.

Halliday, M. A. K. 1985/1994 *An Introduction to Functional Grammar*. London: Edward Arnold.

Handschuh, Corinna 2014 *A Typology of Marked-S Languages*. Berlin: Language Science Press.

Haspelmath, Martin & Thomas Müller-Bardey. 2001 Valence Change. In G. Booij, C. Lehmann & J. Mugdan (eds.), *Morphology: A Handbook on Inflection and Word Formation*, Vol. 2, 1130-1145. Berlin: de Gruyter.

Haspelmath, Martin 2006 Preferred Argument Structure: Grammar as Architecture for Function. *Language*, 83 (4): 908-912.

Haudricourt, André-Georges 1954 De l'origine des tons en viêtnamien. *Journal Asiatique*, 242: 68-82.(《越南语声调的起源》,冯蒸译,载《民族语文研究情报资料集》第7辑,1986年版。)

Hawkins, John A. 1983 *Word Order Universals*. New York: Academic Press.

Hengeveld, Kees 2013 Parts-of-Speech System as a Basic Typological Determinant. In Jan Rijkhoff & Eva van Lier (eds.), *Flexible Word*

Classes: *Typological Studies of Underspecified Parts of Speech*, 31-55. Oxford: Oxford University Press.

Herring, Susan C. 1989 Verbless Presentation and the Discourse Basis of Ergativity. *CLS* 25, Part II: *Parasession on Language in Context*, 123-137.

Holmer, Arthur 2001 The Ergativity Parameter. *Working Papers* (Lund University, Dept of Linguistics), 48: 101-113.

Huang, Shuanfan & Chui, Kawai 1997 Is Chinese a Pragmatic Ordering Language? In *Typological Studies of Languages in China*. Symposium Series of the Institute of History and Philology, No. 4, 1-29. Taipei: Academia Sinica.

Jelinek, Eloise 1984 Empty Categories, Case, and Configurationality. *Natural Language and Linguistic Theory*, 2: 39-76.

Johns, Alana 1992 Deriving Ergativity. *Linguistic Inquiry*, 23 (1): 57-87.

Johns, Alana; Diane Massam & Juvenal Ndayiragije (eds.) 2006 *Ergativity*: *Emerging Issues*. Dordrecht: Springer.

Karlgren, Bernhard 1950 *Chinese Language*: *An Essay on Its Nature and History*.(《汉语的本质和历史》,聂鸿飞译,商务印书馆2010年版。)

Khoja, Shereen 2001 APT: Arabic Part-of-Speech Tagger. Proceedings of the Student Workshop at the Second Meeting of NAACL.

Klimov, Georgij A. 1973 *Outline of a General Theory of Ergativity* [Očerk obščej teorii ergativnosti]. Moscow: Nauka.

Klimov, Georgij A. 1974 On the Character of Languages of Active Typology. *Linguistics*, 131: 11-26.

Kuno, Susumu 2004 *Functional Constraints in Grammar*: *On the*

Unergative-unaccusative Distinction. Amsterdam: John Benjamins.

Kurebito, Tokusu 2012 An Outline of Valency-Reducing Operations in Chukchi: A Typology of Voice Systems. In W. Nakamura & R. Kikusawa (eds.), *Objectivization and Subjectivization: A Typology of the Voice Systems. Senri Ethnological Studies*, 77: 177-189.

Labov, William 1969 The Logic of Non-Standard English. In J. Alatis (ed.), *Georgetown Monograph on Languages and Linguistics* 22, 1-44.

Lambrecht, Knud 1994 *Information Structure and Sentence Form: Topic, Focus, and the Mental Representations of Discourse Referents*. Cambridge: Cambridge University Press.

Langacker, Ronald W. 1991 *Foundations of Cognitive Grammar*, Vol Ⅱ: *Descriptive Application*. Stanford: Stanford University Press.

LaPolla, Randy J. 1995 Pragmatic Relations and Word Order in Chinese. In Pamela A. Downing and Michael Noonan (eds.), *Word Order in Discourse*. Amsterdam: John Benjamins.

Laughren, Mary 2002 Syntactic Constraints in a 'Free Word Order' Language. In Amberber, M. & Collins, P. (eds.), *Language Universals and Variation*, 83-130. Westport: Praeger Publishers.

Lemmens, Maarten 1998 *Lexical Perspectives on Transitivity and Ergativity: Causative Constructions in English*. Amsterdam: John Benjamins.

Levin, Beth & Malka Rappaport Hovav 1995 *Unaccusativity: At the Syntax-Lexical Semantics Interface*. Cambridge, Mass.: MIT Press.

Li, Chao 2007 Split Ergativity and Split Intransitivity in Nepali. *Lingua*, 117: 1462-1482.

Li, Charles N. & Lang, R. 1979 The Syntactic Irrelevance of an Ergative

Case in Enga and other Papuan Languages. In Frans Plank (ed.), *Ergativity: Towards a Theory of Grammatical Relations*, 307-324. London: Academic Press.

Li, Charles N. 1997 On Zero Anaphora. In J. Bybee *et al.* (eds.), *Essays on Language Function and Language Typology*, 275-300. Amsterdam: John Benjamins.

Li, Ying-che & Moria Yip 1979 The *Bǎ*-construction and Ergativity in Chinese. In Frans Plank (ed.), *Ergativity: Towards a Theory of Grammatical Relations*, 103-114. London: Academic Press.

Li, Ying-che 1974 What does 'Disposal' Mean? Features of the Verb and Noun in Chinese. *Journal of Chinese Linguistics*, 2: 200-218.

Longenbaugh, Nicholas & Maria Polinsky 2017 Experimental Approaches to Ergative Languages. In Jessica Coon *et al.* (eds.), *The Oxford Handbook of Ergativity*, 709-733. Oxford: Oxford University Press.

Lu, Bingfu 1998 Left-Right Asymmetries of Word Order Variation: A Functional Explanation. Doctoral dissertation, University of Southern California.

Lyons, John 1968 *Introduction to Theoretical Linguistics*. Cambridge: Cambridge University Press.

Mahajan, Anoop K. 1997 Universal Grammar and the Typology of Ergative Languages. In A. Alexiadou & T. A. Hall (eds.), *Studies on Universal Grammar and Typological Variation*, 35-57. Amsterdam: John Benjamins.

Mallinson, Graham & Barry J. Blake 1981 *Language Typology: Crosslinguistic Studies in Syntax*. Amsterdam: North-Holland.

Manning, Christopher D. 1996 *Ergativity: Argument Structure and Grammatical Relations*. Stanford: CSLI Publications.

Matthews, Peter H. 2007 *The Concise Oxford Dictionary of Linguistics*. Oxford: Oxford University Press.

McGregor, William B. 2009 Typology of Ergativity. *Language and Linguistics Compass*, 3(1): 480-508.

Mohanan, Tara 1994 *Argument Structure in Hindi*. Stanford: CSLI.

Moravcsik, Edith A. 1978 On the Distribution of Ergative and Accusative Patterns. *Lingua*, 45: 233-279.

Nash, David. 1977 A Survey of Ergativity in Linguistics. Unpublished manuscript.

Nedjalkov, Vladimir P. 1976 Diathesen und Satzstruktur im Tschuktschischen. *Studia Grammatica*, 13: 181-213.

Nichols, Johanna 1986 Head-Marking and Dependent-Marking Grammar. *Language*, 62: 56-119.

Nichols, Johanna 1990 Some Preconditions and Typical Traits of the Stative-Active Language Types: With reference to Proto-European. In: Winfred Lehmann (ed.) *Language Typology* 1987: *Systematic Balance in Language*, 95-115. Amsterdam: John Benjamins.

Nichols, Johanna 1992 *Linguistic Diversity in Space and Time*. Chicago: The University of Chicago Press.

Nowak, Elike 1996 *Transforming the Images: Ergativity and Transitivity in Inuktitut (Eskimo)* Berlin: Mouton de Gruyter.

Patz, Elizabeth 2002 *A Grammar of the Kuku Yalanji Language of North Queensland*. Canberra: Pacific Linguistics.

Payne, John 1980 The Decay of Ergative in Pamir Languages. *Lingua* 51: 147-186.

Perlmutter, David M. & Paul M. Postal 1977 Toward a Universal Characterization of Passivization. *Proceedings of the Third Annual Meeting of the Berkeley Linguistics Society*, 394-417.

Perlmutter, David M. 1978 Impersonal Passives and the Unaccusative Hypothesis. *Proceedings of the Fourth Annual Meeting of the Berkeley Linguistics Society*, 157-189.

Plank, Frans (ed.) 1979 *Ergativity: Towards a Theory of Grammatical Relations*. London: Academic Press.

Plank, Frans (ed.) 2000 *The Universals Archive*. http://typo. uni-konstanz. de/archive

Plank, Frans 2005 *Early Typology*. Unpublished manuscript, Universität Konstanz.

Polinsky, Maria 2007 Ergativity: An Overview. Unpublished manuscript, Harvard University.

Polinsky, Maria 2016 *Deconstructing Ergativity: Two Types of Ergative Languages and Their Features*. Oxford: Oxford University Press.

Rappaport, Malka & Beth Levin 1988 What to do with θ-roles. In W. Wilkins (ed.), *Syntax and Semantics*, Vol. 21: *Thematic Relations*, 7-36. New York: Academic Press.

Sagart, Laurent 1999 *The Roots of Old Chinese*. Amsterdam: John Benjamins.(《上古汉语词根》,龚群虎译,上海教育出版社 2004 年版。)

Sapir, Edward 1921 *Language: An Introduction to the Study of Speech.*

New York: Harcourt, Brace.(《语言论》,陆卓元译,商务印书馆 1997年版。)

Siewierska, Anna 1998 *Constituent Order in the Languages of Europe*. Berlin: Mouton de Gruyter.

Siewierska, Anna 2013 Alignment of Verbal Person Marking. In Matthew S. Dryer and Martin Haspelmath (eds.), *The World Atlas of Language Structures Online*, Chapter 100. Leipzig: Max Planck Institute for Evolutionary Anthropology.

Silverstein, Michael 1976 Hierarchy of Features and Ergativity. In R. M. W. Dixon (ed.), *Grammatical Categories in Australian Languages*, 112-171. New Jersey: Humanities Press.

Simpson, Jane 2007 Expressing Pragmatic Constraints on Word Order in Warlpiri. In Annie Zaenen *et al.* (eds.), *Architectures, Rules, and Preferences: Variations on Themes by Joan W. Bresnan*, 403-427. Stanford: CSLI Publications.

Song, Jae Jung 1996 *Causative and Causation: A Universal-Typological Perspective*. London: Longman.

Song, Jae Jung 2001 *Linguistic Typology: Morphology and Syntax*. Pearson Education Limited.

Song, Jae Jung 2011 Word Order Typology. In Song, J. J. (ed.), *The Oxford Handbook of Linguistic Typology*, 253-279. Oxford: Oxford University Press.

Song, Jae Jung 2012 *Word Order*. Cambridge: Cambridge University Press.

Spreng, B. 2010 On the Conditions for Antipassives. *Language and*

Linguistics Compass, 4/7: 556-575.

Swartz, Stephen M. 1988 Pragmatic Structure and Word Order in Warlpiri. *Papers in Australian Linguistics* 17, 151-166. Canberra: Pacific Linguistics.

Tchekhoff, C. 1987 Antipassif: Aspect imperfectif et autonomie du sujet. *Bulletin de la Societe de Linguistique de Paris* (*BSLP*), 82: 43-67.

Teng, Shou-hsin 1975 *A Semantic Study of Transitivity Relations in Chinese*. Berkeley: University of California Press.

Thompson, Sandra A. 1973 Transitivity and Some Problems with the *ba*-construction in Mandarin Chinese. *Journal of Chinese Linguistics*, 1: 208-221.

Tomlin, Russell S. 1986 *Basic Word Order: Functional Principles*. London: Croon Helm.

Trask, Robert L. 1979 On the Origins of Ergativity. In Frans Plank (ed.), *Ergativity: Towards a Theory of Grammatical Relations*, 385-404. London: Academic Press.

Tsao, Fengfu 1979 *A Functional Study of Topic in Chinese: The First Step Towards Discourse Analysis*. Michigan: Student Book Company.(《主题在汉语中的功能研究》,谢天蔚译,语文出版社 1995 年版。)

Tsao, Fengfu 1990 *Sentence and Clause Structure in Chinese: A Functional Perspective*.(《汉语的句子与子句结构》,王静译,北京语言大学出版社 2005 年版。)

Tsunoda, Takasu 1981 Split Case-Marking Patterns in Verb-Types and Tense/Aspect/Mood. *Linguistics*, 19: 389-438.

Tsunoda, Takasu 1985 Remarks on Transitivity. *Journal of Linguistics*, 21:

385-396.

Ultan, Russell 1978 Some General Characteristics of Interrogative Systems. In J. H. Greenberg *et al.* (eds.), *Universals of Human Language*, vol. 4: *Syntax*, 211-248. California: Stanford University Press.

Ura, Hiroyuki 2006 A parametric syntax of aspectually conditioned split-ergativity. In A. Johns *et al.* (eds.), *Ergativity: Emerging Issues*, 111-141. Dordrecht: Springer.

Van Valin, Robert D. & Randy J. LaPolla 1997 *Syntax: Structure, Meaning and Function*. Cambridge: Cambridge University Press.

Van Valin, Robert D. 1990 Semantic Parameters of Split Intransitivity. *Language*, 66: 221-260.

Van Valin, Robert. D. 2005 *Exploring the Syntax-Semantics Interface*. Cambridge: Cambridge University Press.

Vázquez, Montserrat M. 1996 Lexical Ergativity in English and Spanish. *Gramática Contrastiva Inglés-Español*, 25-44.

Vendler, Zeno 1967 *Linguistics in Philosophy*. Ithaca: Cornell University Press.

Vollmann, Ralf 2008 *Descriptions of Tibetan Ergativity: A Historiographical Account*. Leykam Graz.

Watters, D. E. 2002 *A Grammar of Kham*. Cambridge: Cambridge University Press.

Westerlund, Torbjörn 2007 A Grammatical Sketch of Ngarla: A Language of Western Australia. M. A. thesis, Uppsala University.

Yip, Moria 1977 The Cantonese Pre-Transitive Marker *Jeung*. Unpublished manuscript.

Zhang, Menghan; Yan, Shi; Pan, Wuyun & Jin, Li 2019 Phylogenetic Evidence for Sino-Tibetan Origin in Northern China in the Late Neolithic. *Nature*, 569: 112-115.

Zhou, Xinping 1990 *Aspects of Chinese syntax: Ergativity and phrase structure*. Doctoral dissertation, University of Illinois.

艾红娟,2012,《汉语方言的语法化音变存在屈折词缀阶段》,《齐鲁学刊》第6期。

毕谦琦,2014,《〈经典释文〉异读之形态研究》,上海:上海人民出版社。

边滢雨,1997,《〈论语〉的动词、名词研究》,北京大学博士学位论文。

陈承泽,1922/1982,《国文法草创》,北京:商务印书馆。

陈其光,1996,《汉语源流设想》,《民族语文》第5期。

程明霞,2008,《致使概念的原型范畴研究》,《湖南科技学院学报》第1期。

崔立斌,1995/2004,《〈孟子〉词类研究》,开封:河南大学出版社。

大西克也,2004,《施受同辞刍议——〈史记〉中的"中性动词"和"作格动词"》,载《意义与形式——古代汉语语法论文集》,München: Lincom Europa。

戴庆厦,1990,《载瓦语使动范畴的形态变化》,载《藏缅语族语言研究》,昆明:云南民族出版社。

戴庆厦,2001,《藏缅语族语言使动范畴的历史》,*Journal of Chinese Linguistics*, 29 (1)。

戴庆厦,2013,《再论汉语和非汉语结合研究的方法论问题》,《民族语文》第6期。

戴庆厦、汪锋,2014,《语言类型学的基本方法与理论框架》,北京:商务印书馆。
邓思颖,2004,《作格化和汉语被动句》,《中国语文》第4期。
董秀芳,2006,《古汉语动名之间“于/於”的功能再认识》,《古汉语研究》第2期。
杜丹、吴春相,2019,《从分裂施格现象看汉语存现句的类型特征》,《解放军外国语学院学报》第4期。
方光焘,1939/1986,《体系与方法》,载《方光焘语言学论文集》,南京:江苏教育出版社。
高名凯,1957,《汉语语法论》,北京:科学出版社。
顾阳,1996,《生成语法及词库中动词的一些特性》,《国外语言学》第3期。
管燮初,1994,《〈左传〉句法研究》,合肥:安徽教育出版社。
郭锐,2002,《现代汉语词类研究》,北京:商务印书馆。
韩景泉,2000,《领有名词提升移位与格理论》,《现代外语》第3期。
韩景泉,2001,《英汉语存现句的生成语法研究》,《现代外语》第2期。
何乐士,1992,《〈史记〉语法特点研究》,载程湘清主编:《两汉汉语研究》,济南:山东教育出版社。
何乐士,2012,《〈左传〉语法研究》,开封:河南大学出版社。
何元建、王玲玲,2002,《汉语动结结构》,杭州:浙江教育出版社。
胡敕瑞,2005/2009,《从隐含到呈现(上、下)》,《语言学论丛》第31、38辑。
胡裕树、范晓,1995,《动词研究》,开封:河南大学出版社。
黄布凡,2004,《原始藏缅语动词使动前缀 * s-的遗迹》,《南开语言学刊》第2期。
黄坤尧,1997,《音义阐微》,上海:上海古籍出版社。

黄正德,1990,《中文的两种及物动词和两种不及物动词》,载《第二届世界华语文教学研讨会论文集》,台北:世界华文出版社。

黄正德,2007,《汉语动词的题元结构与其句法表现》,《语言科学》第4期。

江荻,2002,《汉藏语言演化的历史音变模型——历史语言学的理论和方法探索》,北京:民族出版社。

蒋绍愚,1999,《汉语动结式产生的时代》,《国学研究》第6卷。

蒋绍愚,2000,《内动、外动和使动》,载《汉语词汇语法史论文集》,北京:商务印书馆。又载《语言学论丛》第23辑,2001年。

蒋绍愚,2017,《上古汉语的作格动词》,《历史语言学研究》第11辑。

金理新,2006,《上古汉语形态研究》,合肥:黄山书社。

金理新,2012,《汉藏语系核心词》,北京:民族出版社。

金立鑫,2016,《普通话混合语序的类型学证据及其动因》,《汉语学习》第3期。

金立鑫,2017,《语言类型学探索》,北京:商务印书馆。

金立鑫,2019,《广义语法形态理论的解释力》,《华东师范大学学报》(哲学社会科学版)第2期。

金立鑫、崔圭钵,2019,《"把"字句的结构功能动因分析》,《汉语学习》第1期。

金立鑫、王红卫,2014,《动词分类和施格、通格及施语、通语》,《外语教学与研究》第1期。

金立鑫、于秀金,2012,《从与OV-VO相关和不相关参项考察普通话的语序类型》,《外国语》第2期。

金树祥,2000,《〈战国策〉动词研究》,北京大学博士学位论文。

黎锦熙,1955,《主宾小集》,《语文学习》9月号。

李临定,1985,《动词的动态功能和静态功能》,《汉语学习》第1期。
李临定,1990,《现代汉语动词》,北京:中国社会科学出版社。
李圃(主编),2004,《古文字诂林》,上海:上海教育出版社。
李佐丰,1983,《先秦汉语的自动词及其使动用法》,《语言学论丛》第10辑。
李佐丰,1994a,《文言实词》,北京:语文出版社。
李佐丰,1994b,《先秦的不及物动词和及物动词》,《中国语文》第4期。
李佐丰,1996,《古代汉语教学中的使动和活用》,《中国语文》第2期。
李佐丰,2003a,《先秦汉语实词》,北京:北京广播学院出版社。
李佐丰,2003b,《上古汉语语法研究》,北京:北京广播学院出版社。
李佐丰,2004,《古代汉语语法学》,北京:商务印书馆。
梁银峰,2006,《汉语动补结构的产生与演变》,上海:学林出版社。
林杏光,1995,《以格关系划分汉语动词次类》,《汉语学习》第4期。
刘承慧,1999,《先秦汉语的结构机制》,《中国境内语言暨语言学》第5辑。
刘丹青,2003,《语序类型学与介词理论》,北京:商务印书馆。
刘丹青,2004,《先秦汉语语序特点的类型学观照》,《语言研究》第3期。
刘街生,2018,《作格性和汉语的相关现象》,《外语学刊》第1期。
刘探宙,2009,《一元非作格动词带宾语现象》,《中国语文》第2期。
陆俭明,1991,《现代汉语不及物动词之管见》,载《语法研究和探索(五)》,北京:语文出版社。
陆俭明,1994,《关于词的兼类问题》,《中国语文》第1期。
罗天华,2009,《与标记、语序相关的几条句法共性》,《语言科学》第3期。

罗天华,2011,《施格语言的形态—句法关联》,华东师范大学博士学位论文。

罗天华,2012,《也谈语言学术语的翻译问题》,《当代语言学》第1期。

罗天华,2015,《施格语言的小句结构》,*Chinese as a Second Language Research*, 4 (2): 223-249。

罗天华,2016,《施格语言的语序》,《外国语》第4期。

罗天华,2017,《类型学的施格格局》,《外国语》第4期。

罗天华,2021,《汉语是作格语言吗?》,《当代语言学》第1期。

吕叔湘,1979,《汉语语法分析问题》,北京:商务印书馆。

吕叔湘,1942/1982,《中国文法要略》,北京:商务印书馆。

吕叔湘,1986,《汉语句法的灵活性》,《中国语文》第1期。

吕叔湘,1987,《说"胜"和"败"》,《中国语文》第1期。

吕云生,2005,《有关"施事后置"及"非宾格假说"的几个问题》,《语言科学》第5期。

马建忠,1898/1983,《马氏文通》,北京:商务印书馆。

马庆株,1988,《自主动词和非自主动词》,《中国语言学报》第3期。

马学良(主编),2003,《汉藏语概论》,北京:民族出版社。

梅广,2015/2018,《上古汉语语法纲要》,台北:三民书局。上海:上海教育出版社。

梅祖麟,1980,《四声别义中的时间层次》,《中国语文》第6期。

梅祖麟,1988,《内部构拟汉语三例》,《中国语文》第3期。

梅祖麟,1991,《从汉代的"动、杀"、"动、死"来看动补结构的发展——兼论中古时期起词的施受关系的中立化》,《语言学论丛》第16辑。

梅祖麟,2000,《汉藏语的"岁、越""还(旋)、圜"及其相关问题》,载《梅祖麟语言学论文集》,北京:商务印书馆。

梅祖麟,2008,《上古汉语动词清浊别义的来源——再论原始汉藏＊s-前缀的使动化构词功能》,《民族语文》第3期。

倪蓉,2009,《现代汉语作格交替现象研究》,长春:吉林大学出版社。

潘海华、韩景泉,2005,《显性非宾格动词结构的句法研究》,《语言研究》第3期。

潘海华、韩景泉,2008,《汉语保留宾语结构的句法生成机制》,《中国语文》第6期。

潘悟云,1991,《上古汉语使动词的屈折形式》,《温州师范学院学报》第2期。

潘悟云,2018,《汉藏语的使动态——兼评 *Old Chinese*》,《汉语史与汉藏语研究》第3辑。

桥本万太郎,1978,《语言类型地理论》,东京:弘文堂。(《语言地理类型学》,余志鸿译,北京大学出版社1985年版、世界图书出版公司2008年版。)

杉田泰史,1998,《介词"于"的未完成用法》,载郭锡良主编:《古汉语语法论集》,北京:语文出版社。

沈家煊,2019,《超越主谓结构》,北京:商务印书馆。

沈阳、R. Sybesma,2012,《作格动词的性质和作格结构的构造》,《世界汉语教学》第3期。

施春宏,2008,《汉语动结式的句法语义研究》,北京:北京语言大学出版社。

石村广,2016,《动结式的致使意义和使动用法的双音化》,《当代语言学》第3期。

石村广,2018,《汉语南方方言的动宾补语序——兼谈与壮侗语的语言接触问题》,《语言研究集刊》第20辑。

石村广,2019,《汉语动结式在语言类型上的两面性——从藏缅语的自动和使动的对立谈起》,《世界汉语教学》第4期。

石定栩,2000,《汉语句法的灵活性和句法理论》,《当代语言学》第1期。

舒志武,1988,《上古汉语 s-前缀功能探索》,《中南民族学院学报》第6期。

松本克己,1986,《能格性に关する若干の普遍特性——シンポジウム「能格性をめぐって」を缔めくくるために》,《言語研究》90号。

宋亚云,2005,《汉语作格动词的历史演变及相关问题研究》,北京大学博士学位论文。

宋亚云,2014,《汉语作格动词的历史演变研究》,北京:北京大学出版社。

孙宏开,1998,《论藏缅语动词的使动语法范畴》,《民族语文》第6期。

孙宏开,2007,《藏缅语族》,载孙宏开、胡增益、黄行主编:《中国的语言》,北京:商务印书馆。

孙天琦、潘海华,2012,《也谈汉语不及物动词带"宾语"现象》,《当代语言学》第4期。

孙玉文,2000,《汉语变调构词研究》,北京:北京大学出版社。

孙玉文,2007,《汉语变调构词研究(增订本)》,北京:商务印书馆。

孙志阳,2006,《〈左传〉中的"使动用法"》,香港科技大学博士学位论文。

太田辰夫,1958,《中国语历史文法》,东京:江南书院。

太田辰夫,1984,《古典中国语文法(改订版)》,东京:汲古书院。

唐玉柱,2001,《存现句中的 there》,《现代外语》第1期。

陶红印,1999,《试论语体分类的语法学意义》,《当代语言学》第3期。

宛新政,2005,《现代汉语致使句研究》,杭州:浙江大学出版社。

王红旗,2014,《汉语主语、宾语的有定与无定》,《语言学论丛》第50辑。

王晖辉,2002,《现代汉语 NP1 + V + NP_2 与 NP_2 + V 同义句式中 V 及相关问题研究》,北京大学硕士学位论文。

王俊毅,2004,《及物动词与不及物动词分类考察》,载胡明扬编:《词类问题考察续集》,北京:北京语言大学出版社。

王力,1943,《中国现代语法》,北京:商务印书馆。

王力,1958/1980,《汉语史稿(修订本)》,北京:中华书局。

王力,1965,《古汉语自动词和使动词的配对》,《中华文史论丛》第6辑。

王力,1989/2000,《汉语语法史》,北京:商务印书馆。

王力(主编),1999,《古代汉语》(第一册),北京:中华书局。

王楠,2016,《单音节动词非自主用法与消极结果义》,《中国语文》第2期。

王全智、徐健,2004,《作格概念的延伸及其解释力》,《外语与外语教学》第1期。

王月婷,2012,《从古汉语异读看"名物化"的形式标志》,《西南交通大学学报(社会科学版)》第4期。

王月婷,2013a,《关于古汉语"使动"问题的进一步探讨》,《语言科学》第2期。

王月婷,2013b,《古汉语中位移动词的变读问题研究》,《语言研究》第3期。

王月婷,2014a,《〈经典释文〉异读音义规律研究》,北京:中国社会科学出版社。

王月婷,2014b,《古汉语"及物"系列变读规则解析》,《古汉语研究》第2期。

王月婷,2017,《古汉语"及物"变读规则所反映的语言运作模式》,《古汉语研究》第1期。

王志敬,2009,《敦煌藏文与格标记 la 相关句法成分的辨析》,《西藏大学学报》第2期。

温宾利、陈宗利,2001,《领有名词移位:基于 MP 的分析》,《现代外语》第4期。

吴安其,1996,《与亲属语相近的上古汉语的使动形态》,《民族语文》第6期。

吴安其,2002,《汉藏语同源研究》,北京:中央民族大学出版社。

吴安其,2010,《文献语言的解释》,北京:中国社会科学出版社。

吴为善,2010,《自致使义动结构式"NP + VP"考察》,《汉语学习》第6期。

吴卸耀,2006,《现代汉语存现句》,上海:学林出版社。

项开喜,2010,《认识性使成范畴及其语法表现》,《汉语学习》第2期。

徐丹,2004,《先秦汉初汉语里动词的指向》,《语言学论丛》第29辑。

徐杰,1999,《两种保留宾语句式及相关句法理论问题》,《当代语言学》第1期。

徐杰,2001a,《"及物性"特征与相关的四类动词》,《语言研究》第3期。

徐杰,2001b,《普遍语法原则与汉语语法现象》,北京:北京大学出版社。

徐烈炯,1995,《语义学(修订本)》,北京:语文出版社。

徐烈炯、沈阳,1998,《题元理论与汉语配价问题》,《当代语言学》第3期。

徐通锵,1997,《语言论》,长春:东北师范大学出版社。

徐通锵,1998,《自动和使动——汉语语义句法的两种基本句式及其历史演变》,《世界汉语教学》第1期。

严辰松、刘虹,2019,《汉语动结式歧义句新探》,《北京第二外国语学院学报》第6期。

杨伯峻、何乐士,2001,《古汉语语法及其发展(修订本)》,北京:语文出版社。

杨树达,1983/1989,《诗音有上声说》,载《积微居小学金石论丛》,北京:中华书局。

杨素英,1999,《从非宾格动词现象看语义与句法结构之间的关系》,《当代语言学》第1期。

杨锡彭,1992,《粘宾动词初探》,《南京大学学报》第4期。

杨作玲,2012,《上古汉语非宾格动词的判定标准》,《三峡大学学报》第4期。

杨作玲,2014,《上古汉语非宾格动词研究》,北京:商务印书馆。

杨作玲,2014,《先秦汉语的类型指向》,《民族语文》第4期。

姚振武,1999,《先秦汉语受事主语句系统》,《中国语文》第1期。

叶狂、潘海华,2012a,《把字句的跨语言视角》,《语言科学》第6期。

叶狂、潘海华,2012b,《逆动态的跨语言研究》,《现代外语》第3期。

叶狂、潘海华,2017,《从分裂作格现象看汉语句法的混合性》,《外语教学与研究》第4期。

叶狂、潘海华,2018,《逆动式的最新研究及把字句的句法性质》,《语言研究》第1期。

易福成,1999,《〈孙子兵法〉谓词句法和语义研究》,北京大学博士学位论文。

殷国光,1997,《〈吕氏春秋〉词类研究》,北京:华夏出版社。
尹世超,1991,《试论粘着动词》,《中国语文》第6期。
影山太郎,2001,《动词语义学》,于康、张勤、王占华译,北京:中央广播电视大学出版社。
于克仁,1992,《平度方言志》,北京:语文出版社。
余健萍,1957,《使成式的起源和发展》,载《语法论集》第2辑,北京:中华书局。又载《现代汉语补语研究资料》,北京语言学院出版社1992年版。
于省吾(主编),1996,《甲骨文字诂林》,北京:中华书局。
袁毓林,1998,《汉语动词的配价研究》,南昌:江西教育出版社。
袁毓林,2002,《汉语句子的文意不足和结构省略》,《汉语学习》第3期。
曾立英,2007,《现代汉语作格动词的判定标准》,《语言学论丛》第35辑。
曾立英,2007,《作格研究评述》,《现代外语》第4期。
曾立英,2009,《现代汉语作格现象研究》,北京:中央民族大学出版社。
曾立英、杨小卫,2005,《从"作格"角度谈主语系统的选择》,《汉语学报》第4期。
张伯江,2007,《语体差异和语法规律》,《修辞学习》第2期。
张伯江,2014,《汉语句式的跨语言观——"把"字句与逆被动态关系商榷》,《语言科学》第6期。
张国宪、卢建,2015,《心理视角的定语表达倾向》,第五届海外中国语言学者论坛(徐州)。
张鸿魁,1990,《临清方言志》,北京:中国展望出版社。
张猛,1998/2003,《〈左传〉谓语动词研究》,北京:语文出版社。

张敏,2008,《空间地图和语义地图上的“常”与“变”》,南开大学讲稿。

张能甫,2000,《郑玄注释语言词汇研究》,成都:巴蜀书社。

长野泰彦,1986,《チベット・ビルマ系诸语における能格性をめぐって》,《言語研究》90 号。

赵彦春,2002,《作格动词与存现结构症结》,《外语学刊》第 2 期。

赵元任,1979,《汉语口语语法》,北京:商务印书馆。

郑张尚芳,2003,《上古音系》,上海:上海教育出版社。

周法高,1962,《中国古代语法・构词编》,台湾“中央研究院”历史语言研究所专刊之三十九。

周士宏,2008,《从信息结构角度看焦点结构的分类》,《汉语学习》第 5 期。

周祖谟,1945,《四声别义释例》,《辅仁学志》第 13 卷 1—2 合期。又载《问学集》,中华书局 1966 年版。

朱琳,2011,《汉语作格结构的及物性和主观性》,《兰州学刊》第 7 期。

朱晓农,1987/1988,《虚实谈:现代语言学工作的旨趣》,《文字与文化》丛书 2:1—27,4:339—366。北京:光明日报出版社。

朱晓农,2003,《谈谈调查太平洋岛施格语的学习体会》,载戴昭铭编:《汉语方言语法研究和探索》,哈尔滨:黑龙江人民出版社。

编后记

什么是作格？作格格局与汉语是否有瓜葛？类型学作格与形式语法作格（非宾格）有何关联？这是学界尚未妥善解决的问题。近年来，作格相关研究日渐增多，但出发点、关注点、理论框架均不甚一致乃至相互抵牾，颇有各说各话之感。有鉴于此，我们认为有必要把研究现状大方地摆出来，以供学界参考。即便有些观点针锋相对，有些认识相去甚远，但不妨碍学术讨论与交流。这是编辑本书的初衷。

本书共收论文14篇。从研究的语言来看，涉及古代汉语、现代汉语、一些民族语和外语。虽然汉语相关讨论占据了本书的主要篇幅，但并不意味着汉语就是一种作格语言或者具有多少作格特征，这至少在本书作者中的意见尚不统一。

书中的观点主要有两种：一、汉语没有作格标志，不是作格语言；二、汉语是作格语言或者分裂作格语言，或者有部分作格特征。持第一种观点的有李英哲/叶梅娜、罗天华、周士宏/崔亚冲，持第二种观点的有 Henri Frei、金立鑫、石村广、叶狂/潘海华、王月婷、杨作玲、曾立英，蒋绍愚、宋亚云二文则未涉及汉语的类型属性。虽然我本人认为形态或者表层形式是判断作格格局的（唯一）标准，汉语不是任何意义上的作格类型语言，但是我也认为，从作格角度讨论汉语，有助于进一步认识汉语的形态句法特征，甚至有助于跨越类型学作格和形式语法作格之间的沟壑。

文章的理论框架主要有类型学和形式句法两种，此外，还有试图把二者结合起来的“第三条道路”,认为语序是广义的形态手段,动词与论元的语序变化或曰论元配置也是作格格局的表达方式。这种追求更高理论框架的尝试是有益的,类型学与形式句法的作格研究未必是不可调和的关系,目前没有统一意见的原因或许是研究尚未深入。

书中多数文章都用术语“作格”,少数用“施格”;书名“作格”,是取通行名称之意。朱晓农(2003)第一个把类型学 ergative/ergativity 译为“施格”,是颇有见地的,一举将类型学的研究与形式语法区分开来。不过,后来一些动词语义/分类研究也使用“施格”。在此情形下,似乎已经没有必要拘泥于术语。因此,我将书中自己两篇文章(2016、2017)的“施格”都改为“作格”——虽然我认为,形式语法已经有“非宾格”“作格”两个术语,“施格”的使用应该限于类型学,这会是更好的分工。

书中部分论文曾在“作格与汉语形态句法”学术研讨会上报告(浙江大学,2019 年 6 月),都曾在期刊集刊发表,收入论集时有些作者作了修改。此外,编者统一了体例,将参考文献合并置于书后,以提供一份全面的作格与汉语研究文献。

文集在准备与编辑过程中得到诸位撰稿人的热情帮助。前辈学者李英哲先生、蒋绍愚先生均欣然赐文,为文集增辉。李英哲先生与 Moria Yip 女士合作的英文论文原载于 Frans Plank 主编的论文集(1979,最早的作格论文集之一),而 Plank 先生是我在德国康斯坦茨大学读博期间的导师;现在李先生文章的中文版收入本集,真可谓机缘巧合。

浙江大学文学院研究生邓舒文、李嘉鑫、孙晓雪、谢沁恬、张家璇协助整理了部分文稿,在此一并致谢。

罗天华

2022 年 3 月于浙江大学